KB167792

통나무

새 춘 향 뎐

金 容 沃

통 나 무

영화를 만들려고 몸부림치는

이땅의 사람들에게

영상은 기의 무형태와 유형태의 통합이다.

—도 올—

차   례

序 說

1987년 10월 21일 하오, 나는 책상위에 던져진 『동아일보』지면 위에 무심코 시선을 굴리고 있었다. 그러던 중 11면 하단에 자리잡고 있는 문자의 형상이 갑자기 나를 몸서리치게 만드는 것이었다.

20일밤 11시 50분경 서울 강남구 반포동 경부고속도로 하행선 2km지점에서 영화감독 이장호씨가 몰고 가던 서울 2 고 3857 그랜저 승용차가 앞서가던 동부고속관광버스를 들이받았다. 이 사고로 승용차에 타고 있던 최병철씨가 그자리에서 숨지고……

아마도 내가 그 순간에 불귀의 객이 되어버린 최씨의 자리에 앉어 있었을지도 모른다는 사실을 고백한다면 많은 사람들이 또 나와 같이 몸서리를 칠런지도 모른다. 물론 그순간 나에게 충격적인 것은 그러한 가능성이 아니라 이장호감독의 輪禍중상과 최씨의 죽음이라는 사실이지만──.

나는 19일밤 명보극장에 가서 이장호감독의 『와이스토리』를 보았다. 이장호를 이해하기 위하여 나는 마누라와 함께 갔던 것이다. 卒작일 수도 있겠다는 느낌이 드는 그 작품이 가지는 윤리적 허구성과 시대착오적 시각, 그리고 시대정신에 불철저한 작가의 의식구조, 그런대로 말끔히 처리된 플로트와 화면구성 등등에 대하여 나는 돌아오는 택시 안에서 아내와 열렬한 토론을 벌리고 있었다. 나는 다음날 아침 그러니까 사고가 난 당일 아침 이장호감독과 긴 전화를 주고 받았다. 그의 작품에 대한 나의 느낌을 전달했고 이감독은 나의 비평을 순수하게 저항없이 받아들였다.

"김교수! 오늘 저녁에 한번 만납시다. 비디오 몇개 같이 보면서 토론할 게 있어요."

"아~ 좋죠. 만납시다. 오후에 다시 연락하기로 하지요."

그런데 운명의 신이 장난을 부렸는지 왠지 그날 저녁 난 이감독을 만날 기분이 내키질 않았다. 그래서 전화를 일부러 꺼놓고 나는 헤겔의 『정신현상학』(*Phänomenologie des Geistes*)의 독일어판을 펼쳐놓고 한줄 한줄 씨름하기 시작했다. "자연의 관찰은 개념이 비유기적 자연에서 구현되고 있는 것을 발견한다. 그러나 이 개념은 그 자체내로 반성된 단순성이 아니다. 반면에 유기적 자연의 생명은 서로 관련되어 반성된 단순성인 것이다………운운." 결국 19세기초 독일놈의 망령(Geist)이 날 살린 것인가?

사고의 소식을 신문에서야 뒤늦게 안 나는 영동 세브란스병원으로 달려갔다. 그 시각에 마침 나는 내 "몸철학"을 태권도철학으로 응용해보겠다는 결의를 가지고 석사논문을 쓴 바 있는 연세대학교 체육철학 담당강사인 김영선군(태권도 5단)과 그의 불란서인 제자 필립군을 만나기로 되어 있었기 때문에 그들을 만나자마자 함께 달려갔다. 최씨 시신이 있는 지하의 영안실에 먼저 들렸다가 5층 17호실을 찾아갔을 때 방은 어둠침침했고 붕대로 칭칭싸맨 이감독의 얼굴은 상처투성이에다가 가습기의 안개에 휩싸여 신비스럽기까지 했다.

"이감독님! 나요 나! 다행이구려."

"아 김교수님 오셨어요."

그는 가는 실눈을 뜨면서 나를 알아봤다.

"이감독! 잘됐어! 잘됐어! 푹 좀 쉬고 싶다 싶다더니 잘됐어! 이건 정말 하늘이 준 기회라구! 아~대마초사건 때 4년 쎙피

보는 바람에~ 아 그 좌절 속에서 새로운 예술을 배웠잖아. 그 휴식이 바로 이감독이 사회를 보는 눈을 길러줬잖아. 이제 해야할 일이 있어. 이젠 '영상시대'를 청산해야지."

이감독은 빙그레 회심의 미소를 짓더니만 마춰에 들깬 의식상태에서 유명을 오락가락 하더니만 다시 침묵과 어둠의 세계속으로 깊숙히 빠셔들어가 버리는 것 같았다.

영화계에 평소 전문적 관심을 가지고 있지 않던 독자들은 내가 이장호감독에게 던진 마지막 말의 의미를 잘 파악하지 못할 것이다. 나자신도 이 말의 의미를 나에게 유의미한 것으로 만든 것은 불과 최근 몇달 사이의 일이니까. 그만큼 사실 우리는 우리 주변에서 일어나고 있는 "역사적" 상황에 대하여 무지할 뿐이다. "영상시대"라는 영화계에서 통용되고 있는 조어의 의미맥락은 근원적으로는 몇 감독의 작품경향성을 묶어서 부른 렛델에서 찾아지기 보다는 한국 영화사의 필연적 흐름의 전체상황적 맥락에서 고찰되어야 하는 것이긴 하지만 그것은 좁게 그리고 쉽게 이해하자면, 바로 내가 원고를 쓰고 있는 이순간 영동세브란스병원 517호실에 드러누어 있는 사람이 만든『별들의 故鄕』(1974)이란 작품에서부터 단적으로 표출되기 시작한 한국영화사의 새로운 경향성을 지칭하는 것이며 그것은 70년대를 지배했고 그리고 오늘 80년대에 까지도 의미를 갖는 영상적 시대의식이다. 이장호 자신의 말을 잠깐 빌어보자 !

영화관에 앉아 관객들을 휘둘러보면 그들은 한결같이 화면에 열중해 있었고, 많은 사람들이 영화가 끝날 쯤이면 눈물 콧물을 훌쩍거렸다. 신기했다. 내가 사람을 다 울리다니. 믿을 수 없는 일이면서도 그건 틀림없는 사실이었다……

간객은 이느새 30만, 40만을 훨씬 넘기고 있었다. 그렇게 되고 보니 원작의 인기도 내가 영화를 잘 만든 것도 모두 다 의미가 없어져 버리는 것 같았다. 다시 말하자면 그것은 누가 잘나서도 아니고 누구와도 상관이 없는, 그야말로 미친 영화에 미친 관객이었다. 그렇게 고삐가 풀어진 망아지처럼 느껴졌다. 나는 울고 싶었다. 그랬다. 당시에 나는 한국영화사상 최고 관객동원 기록을 세우면서 기쁘기는 커녕 오히려 두려운 심정이 되어, 울고 웃고 정신착란을 일으킬 것만 같은 그런 자기분열의 공포를 느꼈을 뿐이었다. 그것은 악마의 장난 같았다. 불행하게도 나는 자기 능력 이상의 책임질 수 없는 도깨비 수자놀음에 휘말려들고 말았다. 공연히 감상적이 되고 술잔이라도 기울이면 슬픔이 밀려오고, 무엇이 나를 이렇게 바보멍청이로 떠밀어 놓았나 하는 생각에 넋을 잃었다.[1]

　이와같이 『별들의 고향』에 한국의 대중이 밀려갔던 현상은 너무도 의도되지 않은 우연적 사건이었다는데에 오히려 역사적 필연성이 내재해 있는 것이다. 바로 이러한 우연성의 필연적 구조에 우리의 분석의 초점을 맞추어야 하는 것이다.
　도대체 "영상시대"란 무엇인가? 한국역사의 어떠한 시대적 상황과 관련되어 있는가? 나의 기철학에 의하면 이 우주는 관계의 총화이다. 다시 말해서 우주는 기의 관계로써 구성되어 있는 것임으로 영화예술의 시대적 흐름도 그것을 낳고 있는 인간과 사회의 구조와의 관계에서밖에는 결정될 수 없는 것이다. 따라서 한국영화사의 제문제도, 그것이 비록 한국엘리트들의 관심의 대상 밖일지는 몰라도, 이 사회 이 역사를 어떻게 바라보고 있느냐 하는 거대한 우주적 경험의 총체속에서 분석될 수밖에 없는 것이다. "영상시대"는 과연 어떠한 역사적 경험의 축적에 의하여 이루어진 결과인가? 이 "영상시대"에 대한 우리의 분석의 시각은 한국영화사를 이해하는 관건을 이루는 것이다. 그것은 우리의 영화예술의 현재를 구성하고 있는 현실이며, 또 이 현실은 과거의 필연적 소산이며 동시에 이 현실을 어떻게 처리하느냐에 따라 우리 영화예술의 미래적 방향성이 결정되기 때문이다. 그리고 영상시대의 이해는 7・80년대의 한국영화예술과 관계되는 모든 활동을 제약하고 있는 제도적 장치와의 상관성속에서만 가능하기 때문에 그러한 이해는 바로 그러한 제도적 장치의 개혁과 연결되지 않을 수 없으며, 더 나아가서는 민주지향적 사회구조의 개편이라는 오늘날 우리사회의 전반적 과제와 일치되는 것이다. 그리고 영상시대란 개념속에 처리되는 영화사의 단락은 한국영화사 60년의 전 역사적 맥락에서 조감해볼 때 그것은 최

---

1) 이장호, 『바보처럼 나그네처럼』(서울 : 산하, 1987), 97~98쪽.

정점인 동시에 최하락점이라는 매우 이율배반적인 성격을 갖는다. 바로 내가 이장호감독에게 던진 끝구절의 "영상시대의 처리"라는 문제는 영상시대의 성격을 부정적으로 그리고 동시에 긍정적으로 규정하면서 그 이율배반적 괴리를 해소시키는 방향으로의 통합의 과제를 지칭하는 것이다. 자 그럼 "영상시대"란 무엇인가? 과연 그것은 어떻게 이해되어야 하는가?

아아니~ 그런데 김선생! 왜 또 영화계엔 끼웃거리슈? 선비가 점잖게 경서나 읽고 앉아 있을 것이지 왜 그놈의 딴따루패거리들 소굴, 통속잡지 스캔달의 온상인 그 동네를 왜 또 벌집 쑤시듯이 쑤셔? 무슨 봉변을 당할라구? 언제 또 그렇게 영화를 통달했다구 "영상시대" 운운 노가리를 푸셔?

나의 대표적 저서로 꼽히는 『東洋學 어떻게 할 것인가』(통나무, 1986)를 좀 꼼꼼히 읽은 독자라면 내가 영화에 손을 댄다는 사실에 대해 조금도 어색함을 느끼지 않을 것이다. "번역에 있어서의 공간과 시간"이라는 논문의 주3(152쪽)에서 영화예술에 대한 나의 관심이 얼마나 지속적인 것이었나 하는 것을 드러내고 있기 때문이다. 그리고 "기철학적 시론"(39쪽)에서 나는 이 시대를 산 사람으로서 단지 철학자라는 타이틀 속에서만 규정되기를 거부하는 삶의 자세를 견지하겠다고 강변하면서 영화에 대한 관심을 드러내고 있기 때문이다.

일천구백팔십칠년 십일월 십일 오후 두시 이십칠분(『새춘향연』탈고 시각), 나는 조선의 역사에 씨나리오작가로서의 넝함을 드리미는 데 성공하긴 했지만 나는 사실 영화에 관한한 아직 작가이기 이전에 철저한 소비자의 한 사람이다. 한국의 영화계는 사실 나같이 순수한 소비자에게 감사를 해야 한다. 나의 사십평생에 영화관 티켓 박스에 쏟은 돈이란 이루 헤아릴 수 없기 때문이다. 정직하게 말해서, 누구 보다도 아내가 증명하겠지만, 평균 일주일에 한번은 영화관에 가지 아니하고는 못배기는 습성이 체질화되어 있는 사람이다.

천안시 대흥동 231번지 바로 앞에는 "천안극장"이라는 유서깊은 극장이 지금도 옛모습대로 자리잡고 있다. 나의 어릴적 기억으로는 그곳에는 큰 공터를 낀 소방서가 있었고 화재경보타우워가 높이 솟아 있었다. 그리고 그 공터 한구텅이로 세로로 조그만 건물이 있었는데 난 그 건물속에서 변사가 특유한 목소리로 영상을 대변해 주던 무성영화를 본 기억조차 있다. 그 뒤로 소방서자리까지를 통털어서 당시로서는 거대한 새극장건물을 지었는데 그곳은 천안읍민의 유일한 오락공간이 되었으며 앞에 기도보는 곳에는 당대의 유명한 깡패 형님들이 우글거렸다. 나의 아버지는 바로 천안극장 앞에서 "광제병원"이라는 의원을 운영했고 우리집이 바로 극장앞의 매우 넓은 공간을 차지하고 있었다는 사실은 이미 누차 딴 저서에서 언급했음으로 독자들이 숙지하는 것이다. 그런데 나의 아버지는 시골의사의 평균적 모습이 그러하듯이 매우 무취미한 사람이었다. 잉여인간적 인간들이 진찰실에 가끔 들려 담배나 뽀끔뽀끔 피고 가는 것이 생활취미의 전부였다고 해도 과언이 아니다. 그런데 나의 아버지는 독특한 취미를 하나 가지고 있었는데, 천안극장에 새프로가 들어오면 꼭 그날 저녁에는 극장에 식구를 데리고 가서 극장의자에 앉자마자 코를 골며 골아 떨어지는 것이었다. 그러다 급한 환자가 오면 영화도중에 기도보던 사람이 "광제병원 선상님~"하고 어둠속에 외쳐대면 부시시 일어나 나가버리곤 하는 것이었다. 이러한 나의 아버지의 독특한 취미 때문에 비교적 어린 나이에 한국영화사에 참여할 수 있었고 극장에 가는 습성을 길렀다. 그렇지만 내가 한국영화와 인연을 맺게 된 결정적 계기는 "氣哲學的 試論"에서 이미 술회한 바 있는 투병생활에서 주어졌다. 나는 관절염이란 몹쓸 병으로 1965~1968년 3년 동안 간헐적인 낙향생활을 하게 된다. 나는 이 낙향생활동안 때마침 천안극장 강사장 아들놈 가정교사 노릇을 하게 되었다. 그때 나는 대학생이었고 그 아이는 중학생이었으니까~. 극장사장 아들의 가정교사라는 신분으로 나는 그 극장을 무상출입할 수 있는 특권을 획득하게 되었고 그 기간 전후에서 한국에서 배출된 영화를 거의 다 볼 수 있었다. 공짜라면 양잿물도 들이킨다는

16

조선사람 기질에 어찌 공짜구경을 마다할소냐? 천안극장은 천안에서도 한국영화만 하는 극장이었고 프로가 빨리 바뀔 때는 사흘에한번씩 바뀌었으니까 꽤 많은 국산영화를 본 셈이다. 그때 기억나는 영화로는 신성일 문희 주연의 『黑麥』(이만희감독), 『7인의 여포로』(이만희감독), 『저 하늘에도 슬픔이』(김수용감독), 『바보』(田凡成감독), 『春夢』(유현목감독), 『갯마을』(김수용감독), 『나운규의 일생』(최무룡감독), 『草雨』(정진우감독), 『晩秋』(이만희감독), 『죽은자와 산자』(李康天감독), 『소문난 여자』(李亨杓감독), 『하숙생』(정진우감독), 『회전의자』(이형표감독), 『유정』(김수용감독), 『多情佛心』(신상옥감독), 『산불』(김수용), 『滿船』(김수용), 『안개』(김수용-), 『미워도 다시 한번』(鄭素影감독), 『카인의 후예』(유현목), 『감자』(金承鈺감독), 『장군의 수염』(李星究감독), 『대머리총각』(沈雨燮감독), 홍세미 신성일 주연의 『春香』(김수용) 등등 헤아릴 수 없는 많은 작품이 있으며, 김승호 신영균 최무룡 김진규 최은희 김지미 남궁원 박노식 도금봉 조미령 장동휘 허장강 등등의 노숙한 배우들이 맹활약을 하고 있었을 뿐아니라 신성일과 문희 그리고 고은아 남정임 윤정희 등의 신인 배우들의 인기가 절정에 달해 있을 시기였다. 그리고 영화사적으로 볼 때도 50년대 후반의 한국영화중흥기의 축적이 군사혁명정권의 정책적 통제속에서도 아직 시들지아니하고 그 축적되어온 힘을 과시하던 과도기적 시기였다. 어찌말하면 겨울을 맞이하는 고목이 앙상한 뼈대만을 드러내기 직전의아름다운 낙엽의 빛깔을 마음껏 과시하던 황금기였다. 구시대의 善과 새시대의 惡이 교차되면서 아직 구시대의 善이 살아 숨쉬며 창조적 충동을 부추기던 혼돈의 시기이기도 하였던 것이다.

그러나 이 시기의 나는 영화를 예술로서 감지할 수 있는 인식의단계에까지는 이르지 못했다. 이것은 내가 어렸다는 것, 내가 유치했다는 것, 또 순수한 소비자에 불과했다는 사실에 기인한 것이기도 하지만 그보다는 한국영화의 대중인식의 보편적 양태와 그에 따른 한국영화의 성격자체에 더욱 기인하는 것이다. 다시 말해서 영화란 "구경"(우리에게는 영화라는 명사의 별칭이기도 하다)일 뿐이다.

영화란 오락일 뿐이며, 킬링 타임일 뿐이다. 배우들의 모든 행위가 나 라는 존재의 본질과 행위에 대한 성찰을 요구하는 것으로서 인식 되는 것이 아니라 일차적으로 나에게 쾌감을 극대화시켜주는 "꺼리"로서의 수단일 뿐이다. 그리고 영화제작자의 영화에 대한 인식구조 또한 그 이상의 틀을 한치도 벗어나지 못한다. 그렇지만 이렇게 몽롱한 킬링 타임의 시간 속에서, 나는 비록 영화에 대한 예술적 인식에는 이르지 못하였다 하더라도, 모종의 특수한 감성을 계발했음에 틀림이 없다. 나는 68년 봄 고려대학 철학과로 적을 옮겼고 72년 가을에 출국하기까지 꾸준하게 한국 아니 "국산"영화를 보았다. 지금 내가 대학생으로서 꾸준히 국산영화를 보았다고 한 말에 대해서 이 책의 독자들은 아무도 충격을 받지않을 것이다. 지금의 감각으로는 아무것도 이상할 것이 없는 매우 진부한 명제이기 때문이다. 그러나 사실 내가 1965년부터 1972년까지 꾸준히 한국영화를 보았다는 사실, 그 사실 하나만으로도 나는 한국영화에 대하여 당당한 권익을 가지고 있는 사람이다. 그리고 이러한 사실은 "영상시대"라는 우리의 탐구과제의 성격규정을 사적으로 조명하는데 매우 도움을 주는 것이다.

당시만 하더라도 국산영화란 "대학생 정도의 엘리트만 하더라도 보아서는 아니되는 그 무엇"이었다. 그것은 너무도 유치해서 참여해서는 아니되는 것, 내가 철학과시절에 돈암동 집 근처 옆에 있는 동도극장에 앉아 있다는 사실도 타인에게 말하기 챙피한 것, 그러한 것이었다. 그런데도 불구하고 나는 돈을 주고 극장엘 갔다. 남들은 모두 시내 개봉관의 외국영화를 보고 눈요기를 만끽할 때 나는 홀로 동도극장에 앉아 있었다. 내 주변에 앉아 있는 사람들은 모두 식순이·공순이·빠순이 뿐이었다. 나는 60년대 후반에서 70년대 초반에 걸친 한국영화의 죽음, 생명력을 잃어버린 싸늘한 시체의 음험한 암흑을 처절하게 체험했던 것이다. 그러나 나는 외치고 있었다. 이것이 지금 우리의 현실이다! 저기 피카디리나 대한극장에서 반짝이고 있는 저 불빛의 장난은 우리의 현실이 아니다! 못난 대로 나는 내 현실을 봐야한다. 유치무쌍한 식순이 이야기 속에도 역시 우리의 현실은 있다. 내가 철학과 4년동안 서양철학을 전공할 수 있는 최적의 모든 능력과 조건을 갖추고 있었으면서도 동양철학을 전공하는 결단을 했어야만 하는 나의 고심과 내가 국산영화를 열심히 관람하는 사람이었다는 사실 사이에는 상응되는 기의 장난이 개입되어 있는 것이다.

우리영화사와 관련되어 우리언어속에 유행된 기묘한 어휘가 하나 있는데 그것은 "총천연색"이란 말이다. 흑백에 대하여 칼라면 천연색(天然色 : 자연 그대로의 색의 의미)이라하면 족할 것이지 왜 총(總 : 모두)자가 접두어로 붙는가? 왠지 촌스러운 느낌이 있지 아니한가? "驛前앞"이란 말처럼 군더더기가 붙은 말이지 아니한가? 그러나 "총천연색"과 "역전앞"이란 말 사이에는 同異의 요소가 꽤 복합적으로 작용하고 있다. "역전"이란 장소를 나타내는 복합적 漢語가 전(前)이라는 형용적 의미를 상실한 채 명사화되고 실체화되어 단순화되어 버림으로써 생기는 결손을 보충하기 위하여 전에 해당되는 韓語인 "앞"이 반복되어 나타나고 있다. 이때 "앞"은 의미결손의 보충인 동시에 단순반복(repetition)이다. 그러나 "천연색"의 경우에는 그러한 의미결손이 발생하지 않는다. 따라서 총(總)은 결손의 보충이 아니라, 잉여적 강조(redundancy)이다. 천연색이란 말은 천연색이란 말 그대로 완벽한 의미를 지니지만 그 반면에는 "천연색"이라고 그냥 놓아두기에는 무엔가 불안한 느낌이 작용하고 있다는 것이다. 다시 말해서 "총"이라는 접두어가 강조형으로 부가되는 이유에는 "천연색"이 천연색이 되지 못한다는 현실적 결손감에 대한 긴장감이 감돌고 있다는 것이다.

한국영화는 1964년부터 총천연색화하기 시작했다(64년 : 흑백 124편 칼라 3편, 65년 : 흑백 188편 칼라 1편, 66년 : 흑백 125편 칼라 11편, 67년 : 흑백 105편 색채 67, 68년 : 흑백 159편 칼라 53편). 그리고 이러한 총천연색화는 1969년도에 완성된다(상반기분 110편 중에 흑백은 단 한편도 없다).[2] 그러니까 내가 한국영화를 열심히 본 시기는 바로 한국영

2) 이 통계자료는 이영일, 『韓國映畵全史』(서울 : 韓國映畵人協會, 1969), 271쪽에 의거함.

화가 흑백에서 천연색으로 바뀌는 바로 그 시기에 해당된다. 그때 물론 서양영화의 칼라수준에 비교한다면 방화의 천연색은 동차원에서 비교되기 힘든 것이었다. 다시 말해서 천연색이 천연그대로의 색감을 우리 동공에 전달하는 것이 아니라 이상하게 바랜 몇 가지 색깔의 조합형태를 전달하고 있는 것이다. 천연색이 천연의 색이 되지 못하는 부족감을 메꾸기 위한 촌놈들의 발악적 허세가 바로 "총천연색"이란 단어속에 묘한 긴장감을 띠면서 나타나고 있는 것이다. 당대의 지성인이라면 영화는 당연히 천연의 쾌감을 주는 서양 것을 봐야지 바랜 국산필름의 색감에 눈을 버릴 필요가 없었던 것이다. 이 사실은 바로 국산영화가 이렇게 기술적이고 기초적인 차원에서 이미 영화로서의 호소력을 가지고 있지 못했다는 잊어버리기 쉬운 매우 평범한 역사적 상황을 우리에게 상기시켜주는 것이다. 그리고 물론 이러한 사실은 바로 우리가 토론하고자 하는 "영상시대"를 분석하는데 매우 기초적 자료를 제공하는 것이다.

불행하게도 주지하는 바대로 나는 70년대에 한국에 없었다. 유랑 극단의 나그네처럼 짐을 풀었다 싸고 풀었다 싸고하면서 이국 캠퍼스의 땅을 밟으며 살았다. 내가 82년도 귀국한 후 본 영화로서 가억에 남는 것은 이장호감독의 『과부춤』이었다. 물론 그땐 난 이장호가 누구인지 전혀 알지 못했다. 그리고 『과부춤』이 어떠한 역사적 맥락속에서 탄생된 영화인지도 몰랐다. 이동철이란 이름도 알 턱이 없었다——. 그런데 나에게 느껴진 가장 소박하고 가장 진솔한 고백은 "야! 한국영화도 이젠 근사한데"라는 환호성 한마디였을 뿐이다. 가장 충격적 사실은 우선 화면이 나에게 진짜 "총천연색"의 꼬라지를 하고 나타났다는 것이다. "야! 이젠 한국영화도 진짜 총천연색이야!" 이 촌놈같은 한마디가 얼마나 나에게 감격적인 사실로 내가슴을 저미게 만들었냐하는 감회를 한국영화에 관심이 없었던 동년배·선배나 통기타문화속에서 성장한 후배들은 이해할 길이 없을 것이다.

"근사하다"라는 우리말은 일상적 언어에서 "멋있다"라는 氣의 風流를 나타내는 말이지만 어원적으로 볼 때 그것은 가까울 근(近)자

와 비슷할 사(似)자의 복합어이다. 일본훈으로는 찌카즈쿠(近く)니[테이]루(似[てい]る)의 뜻을 갖는다. 다시 말해서 자기가 생각하는 어떠한 이상적 형상을 전제해놓고 그 형상과 비슷하다 닮았다고 생각될 때에 우리는 "근사하다"라는 말을 쓴다. 이것은 동양인, 특히 한국인의 美의식구조를 분석하는데 매우 귀중한 자료를 제공하는 관념의 화석이다. 나는 "근사하다"라는 말이 가지는 모든 함의(connotation)에 있어서 『과부춤』을 보고 "이젠 한국영화도 근사하다"라고 외쳤던 것이다. 내가 생각했던 영화의 개념에, 그 기준에 가깝게 오고 있었다. 이제 한국은 옛날의 한국이 아니다! 이제 한국은 내가 십년 전에 알았던 그 한국이 아니다! 나는 십년이면 강산도 변한다는 우리 조상들의 감회를 비행기로 우주 한바퀴 돌고나서 『과부춤』속에서 느꼈던 것이다.

가짜 총천연색이 진짜 총천연색으로 바뀌었다는 사실은 바로 단순히 필름현상기술이 진보했다는 각도에서 분석되어야할 것이 아니라, 70년대 한국사회구조의 변화라는 디프스트럭춰(deep structure)의 조명속에서 분석되어야 하는 것이다. 다시 말해서 6·3사태를 빚어낸 한일회담이라는 역사적 사건이 우리나라의 경제구조를 국제자본주의 무역구조의 종속형태로 전향시키면서 급속히 진행된 우리사회의 경험의 총체가 그나름대로 구조적 축적을 쌓아가면서 파생시킨 70년대의 변화들, 그러한 사회·경제·문화의 제현상의 하나로 가짜 총천연색이 진짜 총천연색으로 변했다는 사실이 이해되어야 한다는 뜻이다. 이젠 한국영화도 테크니칼하게는 국제영화 수준에 손색없다 라는 판단은 바로 우리나라 공돌이·공순이가 피땀흘려 노동해도 무역적자수치늘리기만 바빴던 시절에서 속이 어떻게 썩어 문드러졌던지간에 이젠 그들의 노력이 무역혹자를 걱정해야 하는 시대를 창출하고야 말았다는 매우 짧은 기간의 엄청난 변화와 구조적 연관성을 가지고 있는 것이다. 바로 이러한 역사의식 속에서 우리는 "영상시대"를 분석해야 하는 것이다. "영상시대"란 한마디로 규정하자면 이러한 역사적 기류의 변화속에서 한국영화를 "근사하게 만든" 시대였던 것이다. "근사하다"라는 말이 가지는 모든 부정적 긍정적 의미를 통털어──.

내가 영화를 내가 살고 있는 시대의 가장 중요한 예술양식(Kunst-form)의 하나로 인식하고 또 그러한 인식이 나의 철학적 탐색의 과정과 일치할 수 있다는 자각의 계기를 얻게 된 것은 저 중동의 사막에서 성장한 어느 인물과의 해후에서였다. 영화에 미친 사나이！그 사나이의 이름은 이스라엘 텔아비브대학 철학과에서 중국철학을 교수하고 있는 요아브 아리엘(Yoav Ariel)！[3] 나는 요아브를 대만대학에서 만났고 또 그와의 우정은 미국유학시절에까지 연장되고 있다. 요아브는 이스라엘에서 태어났고 고전히브리어에 능통한 매우 유능한 학자였지만 그의 어머니가 이태리에서 이주해온 여자였기 때문에 이태리의 문물에 대한 짙은 향수를 깔고 있었다. 이미 딴 책에서 언급한대로 나는 요아브에게 중국철학을 강의해 주는 입장에 있었다. 그와 중국철학을 토론하면서 서양철학의 제문제에 대한 새로운 인식을 하게 되었지만 그는 대화도중에 항상 영화를 레훠런스로 썼다. 나도 영화라면 많이 본 편이었지만 그의 세계영화에 대한 풍부한 인식세계 앞에선 난 말문을 잊어버리는 것이었다. 요아브와 만난 이후로 나의 일상대화의 어휘속에는 "영화"란 말이 사라지고 그 대신 "씨네마아트"라는 고상한 말이 자리잡게 되었다. 요아브와의 만남은 나에게 두 감독의 작품세계에 새로운 눈을 뜨게 만들어 주었다. 하나는 이태리의 휄리니(Federico Fellini, 1920～), 또 하나는 일본의 쿠로사와(黑澤明, 1910～)！

휄리니라고 하면, 우리는 어릴 때 본 『길』(La strada, 1954)이라는, 애련의 여운을 짙게 남기는 작품을 연상하게 됨으로 그리 생소

---

3) 이 인물은 나의 지적성장과정과 떼어놓을 수 없는 깊은 관련을 맺고 있다. 이 인물에 관한 약간의 정보가 『절차탁마대기만성』(서울：통나무, 1987), 103쪽 註25에 서술되어 있음으로 참조하기 바란다.

하지 않다. 가슴의 쇠사슬을 끊는 야성의 남자 안소니 퀸이나 성스러운 백치의 아름다움으로 인간의 순결의 밑바닥을 과시해준 쥬리에타 마시나(Giulietta Masina)의 절망스러운 얼굴이 생각난다(마시나는 휄리니와 1943년에 결혼했다). 이태리 시골의 황량한 공간 속에서 움직이고 있는 주역들의 관계는 완벽한 비인간성(inhumanity)의 절망감을 나타내 준다. 거기서 우리는 인간의 구원의 문제에 대한 암시를 얻는 것이다. 『길』이라는 영화는 누가 보든지 쉽게 이해가 되는 작품이다. 그러나 난 그 영화를 한국에서 보았을 땐 휄리니가 누군지 그것이 무슨 작품인지 알길이 없었다. 내가 요아브를 만나고 나서 타이뻬이 시먼띵(西門町) 영화가에서 처음 본 휄리니는 『휄리니 사티리콘』(Fellini Satyricon, 1969)이라는 매우 괴이한 영화였다. 이 영화는 휄리니 자신의 오리지날 씨나리오이지만 그 원작은 네로황제의 친구이며 총신(寵臣)이기도 했던 고대 로마시대의 정치가며 시인인 페트로니우스(Petronius Arbiter, 1세기 실존인물로 AD 66년에 사망)의 소설 『사티리콘』이다. 『사티리콘』은 유럽역사에 등장한 최초의 소설로서 그 원형이 결본의 형태로 상당부분 보존되어 있다. 휄리니는 이 작품을 통하여 기독교가 서구사회를 좀먹기 이전, 그러니까 원죄의식이 서구적 인간을 지배하기 이전의 인간상태를 탐구하고 있다. 『사티리콘』의 원작자 페트로니우스 자신이 쾌락을 삶의 유일한 가치로 보는 히도니스트(hedonist)였다는 점, 네로황제의 암살음모에 공모한 것으로 오인되어 죽음을 자청할 때도 자기의 자살을 하나의 쾌락으로 간주하고 장시간 끌었다는 점(혈맥을 끊어놓고 가벼운 시와 음악을 들으면서 죽어갔다) 등등을 생각할 때 그의 소설은 그의 로마세계의 데카당스적 삶의 모습 그자체를 신랄하고 재치있게 묘사했을 뿐 어떠한 강한 윤리적 메세지를 전달하고 있지 않다. 인간의 부패를 윤리적으로가 아니라 심미적으로 그리고 있는 것이다. 휄리니는 이러한 『사티리콘』의 세계를 매우 그로테스크한 짙은 칼라영상의 이미지를 통하여 상징적으로 묘사하고 있다. 그러한 묘사를 통하여 현시대의 인간의 고독, 60년대 히피족의 정신세계나 60년대말의 아나키스틱한 군상들이 나타내고 있는 퇴폐적 세계, 그리고 과연 인간의 구원이란 무엇인가 하는 그의 자서

전적 질문을 반복하여 나타내고 있다. 1960년 작품 『달콤한 생활』 (*La dolce vita*, 마르첼로 마스트로얀니[Marcello Mastroianni] 출연, 칸느 영화제 그랑프리)에서 추구했던 주제의 보다 상징적 발전이라고도 평가할 수 있을 것이다.

그런데 난 이 『휄리니 사티리콘』이라는 데카당스와 그로테스크의 상징적 조작체계를 구경하고 난 후로 심한 콤플렉스에 빠져 버렸다. 도무지 뭐가 뭔지 알 수가 없었다. 요아브는 옆에서 나에게 열심히 지껄여 주는데 도대체 뭐가 뭔지 알 길이 없었다. 그놈은 뭔가 잘 아는 것 같았는데, 나에겐 최소한 나에겐, 『휄리니 사티리콘』이란 작품은 칸트의 『순수이성비판』을 읽는 것 보다도 더 어렵게 느껴졌다. 그런 작품이 만들어지고 또 흥행이 되고하는 서구라파사회란 도대체 어떤 인간들의 집합체인가? 『미워도 다시한번』이나 『빨간 마후라』 등등을 영화의 표준적 이미지로 가지고 있던 조선의 촌놈에게 그 작품이 던져준 충격이란 이루 헤아릴 수 없는 것이었다. 인류정신계를 제패하겠다는 청운의 꿈을 품고 유학길을 떠난 이 조선의 철학자 김용옥은 타이뻬이 시먼띵의 텅빈 영화관에서 휄리니라는 천재의 영화 한편으로 참패의 고백를 들이킬 수밖에 없었다. 그 이후 東京생활을 통하여 난 휄리니의 작품을 거의 다 섭렵하였다. 토오쿄오야말로 영화의 천국이었다. 그리고 난 유학생활을 통하여 장학금귀족이었기 때문에 영화관에 갈 돈은 충분히 있었다. 책상머리 마주대고 책과 씨름하는 시간을 제의하곤 시내를 활보하는 기회란 모두 영화관에 찾아 다니는 시간이었다. 아내와 쌈박질을 했을 때도 영화를 같이 보는 것으로 찜찜한 분위기를 풀었고 주말에 승중이 목마태우고 공원에 산보 나다닐 때도 반드시 영화관을 거쳐서 귀가하는 것이 상례였다. 아니 원칙이었다. 일본에서나 미국에서나 영화없는 나의 삶은 싱상할 수도 없는 것이었다. 일본에서 계속 본 휄리니는 계속 나에게 콤플렉스를 안겨다 주었다. 그러면서도 아내와 나는 계속 휄리니의 세계를 추구하였다.

아내와 나사이에 존속하는 매우 괴이한 상징체계가 하나 있다. 그것은 최영애와 김용옥사이에서만 존재하는 기의 특수태이다. 아내와 내가 싸움을 했을 때, 무엔가 언짢은 기운이 우리 사이를 가로막고 있을 때, 서로를 사랑하면서도 경멸하는 눈초리로 상대방을 질시할 때…… 그 누군가 먼저 어느 사이에 "휄리니!"하고 외치면 우리는 왈칵 희비가 섞인 웃음을 웃게 마련이다. 휄리니! 우리 둘만의 특수명사가 되어버린 이 말 속에는 무한한 존재의 상징적 가능태가 숨어 있다.

휄리니의 영상세계속엔 심볼리즘(symbolism)과 리알리즘(realism)이 마구 교차된다. 그의 작품과 작품사이에서도 그러한 교차가 이루어 지는가 하면 그의 한 작품내에서도 그런 교차가 일어난다. 그의 영상세계엔 꿈과 현실의 구분이 없다. 그리고 자기자신의 체험의 세계와 타인의 체험의 세계가 판타지속에서 마구 융합된다. 피카소의 그림처럼 다각적인 입체적 시각이 동일화면에 나타난다. 언어와 영상이 동일한 상징적 폭을 가지고 일순간의 낭비없이 밀도 높게 우리의 의식속으로 물밀듯 밀어닥친다. 어릴 때의 자서전적 체험의 세계를 통해서 보편적 인간의 판타지를 추구한다. 물론 이러한 판타지 속에는 이태리의 특수한 문화적 배경이 깔려있기 때문에 그러한 상대적 맥락의 이해가 없이는 궁극적으로 감정이입이 불가능할 때가 많다. 우리 부부가 "휄리니!"하고 외칠 때 우리는 인간 삶 그 자체가 하나의 大夢이라는 주앙쯔(莊子)적 명제를 연상거나, 혹은 인간의 조롱스러운 위선을 심미적으로 조감할 수 있는 여유를 발견한다. 너와 나! 똥눗고 밥먹는 너와 나! 그 인간이 뭐 그렇게 대단한 것이냐? 뭐 그렇게 아응다웅 지랄이냐!

요아브와의 만남이 나에게 가져다 준 충격의 본령은 사실 휄리니에 있지 않았다. 휄리니는 역시 이태리사람이다. 고대로마 농경문화의 후예며 동시에 강력한 기독교 로마제국의 후예다! 그는 분명 그의 자서전적 고독과 반항의 세계를 통하여 영화라는 개념 그 자체를 바꾸어버린 금세기의 위대한 천재임에 틀림이 없지만 그의 느낌의 기의 축적태와 나의 느낌의 기의 축적태에는 영원히 넘지 못할 문화의 색깔이 가로놓여 있다. 아무래도 그는 코큰 하얀놈이고 나는 광대뼈가 튀어나온 누런놈이다. 아무래도 휄리니를 품에 안기란 좀 어색하다. 그러나 쿠로사와의 경우는 달랐다. 쿠로사와는 같은 누런놈이고 같이 인의예지를 안다.

요아브는 나에게 휄리니를 소개하기전에 쿠로사와를 아느냐고 물었다.

"두 유 노우 쿠로사와?"

영화라면 신성일과 문희이름만 아는 촌놈이 쿠로사와를 알턱이 있나? 더구나 내가 자란 시대는 맨 왜놈순사들이 우리순국열사 지사들을 후두려패는 영화만 보았는데~ 일본에도 영화가 있는가?

"노우."

요아브는 날 의아하게 쳐다봤다. 아니 같은 동양놈이면서 쿠로사와를 몰라? 그는 어떤 유럽의 비평가 그룹에서는 쿠로사와를 세계 제1의 영화감독으로 친다는 이야기를 되풀이했다. 나는 요아브의 입을 통하여 『라쇼오몬』(羅生門)이라는 작품의 이름을 처음 들었다. 그리고 3년 후 東京大學에 입학한 후에서야 나는 그 작품에 접할 수 있었다. 요즈음 영화꽤나 운운한다는 사람들이나 좀 유식한 체하는 사람치고 쿠로사와 모르는 놈 없고 『라쇼오몬』 모르는 놈 없다. [4]

국제적 정보가 흘러넘치는 현대사회속에서 생활하는 요즈음의 유식한 학동들을 바라볼 때 안타깝게 느껴지는 사실은 무식의 기회를

---

4) 신문 등지에서 『라쇼오몬』을 『라쇼몬』으로 표기하곤 하는데 그것은 잘못이다. "生"(しょう)에는 분명 장음이 들어 있다. 나의 학설을 채택한다는 것이 자존심이 허락하질 않아서 내가 제정해 놓은 씨케이시스템(중국어·일본어 최영애—김용옥표기법)을 외면하는 것은 좋지만, 그럴 경우 자기나름대로 일관되고 정확한 표기법을 설정해야 할 것이다. 『동아일보』나 『조선일보』같은 한국의 대신문까지도 중국체육선수이름 하나부터 일본의 정치가 이름에 이르기까지 일관된 원칙이 없이 제멋대로 표기하고 있다. 앞으로 올림픽위원회는 어떠한 가관을 연출할지 나는 두고 볼 참이다. 표기법의 同異의 문제는 고사하고 중국선수의 이름의 빌음에 대한 일차적 정보조차 정확하지가 않다. 이런 문제쯤이야 극복할 수 있는 인력이 많이고 쌓였는데~ 참 한심스럽다! 새로 생긴다는 『한겨레신문』의 정기태씨가 나를 만나서 하는 말이 우선 새신문의 외래어표기법문제부터 나에게 상의하고 싶다고 했는데, 과연 내 씨케이시스템을 정확하게 채택할른지 두고 볼 일이다. 도대체 이 땅에서 자생적으로 생겨난 가장 체계적인 학문적 성과를 그렇게들 악을 쓰고 인정하지 않으려는 세인의 자존도 못되는 타성이 가증스럽다. 분명히 나의 씨케이시스템은 이 민족의 표기법이 되고야 말 것이다!

박탈당하고 있다는 사실이다. 나처럼 철저히 무식하지 않기 때문에 철저히 알 기회조차 박탈당하고 만다는 것이다. 무지의 투쟁다음에 오는 얇은 깨달음이다. 그러나 요즈음 학동들의 얇은 유식의 무지다. 앎이 앎에서 끝나고 깨달음으로 연결되지 못할 때 그것은 진정한 앎을 방해하는 부담이 될 뿐이다. 네 이놈들! 네가 알긴 뭘 알아. 쿠로사와를 안다구? 『라쇼오몬』쯤엔 통달했다구?

　두째로 일본문화의 제현상에 관하여 한국사람과 토론을 벌릴 기회가 생길 때마다 나의 입을 다물게 만드는 매우 기발한 기적적인 사실이 하나 있다. 이 지구를 펼쳐놓고 볼 때 지정학적으로 일본과 한국처럼 가깝게 위치하고 있는 나라는 없다. 그러나 또 하나의 재미난 사실은 이 지구상의 어느 민족도 한국사람만큼 일본문화문명에 대하여 무지한 민족은 없다는 사실이다. 다시 말해서 한국사람처럼 일본사람을 무시하고 한국사람처럼 일본사람한테 겁안먹는 사람들은 없다. 미국놈도 영국놈도 독일놈도 불란서놈도 아프리카놈도 남미놈도 일본사람이라하면 그래도 겁먹을 줄 알고 존중해줄 것을 존중할 줄 안다. 그러나 조선놈과 왜놈의 관계는 정말 성격이 다르다. 이것은 21세기 인류학의 재미있는 탐구과제가 될른지도 모르겠다. 허나 그것이 감정적 적대관계에서 끝난다면 좋겠는데 그것이 이성적 무지관계로 발전되어 있기 때문에 곤란한 것이다. 그러나 이러한 무지는 때때로 우리에게 용기와 희망을 준다. 10년이면 일본을 따라마신다! 일본놈이 베니스에서 상탄거 우리도 탔다! 그 얼마나 용기와 희망을 고취시키는 보람찬 언사냐? 그러나 이러한 무지의 논리가 장기화되거나 내면화된다면 그것은 정말 가공스러운 일이다.

　최근 『라쇼오몬』이라는 이름은 한국의 신문과 잡지에 자주 오르내렸다. 그것은 바로 임권택감독이 만든 『씨받이』라는 작품이 베니스영화제(Venice Film Festival)에서 여주인공상을 받는 한국영화사상 초유의 영광을 차지함으로써, 『라쇼오몬』과 비유되었기 때문이다. 『씨받이』의 여우상은 동양영화로서 1951년 『라쇼오몬』이 그랑프리(작품상)를 획득한 이래의 최초의 사건이라는 것이다. 1951

년의 『라쇼오몬』! 그로부터 36년 후인 1987년의 『씨받이』! 이 두 작품은 과연 동일한 차원에서 언급될 수 있는 것인가? 좁은 민족사의 편견을 초월한 우주적 양심의 소유자로서 과연 이 질문에 긍정적 대답을 할 수 있는가?

나는 1987년 10월 17일 토요일 오후 3시경 수유리 아카데미 하우스의 커피숍에서 임권택감독을 만났다. 우리는 만나자마자 아무 서두 서론없이 서로 누구라는 인사도 없이 막바로 본론으로 들어갔다.

"임감독님! 『씨받이』 잘 봤습니다. 그런데 유감스럽게도 그 작품은 풍속도에 불과하더군요. 인간이 빠졌어요. 그 작품이 해외에서 인정받기 전에 국내관중들에게 외면당했다는 사실 그 자체가 상 받았다는 것보다 더 중요해요. 외면당할 수밖에 없었던 문제성을 그 작품자체가 내포하고 있거든요."

우리같이 논리의 칼을 차고 다니는 사람은 상대방을 무조건 한번 콱 쑤셔보고 그것이 먹혀들어가는 모습을 관찰하면서 다음의 작전계획을 짜게 마련이다. 나의 기습에 조금도 당황하는 기색이 없이 멍청한 듯이 떠듬거리는 소리로 나의 논리의 이면을 쑤시고 들어오는 임감독(존칭생략)의 눈초리에서 나는 범상한 인간에게서 발견할 수 없는 빛을 발견했다.

"바로 맞었어요! 괜히 상받았다니까 들떠서 야단들인데 사실 난이 작품에 아무런 기대를 하지 않았어요. 이 작품을 통해 말하려했던 나의 가슴속이야기를 말하지 못했거든요. 공연히 한국영화계에 얄팍한 기대나 부풀리는 나쁜 영향을 줄까봐 걱정돼요."

되치는 그의 대답은 대가의 풍도를 가장하는 억지스러운 여유에서 나온 것이 아니었다. 있는 그내로 질소하고 담박했다. 서구라파 놈들이 역시 보는 눈이 있어! 하고많은 신부님들중에서 김수환님을 탁 추기경으로 뽑아내더니만, 하고많은 감독님들중에서 임권택님을 뽑아? 역시 보는 눈이 있어!

『씨받이』란 작품에 대한 베니스영화제의 상은 결코 강수연이런 아직 미숙한 여배우에게 주어진 것이 아니다. 임권택의 삶의 과정을 통하여 꾸준히 드러난 진지한 작품의 축적된 세계가 이미 국제적으로 널리 인정을 받아온 결과라고 해야 할 것이다. 그의 『만다라』는 이미 81년에 베르린영화제 예선을 통과한 바 있고 그의 대표작으로 널리 알려졌다. 그리고 최근만 하더라도 『길소뜸』(85) 『티켓』(86) 등의 수작이 나왔고 『비구니』(84)는 콤플렉스에 쩔은 비구니족들의 세계사적으로 유례를 보기 힘든 발광으로 촬영이 중지될 정도의 문제작이었다. 그리고 이두용감독(81년 『피막』, 베니스영화제 예선통과), 하명중감독(85년 『땡볕』, 베르린영화제 본선진출) 등의 소위 해외영화파들이 80년대에 들어서면서 벌린 맹활약이 방조적 역할도 충분히 하였을 것이다. 『씨받이』의 여우상은 우리나라의 어떤 여배우가 그 역할을 담당했더라도 그 상은 주어질 수밖에 없었을 그러한 필연성의 한 굴레에 지나지 않는다. 강수연! 미안하지만 그대의 연기는 아직은 "미미"의 야살에나 적합한 수준밖에는 되지 않는다. 옛한국인의 정감을 표현해야 할 그러한 상황속에서 그대가 표현한 색깔은 아직 이태원을 활보하고 있는 펑크족의 냄새를 떨구지 못했다. 그것이 나쁘다는 것이 아니라 그만큼 그대의 연기의 세계가 제한된 틀을 벗어나지 못하고 있다는 것이다. 그대가 과연 김승호의 얼굴이 표현해준 한국인 특유의 정감의 세계와 같은 그러한 연기력을 가지고 있을까? 쿄오 마찌코의 얼굴이 표현하고 있는 헤아리기 힘든 삶의 깊이를 과연 표출할 수 있을까? 있으리라! 그대가 좀더 인간을 깊이 배우기만 한다면——.

高大玄民빈소사건으로 한창 시끄러워 교외에 있는 나까지도 신경을 곤두세우고 있을 즈음 하명중감독이 나에게 전화를 했다.

"김교수님! 아 대단한 사건이 터졌어요. 이젠 됐어요. 이렇게 기쁠 수가 없어요. 도대체 이건 꿈같은 얘기라구요. 이젠 한국영화도 희망있다구요."

베니스영화제수상의 소식을 나에게 알리는 하감독의 목소리는 정말 기다리고 기다리던 것이 왔다는 환희로 가득차 있었다. 남의 기쁨을 내기쁨으로 아는 하감독의 인간적 순수성과 그의 천진난만한 성격이 잘 드러나 있는 그런 흥분된 어조였다. 그러나 냉철한 합리성을 삶의 모토로 삼고 살아가는 이 철학자에겐 그 흥분이 전달되질 않았다.

"찬물을 끼얹겨서 미안한데요. 전 그렇게 생각하지 않아요. 어떻게 나의 평가가 남이 주는 상, 남의 생각의 기준에 의하여 제멋대로 오르락 내리락 할 수 있읍니까? 전 말이죠, 누가 나한테 노벨상을 준다면 말예요 멋있게 거절할 생각부터 하고 있거든요. 『씨받이』는 말예요 우리민족의 심금을 울린 작품이 아니에요. 정말 우리가 만든 작품은 어디까지나 우리민족에게 얼마나 참된 사랑을 받을 수 있는가에 따라 그 가치가 결정되어야 해요. 외국사람에게 보이기 위한 풍물관람용 이야길랑 이제 때려치자구요. 정말 우리자신의 가슴속에서부터 사랑하지 아니하고는 못배기는 그런 작품을 만들자구요. 외국놈들이 어떻게 생각하든 그게 뭔 상관이요?"

88올림픽을 두고 한국에 대한 관심의 도가 높아진 것은 사실일 것이다. 시끌쩌끌한 정치상황의 기묘한 성격과 그에 따른 한국역사의 특수한 전개양식이 보편사적 의미를 지니면서 세계의 이목을 집중시키고 있는 것도 사실일 것이다. 베니스영화제의 심사위원들이 한국영화를 바라보는 근원적 태도의 변화가 있을 것이다. 야! 한국영화에 상하나 때려줘라! 그런데 작품이 영 시원찮다. 아직 미흡하다. 그래? 작품상은 때릴 수 없으니 여우주연상이나 하나 때려줘라!

나의 이런 논리에 좀 불쾌감을 느끼는 영화인은 흔히 다음과 같이 반박을 하곤 한다. 쿠로사와도 1951년 베니스영화제에서 그랑프리를 받기전에는 한갓 무명인에 불과했다. 『라쇼오몬』만해도 베니스영화제의 상을 받기전에는 일본에서 전혀 평가도 못받았고 흥행도 되지 않았다. 그런데 베니스상 덕분에 거꾸로 일본에서두 평가되기 시작했고 흥행도 되기 시작했다. 모든 문화의 흐름이 그러하다. 한국영화도 동일한 패턴을 가지고 있는 것이다.

이런 논리는 매우 그럴듯하게 들린다. 그리고 이런 논리의 근원적 오류를 정확하게 지적할 수 있는 인물은 우리영화계 아니 문화계 일반에 그리 많지 않다. 한국사람들과 대화를 할 때 나를 괴롭히는 가장 중요한 장애요소는 지식의 부정확성이다. 도대체 기초자료의 리딩이 없이 어디서 자기 정보에 대한 그런 확신이 생겨나는지—— 정말 불가사의한 노릇이다.

우선 쿠로사와는 베니스영화제를 통하여 세상에 알려지기 훨씬 이전부터 영화와 관련된 많은 활동을 했으며 많은 작품을 만들었다. 그리고 그의 작품의 대부분이 지금 보더라도 『라쇼오몬』까지의 맥이 명확하게 닿고 있는 수작들이다. 1943년의 『스가타 산시로오』(姿三四郎)라는 첫작품부터 그는 대중의 사랑을 받았다. 그리고 그의 첫작품부터가 그 자신의 오리지날 씨나리오라는 중요한 사실이 기억되어야 할 것이다. 그뒤로 『제일 아름답게』(一番美しく, 1944), 『續姿三四郎』(1945), 일본인들에게는 너무도 유명한 미나모토노요시쯔네(源義經, 1159~89)의 이야기를 소재로 한 전통노오『安宅』와 그것을 각색한 카부키 『勸進帳』에 기초하여 쿠로사와자신이 재구성한 『호랑이 꼬리를 밟는 사나이들』(虎の尾を踏む男達, 1945 : 나는 이 영화를 특히 좋아한다), 1946년의 『우리청춘에 후회없다』(わが靑春に悔なし), 1947년의 『멋있는 일요일』(素晴らしき日曜日), 1948년의 『주정뱅이 천사』(酔いどれ天使), 1949년의 『조용한 결투』(靜かなる決鬪), 『들개』(野良犬), 1950년의 『스캔달』(醜聞)의 작품이 있다. 『라쇼오몬』이전에 만들어진 이 열개의 작품은 모두 그 나름대로 유니크한 평가를 받을 수 있는 작품들이며 이 중에서 특히 1948년의 『주정뱅이 천사』는 무명의 신인배우 미후네 토시로오(三船敏郞)를 일약 거국적 스타로 만들었으며 쿠로사와의 이름을 모르는 사람이 없게 만들었다. 일본의 김승호라고 할 수 있는 시무라 쿄오(志村喬)가 정의파 주정뱅이 의사로 열연하고 있고 암시장을 지배하는 깡패단 똘만이로 미후네가 나오고 있는데 시무라의 극단적 순수성에 대한 미후네의 야성적 에네르기는 이 작품을 충격적인 것으로 만들기에 충분했다.

쿠로사와와 휄리니의 생애를 일별해 볼 때 우리가 발견하는 공통점이 두개 지적될 수 있는데, 하나는 이들 둘다 모두 화가지망으로서 삶을 출발한 사람이라는 사실과 또 하나는 이들 둘다 영화감독이 되기전에 탁월한 씨나리오작가이었다는 사실이다. 다시 말해서 그들은 애초부터 이미지(그림의 세계)와 논리(씨나리오의 세계)를 마음대로 융합시킬 수 있는 천재적 재능의 소유자들이었다. 그러나 우리나라의 금세기의 감독들의 성장과정이 대부분 이러한 천재를 기를 수 있는 조직적 수련을 거친 사람들이 아니다. 임권택감독의 질박한 독백을 한번 들어보자.

나는 영화에 대한 직업의식이나 영화광의 소년시절을 보낼 수 없던 세대에 속합니다. 영화를 많이 볼 수도 없었고, 영화에 대해서도 별 관심이 없었읍니다. 연출부에 들어갈 무렵에 나는 부산 시내를 방황하는 가출 소년 중의 한명이었읍니다. 정창화감독의 『장화홍련전』을 제작하던 영화계 사람들을 우연히 만났읍니다. 그들은 원래 부산에서 미군 군화를 파는 비지니스 관계의 일을 하고 있었읍니다. 영화 일을 하게 된 것은 예술이 아니라 배고픔 때문이었읍니다. 『장화홍련전』에서는 제작부 일을 했고, 그 이듬해 57년에 『풍운의 궁전』에서 소품부 일을 했읍니다. 연출부에 들어가려는 특별한 의지는 없었읍니다. 정창화감독이 홍콩에서 돌아오면서 연출부에 들어갔읍니다. 58년 『비련의 섬』이 첫 연출부 작품입니다. 59년에 『후라이보이・박사소동』『사랑이 가기전에』, 60년에 『햇빛이 쏟아지는 벌판』으로 조감독 퍼스트가 되었읍니다. 그후 『슬픔은 강물처럼』(60), 『지평선』(61), 『노다지』(61)를 거쳐 『장희빈』(61)을 마지막으로 감독에 데뷔했읍니다.[5]

지금 내가 말하고자 하는 것은 무엇인가? 『라쇼오몬』이 베니스 그랑프리를 먹었다는 사실은 형편없는 일본영화를 하루아침에 세계적 명화로 만들어버린 사건이 아니라는 것이다. 그따위 언사들은 문화의 본질을 파악하지 못하는 매우 부적절한 망언이다. 그것은 너무도 당연히 인정받아야 될 것이 인정된 사건일 뿐이라는 것이다. 이 작품이 베니스그랑프리를 수상하는 계기를 통하여 일본의 영화예술전반에 대한 세계적 인식이 제고되었다는 점은 부정할 수 없는 사실이다. 그러나 이 문제는 세계영화사의 근원적 재인식의 문제와 걸리는 것이지만, 당대 즉 1953년까지만 해도 일본에서 제작된 영

5) 정성일편, 『판영화총서 한국영화연구 I, 임권택』(서울 : 오늘, 1987), 40쪽.

화의 수가 미국전체에서 제작된 영화의 수를 양적으로 능가하고 있었다는 단순한 사실을 우리는 망각하고 있는 것이다. 뿐만 아니라 『라쇼오몬』이 1950년 일본영화계에 등장했을 때 일본평론가들은 다음해의 베니스수상에 앞서 이미 "베스트텐"의 하나로 이 작품을 선정하고 있다. 하여튼 이러한 사실의 재인식은 우리에게 1987년 『씨받이』 수상의 역사적 의미에 관하여 좀더 깊은 반성을 요구하게 만드는 것이지만, 내가 말하고 싶은 더 큰 주제는 세계영화사를 과연 어떻게 이해하여야 하는가? 그리고 20세기 인류문명사의 특수성을 어떻게 이해하여야 하는가?라는 휴매니티 그 자체에 관한 매우 보편적 물음이다.

우선 우리 동양인들은 중국놈 조선놈 일본놈을 불문하고 20세기의 우리의 역사를 개화내지 근대화라는 개념적 틀속에서 바라본다. 그리고 이러한 개념적 틀은 정치사적 각도에서만 그렇게 적용되고 있는 것이 아니라 문화사적 각도에서도 적용되고 있다. 그리고 나는 지금 "근대화"라는 개념을 본질적으로 수정할 생각도 없다(이 문제는 너무도 거창한 나의 문명론의 주제이기 때문에 여기서 다루기는 너무 벅차다. 앞으로 나의 기철학대계가 완성되면서 인류의 "근대성" 의미가 서서히 드러날 것이다). 그렇지만 우리의 통념속에 자리잡고 있는 "근대화"의 상징적 구조는 다음과 같은 것이다. 서구라파 문명(독립문명권의 한 단위로서의 고유명사)이 19세기 말경까지 "자본주의" "민주주의" "자연과학"이라고 불리우는 매우 강력한 문물제도를 완성했다. 그리고 동양문명권은 그런 것을 만들지 못했기 때문에 20세기를 통하여 열심히 배워야만 했다. 동양사람들은 20세기를 통해 자비감에 젖으면서 열심히 배웠다. 그래서 100년전엔 차이가 엄청나게 났던 것이 요즈음에 와서 비슷해졌다. 이러한 우리의 통념을 잘 분석해 보면 두드러지게 드러나고 있으면서도 우리에게 체크되지 않고 넘어가는 오류가 있는데, 그것은 **서양이란 개념은 존재론적으로 전제가 되어있고 동양이란 개념은 생성론적으로 전제되어 있다는 사실**이다. 다시 말해서 서양은 정치체제·과학·경제체제 등등이 이상적 현태(Ideal Form)로 항상 시간적으로 앞서 전제되어 있다. 즉 우리동양인에게 있어서는 서양이란 어느 시점을 불문하고 영원한 이데아로서 즉 불변하는 아이덴티티의 규범(eternal object)으로서 존재한다. 좀 쉽게 극단적으로 말한다면 우리가 1987년에 경험하고 있는 모든 서양오리진(유래)의 문물이 19세기 말기에 이미 서양에는 완성되어 있던 것으로 관념화하고 있다는 것이다. 그러기 때문에 우리가 열심히 배워서 비슷해졌다고 생각하는 것이다. 다시 말해서 서양은 안변했고 동양은 많이 변했다는 것이다. 그래서 1987년에 베니스상을 받는 것은 그 수준이 비슷해진 증거라는 것이다. 그래서 굉장한 것이고 그래서 칭찬해야한다는 것이다. 『라쇼오몬』의 베니스수상을 평가하는 안목도 대강 이러한 프레임웍을 벗어나지 못하고 있는 것이다.

서양을 존재론적으로 전제하고 동양을 생성론적으로 전제하는 가장 거대한 오류는 서양도 20세기 역사를 통해 "근대화"라는 동일한 생성의 과정을 거쳤다는 중요한 역사적 사실을 망각하는데서 발생하는 것이다. 이러한 오류는 사실 인류문명의 발생론적 인상의 확대해석이 가져오는 오류에 불과한 것이다. 세계영화사를 생각할 때 우리는 영화는 어디까지나 서양에서 발생되어 동양으로 유입된 특수 기술양식임으로 영화에 있어서 동양은 항상 서양에 뒤져왔을 뿐이라고만 생각하기 쉽다. 더 극단적으로 말하면 총천연색 시네마스코프가 서양에는 19세기말에 다 완성되어 있었던 것이고 오늘까지 우리가 꾸준히 배워가지고 이제 비슷해졌다고까지 생각할 수도 있다(나보고 미친 놈이라고 말할지 모르지만 일반인의 생각의 기본 스트럭취의 시간단위만 좀 늘려버리면 위와 같은 결론이 도출된다). 내가 앞에서 **"총천연색"** 운운했을 때도 그러한 인상을 독자들에게 주었을 것이다. 그러나 그것은 우리영화사의 특수성의 맥락을 강조하기 위하여 내가 사용한 화법일 뿐이다. 우리나라영화가 1964년부터 총천연색화하기 시작하였다고 한다면 휄리니의 최초의 총천연색 작품이 1962년에 나왔으며 (『誘惑』[Le tentazioni del Dottor Antonio], 그 뒤의 『8 ½』도 흑백이며 본격적 칼라작품은 1965년의 『영혼의 쥬리에타』[Giulietta degli spiriti]이다) 쿠로사와는 1970년에야 비로소 그의 영상을 채색하고 있다(1970년에

니온 『도데스카덴』(どですかでん)이 그의 최초의 천연색작품. 이것은 山本周五郎의 소설 『季節のない街』를 영화화한 것인데 서민의 삶을 그린 매우 탁월한 작품이다. 나의 아내는 이 영화를 특히 좋아했다).

여기서 우리가 눈을 똑바로 뜨고 바라봐야 할 사실은 그 발생론적 연원이 어떻게 되었든지 간에 **한국영화사나 일본영화사는 세계영화사의 보편적 흐름과 완전히 동일한 보조를 맞추면서 발전해 나왔다**는 엄연한 사실이다. 이러한 거시적 시각의 재조정이 없이는 우리가 말하고자 하는 "영상시대의 처리"라는 주제의 역사적 맥락을 올바르게 잡을 수가 없게 되는 것이다.

도대체 "활동사진"이라는 마술장난이 인류의 역사에서 언제 어떻게 시작한 것이냐? (우리 어릴 때는 영화를 거의 활동사진이라고 불렀다. "活動사진"이란 "살아 움직이는 사진"이며 영어의 "motion picture"에 해당된다. 사실 "영화"라는 일본어보다는 "활동사진"이 훨씬 더 살아있는 좋은 말이다. 중국사람들은 영화를 "띠엔잉"[電影]이라고 부르는데 그것은 "전기로 만들어내는 그림자"의 뜻이다. "영화"는 일본인의 조어인 "에이가"에서 온 것이며 "비취는 그림들"의 뜻이다.) 이러한 질문을 던지고 있는 나는 지금 세계영화史家들의 밥통을 뺏을 짓을 하려고 하는 것은 아니다. 우리는 보통 영화의 근원적 제형태로서의 특수 장난감 등등을 19세기에 걸쳐 운운하기도 하지만, 활동사진카메라의 발명의 공을 보통 발명의 천재인 에디슨(Thomas Alva Edison, 1847~1931)에게 돌리고 있다. 그러나 실상 에디슨은 영화라는 인류사의 마술장난과 직접 관련이 없는 인물이다. 활동사진에 쓰이는 셀루로이드 롤필름(celluloid roll film)도 지금의 코닥필름회사의 창업주인 죠지 이스트만(George Eastman, 1854~1932)의 발명품일 뿐이며, 에디슨은 이 이스트만의 셀루로이드필름을 활동사진에 적용했을 뿐이다. 당시 에디슨은 에디슨랩(Edison Laboratory)이라는 종업원이 5천명이 넘는 거대한 회사의 보스였고; 인류의 최초의 활동사진기라고 불릴 수 있는 키네토그라프(Kinetograph)가 이 에디슨랩에서 탄생된 것은 사실이지만 이 사진기는 에디슨자신의 발명이 아니라 에디슨랩에서 일하고 있었던 영국인 딕슨(William Kennedy Laurie

Dickson)의 발명품이었다. 이것이 바로 1888년의 일이다. 그리고 1896년에 나온 에디슨프로젝타인 비타스코프(Vitascope)도 토마스 아르마트(Thomas Armat)라는 미국인 발명가의 작품이다. 에디슨은 그의 발명품인 축음기(phonograph)에만 미쳐 있었으며 활동사진을 통한 시네마아트의 가능성에 대하여 전혀 관심이 없었다. 딕슨의 키네토스코프(Kinetoscope)의 발명에 대해서도 그는 돈버는데만 관심이 있었을 뿐이었다. 따라서 영화의 원조는 에디슨랩에서 시작된 것이긴 하지만 영화 그 자체의 발전은 오히려 유럽 특히 불란서에서 활발하게 전개된다. 1895년에 불란서의 루미에르형제(Auguste and Louis Lumière)는 그들의 첫 기록영화를 만들었다(*La Sortie des ouvriers de l'usine Lumière*, 『루미에르공장을 떠나는 공인들』). 그리고 영화미학의 의식적 발견은 1908년부터 1913년 사이에 400편 이상의 단편영화를 만든 미국의 그리피트(D. W. Griffith, 1875~1948)로부터 시작된다. 다시 말해서 활동영상들이 지니는 가능성은 인류가 1910년대에나 와서야 겨우 인식하게 된 새로운 모험이었다. 초기의 영화작가들에게 주어진 가장 커다란 과제는 어떻게 영상을 시간과 공간의 독재로부터 해방시키느냐(how to free the motion picture from the tyranny of time and space)하는 것이었다. 영상이 시계적 시간속에 속박되는 것이 아니라 주관적 시간을 창출할 수 있다는 것을 깨달았을 때, 연극무대적 공간의 속박을 벗어나 이 세계의 어느 공간에도 자유롭게 카메라를 들이댈 수 있을 뿐아니라 또 인간의 의식의 내면에 까지도 카메라를 들이댈 수 있다는 것을 깨달았을 때, 경험의 밖으로 드러난 外現態 뿐만 아니라 경험의 느낌 그자체를 창출할 수 있다는 것을 깨달았을 때, 또 사건의 직선적 극화(literal dramatization)뿐만이 아니라 그 리듬의 효과를 이용할 수 있다는 것을 깨달았을 때, 영상미학의 본질적 문제들이 해결되기 시작하는 것이다.

우리는 이러한 영상미학의 세계사적 흐름을 관망하면서 1926년에 이미 이 조선땅에 『아리랑』과 같은 불후의 명작이 탄생되었다는 사실을 어떠한 우연적 사건으로서 혹은 무성영화라는 유치한 기술적 장난에 대한 대중적 호기심의 차원에서 처리해 버리는 오류를 범할 수는 없는 것이다. 나운규(羅雲奎, 1904~1937)의 『아리랑』은 그가 불과 22세의 나이에 원작, 각색, 주연, 감독의 작업에 이르기까지 그 스스로의 고민에 의하여 스스로 창출해낸 천재적 작품이다. 그리고 당대의 몽타쥬기법의 음악적 마술사라고 할 수 있는 쏘련의 아이젠슈타인(Sergey Mikhaylovich Eisenstein, 1898~1948)의 대표작인 『전함 포템킨』(*Potemkin*, 1925)이 보여주고 있는 당대 최 아방가르드적 가능성의 기본을 모두 과시하고 있다는 점에서 1926년의 『아리랑』은 세계영화사적으로 뚜렷한 위치를 점하고 있다고 보아야 할 것이다. 몽타쥬(montage)란 한 쇼트(shot)와 쇼트 사이의 연결을 의도적(인위적)으로 조작함으로써 발생하는 음양론(陰陽論)적 제관계를 말한다. 다시 말해서 한 쇼트의 氣의 동일성(identity of *ki*)과 타 쇼트의 氣의 동일성이 관계지워질 때 발생하는 충돌과 화해의 제양태, 그리고 그러한 음양론적 대비관계의 제양태가 인식자의 의식의 시간성에서 촉발하는 느낌의 총화를 지칭하는 것이다. 『아리랑』이 "고양이와 개"라는 자막으로 시작되는 것(여기서 고양이는 조선민족을, 개는 일제의 쇠사슬을 상징한다)이라든지, 광인 영진(나운규)이가 일제관헌의 앞잡이인 기호(주인규)를 낫으로 쳐 죽이기 전에 아라비아의 사막에서 목마른 젊은 남녀와 물을 꿀꺽꿀꺽 들이 마시고 있는 隊商의 모습이 나타나는 장면이 엇갈리는 기법은 매우 탁월한 몽타쥬인 것이다.

우리는 총천연색시네마스코프의 시대에 살고 있기 때문에 자칫 잘못하면 영화란 유성영화가 무성영화보다 좋은 것이며, 스크린이 큰 것이 작은 것보다 좋은 것이며, 칼라가 흑백보다 좋은 것이라는 생각을 하기 쉽다. 이러한 진보사관적 가치판단은 세계 그리고 한국의 영화사를 구조적으로 그리고 양식적으로 이해하는 눈을 흐리게 만든다. 1930년대에 영화가 유성화하면서 생겨난 가장 큰 장해요소는 시간과 공간의 독재의 부활이었다. 다시 말해서 소리가 첨가됨으로써 오히려 영상이 시간과 공간의 특수성에 구속되는 결과를 가져왔을 뿐 아니라 영상이 언어의 논리에 예속되는 다시 말해서 영상이 논리화되어버리는 결과를 가져왔다. 따라서 유성영화의 일반경향은 무성영화보다 더 논리적이고 더 축어적(literal)이며 더

직선적(linear)인 성격을 갖는다. 따라서 이러한 시공의 독재로부터의 해방은 오히려 1960년대에나 와서 영화가 고도의 기술을 획득함으로써 다시 이루어지는 것이다. 최근의 영화가 논리나 사운드로부터 해방될려는 여러 시도를 하고 있는 것도 오히려 유성영화의 무성영화화라고 까지도 말할 수 있는 것이다. 최근의 영화가 과시하고 있는 고도의 기술의 동원에 의한 시각적 이미지 전달의 자유는 중간에 끼어있는 30년간의 유성영화의 역사보다 오히려 원초적 무성영화시대의 자유로움에 더 잘 비유되는 것이다. 다시 말해서 영화예술의 제형태는 기술의 진보라는 한 기준에 의해서만 평가될 수는 없다. 그러한 모든 양태는 우리 삶의 자리와의 관련성 속에서만 가치적 서열을 가질 뿐 그 자체에 가치적 우열이 내재해 있는 것은 아니다. 따라서 오늘날 "영상시대"의 최우수작이 결코 1926년 『아리랑』보다 "더 좋다"라는 일방적 판단을 내릴 수 없게 되는 것이다.

기술면에서 『아리랑』이 아무리 치졸하게 보인다 할지라도 그 영화가 그 당대의 인간들과 교섭한 기의 총량은 그후의 어떤 한국의 영화도 미치지 못하는 것이다. 제 정신으로 돌아온 영진이가 일경에게 묶여 아리랑 고개를 넘어갈 때, 여가수 李正淑은 단성사에서 다음과 같은 노래를 불렀다.

> 아리랑 아리랑 아라리오
> 아리랑 고개로 넘어간다
> 청청 하늘엔 별도 많고
> 우리네 살림살이 말썽도 많다

일제식민지에서 주권 아니 주체를 잃고 방황하던 우리민족에게 이 이상의 복음의 메세지기 이디 있으랴? 영진이는 일경을 때렸는가 하면 일제의 앞잡이를 쳐죽여 버렸다. 우리는 님 웨일즈(Nym Wales)의 펜을 빌어 동시대에 중원의 벌판을 헤매다가 소리없이 사라진 한 선구자를 알고 있다. 김산은 다음과 같이 말한다.

서울 근처에 아리랑고개라는 고개가 있다. 이 고개 꼭대기에는 커다란 소나무가 한 그루 우뚝 솟아 있었다. 그런데 조선왕조의 압정하에서 이 소나무가 수백년 동안이나 사형대로 사용되었다. 수만명의 죄수가 이 노송의 옹이진 가지에 목이 매여 죽었다. 시체는 옆에 있는 벼랑으로 던져졌다. 그 중에는 산적도 있었고 일반 죄수도 있었다. 정부를 비판한 학자도 있었다. 왕실일족의 적들도 있었고 정적도 있었다. 하지만 대다수는 압제에 대항해 봉기한 빈농이거나 학정과 부정에 대항해 싸운 청년 반역자들이었다. 이런 젊은이 중의 한명이 옥중에서 노래를 한 곡 만들어서는 무거운 발걸음을 끌고 천천히 아리랑고개를 올라가면서 이 노래를 불렀다. 이 노래가 민중들한테 알려지자, 그 뒤부터는 사형선고를 받는 사람이면 누구나 이 노래를 부름으로써 자신의 즐거움과 슬픔에 이별을 고하게 되었다. 이 애끓는 노래가 한국의 모든 감옥에 메아리쳤다. 이윽고는 죽기 전에 마지막으로 이 노래를 부를 수 있는 최후의 권리는 누구도 감히 부정하지 못하게 되었다. "아리랑"은 이 나라 비극의 상징이 되었다. 이 노래의 내용은 끊임없이 어려움을 뛰어넘고 또 뛰어넘더라도 결국에 가서는 죽음만이 남게 될 뿐이라고 하는 의미를 내포하고 있다. 이 노래는 죽음의 노래이지 삶의 노래는 아니다. 그러나 죽음은 패배하지 않는다. 수많은 죽음 가운데서 승리가 태어날 수도 있다(It is a song of death and not of life. But death is not defeat. Out of many deaths, victory may be born).[6]

이와같은 김산의 증언을 통하여 우리는 다시금 나운규의 천재성을 발견한다. 춘사(春史, 나운규의 호)는 『아리랑』이라는 자신의 창작극을 당시의 사람들이 가장 절실하게 느낄 수 있는 집단무의식적 신화체계의 구조속에 집어 넣었다. 그리고 일제의 압제의 모든 제약속에서도 그러한 신화구조가 촉발할 수 있는 기의 폭발적 가능성을 정확하게 감지했다. 가장 진부한 현실적(동시대적) 일상적 세팅속에 "아리랑"이라는 기의 신화적 틀을 씌움으로써 그것이 불러올 수 있는 과거의 기의 모든 압제적 경험양태를 현재에 밀집시켰다.

이렇게 밀집된 기의 폭발을 가능케 하기 위하여 그가 고심고심끝에 발견한 의식의 형태는 영진 아니 나운규자신의 정신분열이었다.

6) 님 웨일즈 지음, 조우화 옮김, 『아리랑』(서울 : 동녘 1987), 30~31쪽.

일제의 검열의 마수를 벗어나기 위해 나를 미치게 만들자! 미치지
아니하고는 견딜 수 없는 시대, 주체의 상실과 더불어 자기배반의
분열에서 헤어날 수 없는 시대, 이 시대에 살고 있는 내가 할 일이
란 무엇인가? 자~ 미치는 길뿐이다. 운규! 너 미쳐라! 미쳐![7]
  나의 의식을 이상상태로 휘몰음으로써 정상상태에 있다고 생각하
는 인간들의 이상성을 오히려 정상화시킨다. 미칠 수밖에 없는 벼랑
에 서있는 인간들에게 영진의 미침의 행위는 오히려 그들의 주체성
을 회복시키는 계기를 부여한다. 그리고 영진은 아리랑의 노래와 더
불어 저 아리랑 언덕넘어 죽음의 승리로 사라진다. 삼천만 동포를
열광의 도가니로 휘몰아 집어넣으면서——. 유현목감독은 이러한
『아리랑』의 세계를 실학—동학—독립운동으로 이어지는 한국민족의
근대적 정신혁명으로 표현하고 있다.[8]

  1926년에 불과 22세의 조선의 한 소년에 의하여[9] 형식이나 내용
면에 있어서 세계영화사에 혁혁히 빛날 가장 전위적이고 가장 민중
의 사랑을 받은 작품이 탄생되었다는 사실을 우리는 과연 어떻게
설명해야 할 것인가? 이러한 문제는 또다시 한국역사의 전반적 문
제와 관련되는 매우 거창한 독립적 주제를 형성함으로 나는 이를
제한된 지면에 상론할 생각은 없다. 그러나 이러한 문제는 일차적
으로 나의 기철학적 탐구에 있어서 기의 거시적 집단형태 그리고
그것의 역사적 특수성과 관련된다는 것을 지적하고 싶다. 다시 말
해서 『아리랑』을 성립시킨 한국적 풍토와 일제식민지라는 역사적
특수상황이 좀 치밀하게 분석되어야 한다는 것이다.

---

7) 이러한 나운규의 모습은 1966년에 나온 연합영화사제작 영화 『나운규의 일생』에
  도 역력히 그려져 있다. 崔性圭 씨나리오로 崔茂龍이 연출하고 주연한 영화다.
8) 유현목, 『韓國映畵發達史』(서울 : 한진출판사, 1985), 98쪽.
9) 나운규는 1924년 안종화의 알선으로 尹白南을 알게되어 부산에 있는 조선키네마
  의 제 2 회 작품인 윤백남의 『雲英傳』에 단역으로 출연했는데 이것이 나운규의 영
  화에의 첫출발이었다. 1925년에 서울에서 윤백남프로덕션이 발족되었고 그 프로
  덕션의 제 1 회작품인 『沈淸傳』의 주연으로 뽑혀 십봉사역을 통해 그의 천부적인
  예능의 소질을 유감없이 발휘하기 시작했다. 곧이어 조선키네마프로덕션의 창립
  작품인 『籠中鳥』(1926)에서 新星 卜惠淑과 호연했다. 이 세작품의 경험을 통하
  여 그의 『아리랑』이 성립했음으로, 그의 영화경험은 불과 2년남짓했던 셈이다.

중국역사에서 회곡(드라마)의 발달연원을 파고 들어가면 분명히 春秋시대에도 그 원형을 발견할 수 있고, 『禮記』「樂記」의 후반부에 음악·무용·연극의 종합예술에 대한 오늘날의 예술비평에 해당되는 본격적 기사가 첨가되어 있는 것만 보아도 漢代에는 상당히 연극적 예술양식이 그나름대로 발달되어 있었다고 생각된다. 그러나 근대적 개념에 있어서 드라마에 해당되는 유니크한 예술양식이 전폭적으로 개화한 것은 元代였고, 이 元代에 발달한 회곡양식을 우리는 "짜쥐"(雜劇)라고 부른다. 그런데 이 짜쥐가 발달하게 된 중국의 元代가 바로 한민족의 몽고제국에의한 식민지시대였다는 엄연한 사실을 상기할 필요가 있다.

고비사막의 징기스칸후예들은 中原의 쨍꼴라들의 지배계급으로 등장하면서 漢族을 철저히 멸시했다. 그리고 중국인 인테리들의 유일한 활로였던 과거제도를 폐지시켜 버렸다. 元나라사회계급의 10등급에 있어서 한족의 儒生들은 제일 마지막 계급인 거지(丐)보다 한계급 높을뿐인 9등급에 속했다. 이젠 희망이 없다! 이젠 할일이 없다! 삶의 비젼을 잃어버린 士人들은 이제까지 文言雅語에만 안주하면서 자기들이 멸시해왔던 민중들의 언어와 민중들의 예술양식에 새로운 눈을 뜨기 시작한다. 이제까지는 士人들이 입에 담지도 못했던 民間의 口語歌曲을 빌어 자기를 표현하기 시작한 것이다. 元代에 있어서 과거제도의 붕괴와 짜쥐(Yüan Drama)의 성립은 역비례관계를 가지는 밀접한 관계인 것이다. 여기에 희대의 천재, 희대의 새로운 예술양식이 탄생하게 되는데 이것은 식민지시대에 있어서의 민중예술로의 士人作家들의 대거진출이라는 배경을 도외시하고선 이해될 수 없는 것이다. 바로 짜쥐의 최고의 걸작이라고 불리우는 꾸안 한칭(關漢卿, 생몰연대 불확실, 13세기)의 『떠우어위앤』(竇娥寃, 미쓰 떠우어의 원한)이나 마 즈위앤(馬致遠)의 『한꿍치우』(漢宮愁, 한나라 궁전의 서름)는 이러한 배경에서 태어나는 것이다. [10] 그리고 이 두작품 모두 완벽한 비극적 성격을 가지고 있다는 사실도 아울러 주목해야 할 일이다(동양에 비극이 없다고 말하는 놈

---

10) 元代의 회곡에 관하여 崔玲愛교수의 참고할 만한 논문이 있다. "중국 元代의 회곡." 『世界의 文學』(서울 : 民音社, 1984년 봄호), 95~116쪽

들은 단순히 무지한 미친놈들이다. 그러한 무지는 이미 내가 『아름다움과
추함』에서 철저히 반박한 것이므로 일고의 여지도 없다).

　우리나라에서 1920년대에 이미 『아리랑』과 같은 완전히 새로운
예술양식의 걸작품이 탄생되었다는 사실, 그리고 일제식민지하에서
전개된 모든 예술양식의 축적이 바로 元代의 雜劇의 등장과 매우
비슷한 패턴을 가지고 있다는 사실은 결코 우연의 일치는 아닐 것
이다. 그리고 7·80년대에 독재의 압제가 가중화하면서 강력한 사회
고발성을 띤 작품들이 부상하는 경향도 같은 맥락에서 조감되어야
할 것이다.

　우리나라가 식민지시대로 들어서면서 나타난 역사적 氣의 집단적
구조의 변화로서 제일 먼저 꼽아야할 것은 역시 조선조사회를 지배
하고 있었던 유교적 이데올로기가 일거에 붕괴되며 윤리적 이완상
태가 일어났다는 사실일 것이다. 유교적 이념의 테두리에 묶여있던
예술적 에너지가 더 이상 그 이념의 구속을 받을 필요가 없을 뿐아
니라 그 이념자체가 망국의 비운을 가져다 주었다는 지탄의 대상이
됨으로써 생긴 공백을 틈타고 자유로운 민간연예양식이 새로운 옷
을 입고 등장하게 되는 것이다. 한국에서 영화예술이 그렇게 빠른
시일내에 고도의 성취를 하였다는 사실은 바로 이러한 역사적 맥락
에서 이해되어야 하는 것이다. 그러나 유교적 이데올로기, 특히 그
윤리적 측면의 구속력에 대한 항거 혹은 그 자체의 이완은 그 구속
력의 강력한 잔존세력의 집요함과 이중적 긴장을 유지하였기 때문
에 결국 매우 이율배반적인 갈등속에서 헤어나지 못하고 참다운 궤
도를 찾지 못한다. 그렇지만 우리나라의 영화예술은 처음부터 의식
있는 항거정신의 표현이었다는 점, 그리고 식민지시대의 어느 예술
양식보다도 대중적이었다는 점, 그리고 실제로도 민중과 호흡을 같
이 했다는 점에서 크게 평가되어야 할 것이다. 전후에 새롭게 중흥
하기 시작하여 60년대 초반까지, 다시 말해서 박정희군사정권이 신
상옥과 결탁하여 영화법제정이라는 한국영화예술말살정책을 펴기전
까지 한국영화가 새로운 저력을 과시했다는 사실도 결국 일제식민
지시대에 개화된 예술적 천재의 자생적 축적의 결과로서 우리민족

의 藝氣의 연속적 맥락에서 분석되어야 할 것이다.

　그리고 사실 이것은 여담이지만 우리민족의 氣의 풍토적 특성, 다시 말해서 우리민족의 藝氣는 靜的인 방면보다는 動的인 방면에 강하다는 특성이 지적될 수도 있을 것이다. 오늘날에도 우리민족이 세계적으로 위대한 미술가보다는 위대한 음악가를 더 많이 배출하고 있다는 재미있는 사실도 결코 우연스럽게만 바라볼 수는 없을 것이다. 繪畫라는 정적인 예술양식에 있어서 아무리 우리나라 나름대로의 고유한 특성이 있다고는 할지라도 우리나라 회화사는 중국 회화사와 동차원에서 비견할 수 있을만큼은 다양성과 스케일과 인식의 심도를 과시할 수는 없다. 그러나 동적인 예술양식인 음악의 역사에서 본다면 오히려 그 반대다. 한국음악사는 여러 방면에 있어서 그 거대한 중국의 음악사와는 비견할 수 없을만큼 탁월한 질적 면모를 과시하고 있다. 금세기에 있어서 일본을 제외하고는 동양의 어느나라보다도(중국을 포함) 한국의 영화수준이 탁월하게 솟아있는 것도 내가 말하는 氣感의 動靜관계에서 설명될 수도 있을 것이다(그러나 이것은 방편적 프레임웍에 지나지 않는다). 계급적으로 본다면 상층계급의 예술일수록 정적이고 하층계급의 예술일수록 동적인 성향을 띤다. 다시 말해서 우리민족의 예술적 감성은 역시 하층계급에서 더욱 폭넓게 발달하였고 또 하층계급에 합류해들어가는 지성의 동적 감성에서 더 천재성이 드러나고 있다. 탈춤은 명백하게 천민들 사이에서 자생적으로 생겨난 예술양식이며, 판소리나 가야금산조 등도 상하의 교감에서 이루어진 것이긴 하지만 그 담당주체세력이 명백히 천민이다. 이런 의미에서 영화예술이 금세기에 한국에서 꽃을 피우는 이유는 민중의 동적 감성의 요구가 유교적 이데올로기의 파열이라는 외재적 계기에 의하여 솟구쳐 드러난 민중예술형태라는 점에서 찾아질 수 있을 것이다. 식민지예술의 제양식에 있어서 영화는 소설보다도 더 민중적이었고 또 해방후 오늘날까지도 그러하다는 사실을 우리는 천하게만 사시(斜視)해서는 안될 것이다.

그런데 사실 구라가 너무 풍부한 탓으로 곁가지가 너무 길어졌다. 이제 우리의 본론으로 돌아가자! 우리는 동양인으로서 너무 서양이라는 관념을 존재론적으로만 전제해왔다는 오류를 지적하면서 이 시점에서 『씨받이』가 외국상받이가 되어버리는 기쁨에 충만하여 우리영화예술이 가야 할 길을 망각하거나 우리영화예술의 역사적 구조적 특성을 보지 못하는 자기기만의 오류를 동시에 지적하고자 하였다. 자! 다시 한번 묻겠다. 우리영화는 지금 이제부터 칸느에서 그랑프리를 먹는 작품을 배출하는 것으로써 우리영화예술의 역사적 사명을 달성하는 것으로 생각해야 할 것인가? 혹은 이 시점에서 우리민족의 혼을 뒤흔드는 새로운 『아리랑』을 만들어야 할 것인가? 칸느도 좋고 베니스도 좋고 베르린도 좋다. 토오쿄오도 좋고 시카고도 좋고 아카데미도 좋다! 그러나 우리가 새삼 자각해야 할 일은 우리의 선배들은 칸느도 모르고 베니스도 모를 시절에 외족의 압제의 사슬속에서도 우리민족에게 새로운 시와 음악과 소설을 잉태시키는 우리자신의 영혼과 기백의 언어를 창출했다는 사실이다. 1926년에 이미 『아리랑』이 나왔다면 칸느의 그랑프리는 이미 『아리랑』에게 주어졌어야 했을 것이다. 이제와서 베니스의 그랑프리 운운한다면 이미 1961년에 유현목의 『오발탄』은 그랑프리의 할애비도 받고 남았을 것이다. 이제와서 외국사람 보여주기 위한 영화를 만들어? 네~ 이놈! 문제는 "영상시대"가 얼마나 자생적인 축적을 했느냐? 문제는 영화기술의 수준의 고하를 막론하고 과연 지금 한국의 영화가 『아리랑』이나 『오발탄』이 던져준 질 높은 감격을 우리민족에게 던져주고 있는가? 하는데 있는 것이다.

이러한 문제를 좀더 깊게 천착해 들어가기 위해서 작가의식의 문제를 좀더 철학적으로 분석해 볼 필요가 있다. 여기서 우리는 『씨받이』와 『라쇼오몬』을 대비적으로 조명하려고 했던 원래의 작업을 재개할 필요성을 느끼게 된다. 내가 임권택 감독을 만났을 때 처음으로 던진 한마디는 무엇이었든가 ? "『씨받이』에는 풍속만 있고 인간이 빠졌어요." 임감독이 말할려고 했던 "내 가슴 속 이야기"란 과연 무엇이었는가 ?

　『씨받이』의 주제는 대를 물리기 위하여 玉女에게서 씨를 받는다는 奇異한 풍속이 아니다. 그것은 한마디로 말하자면 "죽음"이다. 『씨받이』가 베니스영화제에서 상을 받고 나니까 이태리의 어느 할머니 영화평론가가 임권택감독에게 대짜고짜 묻는 말이 "이 영화는 유가적이요(Confucian) ? 도가적이요(Taoistic) ?" 하더라는 것이다. 임권택감독은 말문을 찾지 못하고 그냥 범버무리고 말았다는 것이다. 그 이태리 평론가의 질문이 적절한 것이었냐 적절한 것이 아니었냐는 것은 둘째치고라도 그 비평가는 최소한 "콘휴시안" "타오이스틱"이란 언어의 개념적 틀을 빌어 임감독이 『씨받이』라는 작품을 해석한 개념적 구조의 완정한 형태를 캐묻고 있는 것이다. 임감독은 솔직히 말해서 이러한 질문에 대하여 대답할 능력이 없었다(어학의 문제가 아님). 다시 말해서 임감독은 자기자신의 작품에 대하여 충분히 "의식화"되어 있지 못했다는 것을 방증하다. 이러한 나의 지적에 대하여 영화를 좀 만든다고 홍얼거리는 사람들은 대부분 다음과 같은 반박을 한다.

　여보 ! 김교수 ! 당신은 말야 ! 근본적으로 예술을 이해못하고 있단 말야 ! 아니 예술이 무슨 개념적 틀의 표현인 줄 알아 ? 아니 당신같이 구라가 좋은 사람이나 정확한 논리로 자기 느낌을 적어내지 우리같은 예술가에게 그게 필요없는 게야. 그래도 말야 알건 다 안다구. 당신같이말야 지식이 풍부하다구 논리가 정확하다구 해서 반드시 좋은 영화가 만들어지는 줄 알아? 영화란 말야 카메라 디리대구 쇼부보는 거라구. 여보! 당신말야. 구라가 좋다구 너무 사람 뭉개지마. 좀 적당히 해두라구.

이 구라 중의 쌩구라! 한국의 영화인 뿐만 아니라 모든 예술인을 날로 날로 무식하게 만들고 있는 이 위대한 논리를 나는 지금 반박할 여력이 없다. 왜냐하면 이런 논리를 고집하는 사람들은 한결같이 이러한 논리를 논리로서가 아니라 종교적 신념(religious creed)으로서 고집하고 있기 때문이다. 또 무너질 대로 다 무너진 끝에 이러한 논리야말로 존재의 마지막 방어선이라고 생각하고 이것마저 무너져버릴까봐 벌벌 떨고 있는 가련한 위대한 예술가들을 무자비하게 무너뜨리기에는 나는 너무도 자비스러운 인간이기 때문이다. 아~ 불쌍한 연인들이여!

이러한 논리의 가장 거대한 오류는 철학과 예술, 그리고 이성과 감성이라는 터무니없는 전혀 체크된 적이 없는 이원론(이분의 오류, fallacy of bifurcation)이다. 그리고 이것은 철학 그 자체에 대한 매우 천박한 이해에 기초하고 있다. 철학은 결코 콤퓨터회사의 데이타처리실이 아니다. 다시 말해서 철학은 흔히들 말하는 지식이라는 정보의 체계가 아니다. 철학에서 말하는 지식(episteme)이란 바로 주위 사물에 대한 정보의 체계가 아니라 나라는 인식주체가 주위의 사물을 어떻게 인지하느냐 하는 인식의 체계이다. 따라서 감성의 토대가 없는 이성이란 있을 수가 없는 것이며, 이성조차도 감성적 직관의 제양태에 의하여 결성(結成)되는 것이다. 나의 기철학적 체계에 의하면 감성이나 이성이나 모두 氣의 느낌의 양태적 차이에 지나지 않는다. 다시 말해서 인간의식에 있어서의 氣의 발현과정(concrescence of ki)에서 단계적 혹은 양태적으로 나타나는 기의 조합형태의 차이일 뿐이다. 따라서 감성이나 오성(이성)이나 모두 느낌의 현상(現象, 드러난 모습)일 뿐이며, 양자는 서로 상충

48

되는 것이 아니라 서로 보완하는 고유한 역할을 지니게 된다. 인간 존재의 완성은 이러한 느낌의 제형태의 조화로운 융합(harmonious ingression)에서 이룩되는 것이다. 그러므로 나의 기철학체계 내에서는 철학을 잘하면 예술을 못하고, 예술을 잘하면 철학을 못한다는 그러한 개똥같은 잡설은 성립할 여지가 없다. 상식적으로 말해서 이성적 인식 다시 말해서 개념적이고 논리적 인식에 강한 사람은 감성적 직관에 강하기가 힘들 때가 많다. 그러나 감성적 직관에 강한 사람은 오히려 개념적 인식을 흡수하기 쉬운 장점을 지닌다. 좀 배우기만 하면 되는 것이다. 단순한 무지에서 오면 자기의식의 부재현상을 맹목적 직관으로 은닉해 버리려는 얕은 수작이 바로 앞서 말한 논리의 정체인 것이다. 내가 만난 감독들은 최소한 이러한 나의 지적에 자기방어를 하려고 들지 않았다. 솔직히 그 한계를 시인하고 배우려고 들었다. 나는 여기서 역시 사령관탑 노릇을 하고 사는 감독들의 인격적·인간적 폭을 발견하게 되었다. 예술계의 어느 분야에 종사하는 사람들보다도 대체적으로 통이 크다는 사실을 발견했다. 나는 한국에 있어서의 영화예술의 미래적 가능성에 관하여 매우 낙관하게 된 것이다.

『씨받이』나 어떤 영화든지 철학적·개념적 주제를 선명하게 노골적으로 영상에 드러내는 것으로 평가되는 것은 아니다. 영상의 마술이란 우아하며(elegant) 미묘하며(subtle) 심미적이며(aesthetic) 간접적(indirect)일 수 있어야 한다. 그리고 때때로는 작가의 의도가 매우 모호하게(ambiguous) 감지될 수도 있다. 그러나 내가 말하는 철학이라는 것은 구역질나는 도덕적 주장이나 철학강의적 논리 강요가 아니라 작가의 의식에 내재하는 "선명한 초점"(clear focus of consciousness)의 문제다. 작가는 어떠한 예술품을 창작하든지간에 그 예술품을 창출하고자 폭넓은 의식의 초점이 없을 수 없다.

예술은 어디까지나 作의 세계이다. 그러기 때문에 우리는 예술을 창작(creation)이라고 부른다. 바로 이것이 『禮記』「樂記」에서 말하고 있는 "作者之謂聖, 述者之謂明"(짓는 사람 그를 일컬어 성인이라 하고 묘사하는 사람 그를 일컬어 현명한 사람이라고 한다)의 본뜻이다.
그런데 콩쯔는 자기를 일컬어 "述而不作"이라 했다. 자기는 述
(describing)만 했지 作(creating)을 하지 않았다는 것이다. 이러한
콩쯔(孔子)의 "述而不作"과 『禮記』「樂記」의 저자의 "作者之謂聖"
은 정반대의 논리인 것 같이 느껴진다. 콩쯔는 述을 가치서열의 상
위에 놓고 作을 하위개념으로 설정한데 반하여 「樂記」의 저자는
오히려 作을 상위에 놓고 述을 하위에 놓고 있는 느낌을 받기 때문
이다.

　헤겔은 이 우주의 과정 그리고 인간의 역사도 절대정신이 자기반
성의 사유(self-thinking Thought)로써 절대를 실현해 나가는 과정
으로 보았다. 그가 말하는 절대정신은 주관적 정신(실재)과 객관적
정신(실재)의 변증법적 융합에서 이루어지는 것인데 이 절대정신은
또 다시 예술·종교·철학이라는 세 변증법적 형식으로 자기를 표
출한다. 이때 예술이 正이 되고 종교가 反이 되며 철학은 예술과
종교를 융합한 合으로서의 최고의 경지이다. 절대정신은 예술 속에
서 자기를 감성적 인식으로, 그리고 종교 속에서는 자기를 상상적
표상으로, 그리고 철학 속에서는 자기를 개념적 현현으로 드러낸
다. 이러한 헤겔의 구상은 당시 새로 성립하고 있는 민족국가의 이
데올로기로서 시민사회의 의식을 구성하는 냉철한 합리성(thorough
rationality)의 요구에 역사적으로 부응하고 있다고 봐야 하지만 또
이것은 동시에 서구라파 인간들의 보편적 가치구조를 암암리 제시
하고 있다. 즉 그들은 美(예술)보다는 善(종교)이 더 가치상의 우
위를 점하는 것이며, 善보다는 眞(철학)이 더 우월한 것이라고 보
는 것이다. 이러한 가치관의 구조는 특히 샤마니즘적 기독교문화권
(shamanistic Christendom)과 근세 자연과학이 공존하는 세계관 속
에서 더욱 그렇게 두드러질 수밖에 없는 것이다.

　그러나 나의 氣哲學체계 속에서는 종교가 최하위의 개념으로 설
정되며, 종교 위에 철학이, 다시 철학 위에 예술이 자리잡게 된다.
이러한 나의 기철학은 나 자신의 독창적 생각이 아니라 동양인의
일반적 통념을 나타내는 것이다. 美→善→眞의 구조가 아니라 善→

眞→美의 구조가 되는 것이다. 이러한 통념의 구조를 다시 상술하기 위하여서는 동양철학 전체를 건드려야 되기 때문에 여기서는 이를 생략하겠으나 내가 부언해 두고자 하는 것은 헤겔에서도 마찬가지이지만, 이러한 종교, 철학, 예술의 관계는 시간선상의 발생론적 직선진화의 단락을 의미하는 것은 아니라는 점이다. 다시 말해서 종교가 없어진 다음에 철학이 발생하고 철학이 소멸된 다음에 예술이 성립하는 그러한 관계가 아니라는 것이다. 이 관계는 시간적 관계가 아니라 개념적 관계일 뿐이며 가치적 선후의 문제일 뿐이다. 따라서 시간적으로는 이 3자는 항상 동시적으로 공존하며 동시적으로 얽혀 영향을 주는 관계이다.

따라서 예술을 지고의 삶의 가치로 생각하는 콩쯔에게 있어서 "述而不作"이란 "述만 했지 作은 하지 않았다"라는 말로 해석될 수가 없다. 콩쯔의 述은 그 述자체가 作을 포함하는 述인 것이다. 다시 말해서 그는 述의 행위를 통하여 作의 창조를 이룩했던 것이다. 따라서 「樂記」의 "作者之謂聖"은 콩쯔의 "述而不作"과 위배되는 반대의 명제가 아니라 콩쯔의 述而不作의 이면의 숨은 논리를 단순히 표면화한 것에 지나지 않는다. 作者之謂聖의 가능성은 이미 콩쯔의 述而不作에 내포되어 있었던 것이다. 콩쯔의 述而不作을 BC 5·6세기의 논리를 본다면 作者之謂聖은 BC 2세기의 논리로 추정될 수 있으며 이 양자는 은현(隱顯)의 역사적 관계를 가진다. BC 5·6세기에는 숨어 있었던 논리가 BC 2세기에는 표면으로 드러났다는 것이다. 이와 같이 述에 대한 作의 전면적 가능성의 표방은 바로 「樂記」의 作의 논리를 요구했던 시대상과 관련되고 있다. 다시 말해서 인위적인 作의 행위(art of creation)를 통하여 새로 성립한 漢帝國의 文明의 창조적 제양태를 건립해 보려는 강한 의지가 「樂記」의 저자에게 나타나고 있다. 다시 말해서 作의 논리는 그 이전 선진문명의 無爲自然의 논리에 대한 새로운 漢帝國文明의 패러다임을 구성하는 것이다. 그리고 또 근대적 일본, 다시 말해서 일본의 근대성을 인류사적으로 다시 규정할려고 노력했던 에도의 천재적 사상가 오규우 소라이(荻生徂徠, 1666～1728)가 바로 이러한 『禮記』「樂記」의

作(창조)의 논리를 인용하여 그의 전사상체계의 준거로 삼을려고 했다는 사실도 아울러 기억할 필요가 있을 것이다. 토쿠가와 일본은 분명히 새로운 作의 시대였던 것이다. 소라이는 『弁道』『弁名』 이라는 그의 대표적 저서에서 "制作禮樂"이라는 한 개념으로서 "先王"을 규정하고 있다(先王之道, 先王之所造也。非天地自然之道也。『弁道』).

作이란 스스로 그러한 그대로의 自然(나의 용법의 "자연"은 영어의 Nature가 아니라 "스스로 그러함"이라는 특수 기철학 개념임을 유의할 것)을 述하는 것이 아니다. 作이란 행위에는 의도가 개재되지 않을 수 없으며 의도는 반드시 선택을 전제하지 않을 수 없다. 내가 말하는 作은 自然의 氣를 선택하여 구성한 또 하나의 自然이다. 이러한 나의 기철학적 미학이론은 헤겔미학과는 매우 판이한 것이다. 왜냐하면 헤겔은 自然에 내재하는 美 그 자체를 전혀 인정하지 않거나 열등한 것으로만 보고 있기 때문이다. 결국 그의 美는 그의 체계속에서는 절대정신의 현현으로서밖에는 규정할 수 없기 때문에 자연은 정신(Geist)의 인위적 구성의 대상이 될 수 없는 것이었다. 그러나 나의 "氣韻生動"論은 자연에 내재하는 美(beauty intrinsic in Nature)와 인식주체에 내재하는 美의 기적감응의 역동성에 그 초점을 맞추고 있는 것이다. 이러한 문제도 역시 영화인들에게는 너무도 어려운 주제일 것이기 때문에 생략하기로 하겠으나 美 그 자체가 실체(substance)가 아니라 관계(relation)라는 사실만 머리 속에 꼭 집어 넣어주길 부탁하고 싶다.

예술은 作이며, 作은 美를 창출하는 행위이다. 그러나 이때의 美는 作된 美이며, 이 美는 곧 眞과 善을 포섭한다. 과학은 자연이 무엇인가를 述할려고 한다. 그러나 예술은 作을 통하여 자연이 어떻게 상징되고 있는가를 표출한다. 과학은 인간을 述한다. 그러나 예술은 인간이 무엇이 되려고 하고 있는가를 묘사한다. 여기엔 선택된 作의 행위가 없을 수 없다. 따라서 예술가의 作은 스스로 그

52

러한 실재(리얼리티)의 모방이 아니다. 여기서 "영상시대"의 작가들이 리얼리즘을 표방하고 강한 사회성을 나타냈지만 그것이 곧 한계에 봉착한 이유를 발견하게 된다. 예술은 어디까지나 作이며 리얼리티를 리얼하게 그리는 述이 아니다. 그들이 말하는 리얼리즘 그 자체가 하나의 선택된 作의 행위임에도 불구하고 그것이 리얼하다는 명목아래 관객들에게 그냥 내팽겨쳐 비리는데 그들이 밀하는 리일리즘의 자기기만성이 있었던 것이다. 그저 적당히 속아넘어가 주기를 바라면서 그들의 한계를 메워보려는 미봉책에 불과했던 것이다.

作의 주제는 무엇인가? 그것은 어디까지나 인간이 될 수밖에 없다. 인간이야말로 이 우주에서 현존하는 기의 집합체로서는 가장 복잡하고 가장 정교한 것이며, 또 가장 재미있는 것이기 때문이다 ("재미"도 나의 기철학의 특수용어임을 주목할 것). 아무리 파고 파먹어도 무궁무진하게 재미있는 氣의 복합체(ki complex)가 인간이기 때문에 인간은 영원히 근원적 作의 주제(the most fundamental subject matter of creation)가 될 수밖에 없는 것이다.

인간이란 무엇인가? 인간은 人과 間의 복합체이다. 인간은 사람(人)이며 사이(間)다. 사람은 사이가 없이 존재할 수 없는 기의 개방적 관계태이다. 사람의 동일성(identity of man)은 그를 둘러싸고 있는 무한한 사이의 교섭관계에서 성립한다. 사이가 없는 사람이 있을 수 없고 사람이 없는 사이가 있을 수 없는 것이다. 따라서 사이만 중시하는 사회주의계열의 작품들은 대체로 사람을 빼먹고 또 사람만 중시하는 순수문예주의 계열의 작품들은 대체로 사이를 빼먹고 있는 것으로 나타나는데 이것은 인간의 그릇된 규정에서 기인된 작가의 역량부족의 소치에 의한 것이다.

作의 주체도 인간이며 作의 주제도 인간이다. 결국 예술은 인간의 자기의식의 생성적 발전의 제양태를 나타내는 것이다. 그러므로 예술에서 "의식"을 빼먹는다는 것은 도대체 어불성설인 것이다. 80년대 한국역사에는 "의식화"라는 특수한 용어가 미네르바의 부엉새처럼 창공을 휘덮고 다녔다. 이것은 사실 20여년간의 군사독재정권이 한민족에게 선사한 최대의 선사품이다. 독재라는 죄악의 의식에 대하여 자기의식을 투영함으로써 획득한 반성된 자아의식! 이것은 비단 학생운동권의 조잡한 특수집단의 형태일 뿐만 아니라 한국민족 전체의 의식화 과정이었다는 데에 매우 거대한 인류사적 의의를 발견할 수 있는 것이다.

　자! 그럼 다시 묻는다. 작가의 의식 속에 초점으로서 불타고 있었던 『씨받이』의 주제는 무엇인가? 아니! 내가 말할려고 하는 『씨받이』의 인간학적("인간학"도 나의 기철학의 특수용어. 『중고생을 위한 김용옥 선생의 철학강의』[통나무, 1986]를 참고할 것) 주제는 무엇이 되어야 하는가? "풍속만 있고 사람이 빠졌다" "사이만 있고 사람이 빠졌다"라고 평한 그 본의는 과연 어디에 있는가? 그것은 "죽음"이라고 나는 말했다. 기실 나는 이러한 주제를 나의 저서 『여자란 무엇인가』에서 충분히 논구하였다. 『씨받이』의 주제는 실상 『여자란 무엇인가』가 다루고 있는 많은 주제 중의 한 주제를 형성하는 것이다. 만일 임권택감독이 나의 『여자』만 탐독하였더라도 그 이태리 평론가의 질문은 재치있게 받아넘길 수 있었을 것이다. 인간은 원시상태에서, 다시 말해서 自然상태에서 즉 스스로 그러한 상태에서 "사람은 죽는다"(Man is mortal)라는 명제를 명제로서(as proposition) 인식하지 못하였다. 죽음은 단순히 개연적・우연적 특수한 사건일 뿐이며 모두가 죽을 수밖에 없는 존재라는 보편적 인식의 대상이 아니었다. 인지가 발달함에 따라 특히 언어의 성립과 더불어 인간이 죽음의 존재(Zein zum Tode)라는 것을 명제적으로 자각하게 되었을 때 인간은 죽음이라는 유한성을 극복하지 아니하고서는 못배기는 숙명적 존재가 되어버린다. 즉 인간이라는 동물은 죽음이라는 언어의 자각과 동시에 죽음의 극복이라는 부담을 껴안는 불행한 아니 불안한 존재가 되어버렸다. 이것 또한 자의식(Selbstbewuβtsein)의 발전의 주요한 계기를 이루는 것이다. 이러한 죽음의 극복이라는 과제는 인간에게 있어서 불멸의 추구(pursuit of immortality)라는 긍정적 양태로 나타나게 되는데 이러한 죽음의 극복양식은 동서문명의 기의 풍토적 차이에 따라 다르게 나타난다. 이것을 간단히 도표로 표시하면 다음과 같다.

죽음의 해결(Solution of death)		
	서양(the West)	동양(the East)
시간성 tempo- rality	시간 밖에서 Beyond time	시간 안에서 Within time
사회성 sociality	개인적 해결 Individual solution	집단적 해결 Collective solution

나는 일찌기 말한 적이 있다. 종교의 주어는 神(God)이 아니다. 그것은 죽음이다 라고. 나의 기철학적 종교관에 있어서는 神은 만물을 관장하시는 상쇠(보스, 오야붕)로서의 상위개념이 아니라 기의 한 양태로서의 하위개념이거나, 아예 기로 공중분해되어 그 존재성을 잃는다(이 문제는 언젠가 다시 상술하겠다). 죽음의 해결이란 궁극적으로 신이 하는 것이 아니라 인간이 하는 것이다. 신이 해주시는 것 같이 보이는 서양종교에서도 결국 신이 해결해 준다고 인간이 믿는 것일 뿐이다. 죽음의 해결을 시간 밖에서 했을 때 시간성 속에서의 유대감(solidarity)을 요구하지 않게 되고 따라서 해결의 주체는 개인이 된다. 그리고 그들은 시간을 넘은 곳에 불멸의 천당을 상정하게 되는 것이다. 그런데 반해서 『易』(Book of Changes)의 세계관처럼 인간과 우주의 모든 것을 시간 속에서 해결하려고 했을 때 초월자의 의미는 사라지고 神도 결국 인간존재의 氣의 한 양태가 될 뿐이며 따라서 氣라는 시간성의 연대감을 요구하게 된다. 따라서 죽음의 주체는 개인이 아닌 집단이 되게 되는 것이다. 죽음은

유한성이다. 불멸은 무한성이다. 유한성으로써 무한성을 극복하는 것은 서양처럼 유한성을 부정해 버리는 데서 무한성을 획득하는 것이 아니라 유한성을 긍정함으로써 무한성을 획득한다. 따라서 유한한 존재의 연속이야말로 존재의 무한성이라고 생각하게 된다. 바로 우리가 논구하는 『씨받이』의 주제, 바로 우리 역사에 내재하는 **씨받이**라는 행위는 이러한 죽음의 해결이라는 **원초적 인간학적 주제**에 대한 이해가 없이는 도저히 이해할 수 없게 되는 것이다. 인간 **존재의 시간성 속에서의 유대감**, 나의 유한한 기의 시간성 속에서의 접목, 이러한 모티브가 인간의 모든 사회에 있어서 "조상숭배"(ancestor worship)라는 특수한 종교제식을 성립시켰다. 조상숭배, **즉 가묘제사**라는 종교형식은 우리 동양에만 있는 것이 아니라 기독교가 침입하기 이전의 고대 로마문명에도 매우 보편적인 양식이었다. 다시 말해서 "씨받이"라는 奇俗같이 보이는 풍속은 이러한 조상숭배의 종교행위의 한 극단적 표현에 불과한 것이다. 우리는 대부분 『씨받이』를 여인잔혹사라는 신상옥감독이 잘못 건드려 놓은 주제의 시각에서 바라보거나 혹은 종족번식의 본능이라는 매우 얄팍한 생물학적 시각에서 바라보거나 할 뿐이다. 이것은 인간학적 주제의 폭을 매우 협소하게 만드는 단견일 뿐이다. 씨받이라는 행위가 원초적 시대의 생물학적 주제라고 한다면 그것은 정말 웃기는 이야기다. 인간이 생물적 자연상태에서 종족번식을 위하여서는 씨받이와 같은 구차스러운 짓을 할 필요가 없다. 씹을 해서 애새끼가 까져 나오면 좋은 것이고 안나오면 그만인 것이다. 여러 개체와 씹만 계속할 뿐인 것이다. 왜 구찮게 씨받이를 해야 하나? 집단으로서의 종족은 계속 번식해 나가고 있는데——.

씨받이라는 행위는 한마디로 조상숭배라는 종교형식을 주도이념으로 삼는 유교사회의 신분적 질서 속에서 이루어진 제식적・사회적 행위다. 『씨받이』는 한마디로 종교적 주제를 탓치하고 있는 영화다. 맨끝의 유치한 자막이 오도하고 있듯이 "남아선호사상"의 사회적 폐해에 대한 계몽영화가 아니다. 그렇게 이해될 수는 없는 것이다.

여기서 우리는 유교가 과연 종교냐 아니냐? 라는 질문과 왜 하필 『씨받이』의 주제를 종교적 주제로 보아야만 하는가? 라는 매우 어려운 질문에 봉착하게 된다.

첫번째 질문은 유교가 무엇이냐라는 질문에서 해결될 성질의 것이 아니라 종교가 무엇이냐라는 근원적 규정의 문제로 환원되는 것이다. 유교가 과연 종교냐 아니냐는 궁극적으로 종교의 정의(definition of religion)를 어떻게 내리느냐에 따라서 해답될 수밖에 없기 때문이다. 神을 종교의 주어로 놓지 않을 때 종교의 정의는 우리가 상식적으로 즉 기독교세계관에서 형성된 편견으로써 이해하고 있는 종교의 정의와는 전혀 다른 정의가 성립할 수 있기 때문이다. 나의 기철학체계 내에서는 이미 이런 문제는 최소한 틸리히(Paul Johannes Tillich, 1886~1965) 형님보다는 더 고차원적인 레벨에서 다 해결해 놓았지만, 하여튼 나는 유교의 전부를 세속적 규범윤리(secular ethics)라는 논리의 맥락에서는 해결할 수 없다고 생각한다. 다시 말해서 우리는 유교문화의 핵심을 이루고 있는 제사(조상숭배)의 문제에 대한 새로운 인식을 해야 할 것이며 이러한 인식 속에서 유교가 인간관계에서 성립하는 제윤리성으로 인간의 문제를 해결하려고 했던 그 본의의 포괄성, 그 利弊를 정확히 이해하여야 할 것이다. 나는 유교에서 말하는 "孝"와 같은 문제만 하더라도 몇 년전까지만해도 통념적인 가정윤리(family ethics)로만 이해했을 뿐 그 존재론적・우주론적 의의를 깨닫지 못했다. 나는 歸國하여 三禮(『儀禮』・『禮記』・『周禮』)를 통독하면서 겨우 유교적 덕목에 대한 새로운 의미에 눈을 뜰 수 있었다. 孝는 단순한 가정윤리가 아니다. 그 것의 발생론적 연원이나 사회적 공능이 가지는 의미는 그러한 범주를 훨씬 뛰어넘는 것이다. 이것은 "禮"에 대한 근원적인 새로운 이해를 요구하는 것이나.

훼미리가 발생한 인간사회에서 "孝"가 없는 사회가 어디있을까? 그것이 어찌 동양만의 규범이라고 말할 수 있을까? 새끼가 사랑스럽고 새끼는 애비에미에게 효성스럽고, 이런 자연스러운 인간의 감정이 뭐 그다지도 대단한 철학이라고 "忠孝" 운운 지랄들이냐? 아버지가 돌아가셨다고 그 으시시한 무덤 옆에 초옥움막 지어놓고 삼년이나 사는 것이 과연 자연스러운 효성의 행위일까? 왜 그런 행위를 실천한 사람을 "효자"라고 표창했어야만 했는가? 왜 "효자"가 도대체 국가적인 표창의 대상이 되어야 하는가? 우리는 이러한 문제를 바라보는 시각으로 효자비나 열녀비를 바라볼 때 당연히 逆의 가설을 세워봐야 할 것이다. 삼년이나 움막생활 했다는 것을 효자라고 표창하는 것은 바로 삼년이나 움막짓고 사는 놈이 없었다는 사실의 반영일 것이다. 어느 동네어귀에 효부 열녀비가 많이 서 있다는 것은 그 동네에 가서 과부 따먹기는 떡먹기보다 더 쉬웠다는 것을 반증하는 것이다. 다시 말해서 "孝"라는 유교의 덕목이 四書三經에는 어떻게 해석되어 있든지 간에 그것의 실제적 사회적 공능에는 인간의 윤리성을 넘어서 종교성의 문제가 함축되어 있다는 뜻이다. 이것은 특히 조선조 사회에서 발전된 유교의 모습에서 더욱 두드러지는 현상이며 이러한 현상에서 나타나고 있는 한국인의 종교성의 이해없이는 오늘날 20세기에서까지도 "김일성어버이수령님에 대한 효도"와 맑스형님의 유토피아적 共産大同이념이 결합하고 있는 기묘한 현상이나 군정연장을 염원하고 있는 어리석은 동포의 모습들을 이해할 수가 없게 되는 것이다.

두째번 질문은 孝가 사회윤리의 차원을 넘어서서 종교적 신앙 (religious belief)의 차원을 포괄하고 있다는 재미있는 사실에서 이미 그 해답이 주어지고 있지만 『씨받이』를 종교적 주제로 환원해야 한다는 나의 생각은 평론가로서의 나의 사적인 소감을 피력하는 것이 아니다. 그러한 풍속을 조명하는데 있어서도 그 풍속을 낳게 한 인간의 모습 그 자체를 파고 들어가는 주제의 시각은 그 풍속을 조명하는 작가의 의식을 심화시킬 수 있을 뿐 아니라, 그 『씨받이』의 세계가 국부적 특수성에 머무르지 않고 인간의 종교성이라는 보편적 과제를 닷치함으로써 폭넓은 공감을 얻을 수 있게된다는 것을 말하려는 것이다. 다시 말해서 과거의 풍속을 조명하는 데 있어서도 그 풍속을 잉태시킨 인간주체의 행위의 보편적 구조를 역사상대주의적으로 일단 규명하고 그것을 다시 오늘날 작가인 나의 의식의 세계, 그리고 그 의식과 교섭하고 있는 현재인(관객)의 의식세계와의 상응성(correspondence)을 확보하지 못한다면 그것은 作의 예술이 아니라 述의 골동품도 못되는 무생명적 무가치적인 그 무엇으로 전락하여 버리기 때문이다.

玉門골에서 씨받이로 간택되어온 玉女(강수연扮)는 양반대가집에서 한식구로 생활을 하게 된다. 그런데 玉門골에서 천진난만하게 야생적으로 뛰어놀던 옥녀는 충격을 받게 된다. 왜 이 양반이라고 하는 사람들의 삶의 방식이 내가 이해하여 오던 삶의 방식과 이다지도 다르단 말인가? 이들은 삶의 자연스러운 즐거움(natural joy of life)을 모른다. "어머머…… 이 사람들은 마치 제사에 미쳐서 제사만을 위해서 살고 있다. 삶의 모든 것이 제사를 위한 것이다. 정말 나의 세계와는 너무도 다른 기이한 세계 속에서 살고 있다." 나의 세계와는 너무도 다른 세계(=가치체계)의 발견! 이 발견에 대해 옥녀는 의문을 제기한다. 무의식 중에 작가의 의식 속에서 이러한 玉女의 명제가 어떻게 튀어나왔을지는 모르지만 일단 작품에 그러한 대사를 투영한 이상 작가는 그러한 玉女의 질문에 대답하고자 하는 집요한 의식의 세계를 보여줬어야 한다. 그리고 그것을 관중에게 전달했어야 한다. 그러나 『씨받이』는 그러한 심각한 주제에 대하여 전혀 무관심했다. 어떻게 대답해야 할지를 전혀 몰랐다. 작가도 연출가도 몰랐다. 그리고 영상미학의 통일성이나 구성미로써 적당히 은폐하려고 하였다. 제사지낼려고 모여 마루에 둘러앉은 몇 마디, 사람이 죽으면 혼이 어쩌니 저쩌니 하고 유치한 말씀을 늘어놓고 넘어가려고 하였다. 관객이 적당히 속아주기를 바라는 심정에서……. 그러나 이제 관객은 더 이상 속지 않는다. 영하제작자들은 관객이 얼마나 가혹한 눈으로 그들의 작품을 바라보고 있는가에 대한 새로운 인식을 해야 한다. 이제 나같은 소비자를 무서워해야 할 시대가 도래한 것이다.

만약 玉女의 질문에 대답하려는 고민을 심각하게 하였더라면 분명 이 영화는 줄거리부터 달라졌을 것이다. 보다 심오한 인간의 문제들이 반영되었을 것이다. 『神의 아그네스』(*Agnes of God*)보다 더 훌륭한 종교적 주제를 다루는 작품이 탄생되었을 것이다. 『神의 아그네스』에서는 세 주인공의 종교와 삶에 대한 입장이 각기 그나름대로 뚜렷하게 살아있다. 그러면서도 끝까지 타협하지 않았다. 그러면서도 탐정소설적인 궁금함을 주면서 지루하지 않게 관중의 호기심을 촉발시켰다. 그리고 관중의 상상력을 최대한 이용했다. 노르만 주위슨(Norman Jewison) 감독의 해석은 끝까지 타협하지 않았다는 의미에서 필마이어(John Pielmeier)의 원작보다도 탁월하다. 이러한 해석과정이 없었기 때문에 『씨받이』에서 죽어버린 것은 남주인공 상규(이구순 扮)다. 완전히 무의미한 캐릭터가 되고 만 것이다. 우리가 배우를 쓴다고 할 때 모두를 유의미하게만 쓰는 것은 아니다. 그러나 그러한 무의미성은 유의미한 무의미성일 뿐이다. 이구순의 역과같이 무의미한 무의미성은 정말 가치가 없는 것이다.

작가의 의식은 명철해야 한다. 아무리 모호한 장면이라도 그 모호성 자체가 모호한 작가의 의식에서 나오는 것이 아니라 명철한 테두리를 가지고 있어야 한다. 애매함 그 자체가 명철하게 시도되어야 하는 것이다. 결국 『씨받이』는 이규태씨의 칼럼의 몇 줄로 다 끝나버리고 만 것이 아닌가? [11]

나의 이러한 분석과 지적에 대해서 가장 큰 경악을 나타낸 사람은 바로 임권택감독 자신이었다. 왜냐하면 나의 분석은 분명히 비난 아닌 비평이었고 나의 비평은 그 작품에 대한 애정의 기초 위에서 있었기 때문이었다. 임감독은 나의 손을 붙잡고 어쩔 줄을 몰라했다.

---

11) 『씨받이』의 각본을 쓴 사람은 장기간 임권택 감독과 공동작업을 해온 의식있는 작가 송길한(宋吉漢)씨다. 그런데 송씨는 이것을 자기의 독창적 발상에서 만든 것이 아니라 이규태(조선일보 논설위원)씨의 『한국인의 의식구조』 『한국인의 성과 사랑』 등 奇俗을 다룬 글 속에서 뽑아 모자이크식으로 적당히 조립한 것이다. 따라서 이 『씨받이』라는 작품의 성립에는 이규태씨의 박식의 공이 적지 않았음을 밝혀둔다.

김교수님을 내가 조금만 일찍 뵈었어도 『씨받이』를 이렇게 만들어 놓지는 않았을 것입니다. 한국영화의 발전을 위하여 지금 필요한 것은 감독의 가슴에 와 닿는 비평입니다. 칭찬해 달라는 것이 아니라 구체적으로 작품을 만들어 나가는데 도움을 주는 반성의 실마리들입니다. 나는 정말 놀랬읍니다. 나의 작품이 이렇게 분석되고 있다는 사실에 정말 어안이 벙벙합니다.

감격에 울먹일듯한 그의 어조는 나의 가슴을 울먹이게 만드는 진실이 서려 있었다. 그는 항상 말을 떠듬거린다. 그러기 때문에 그는 말을 많이 하지 않는다. 그러나 던지는 한마디 한마디는 문제의 정곡을 차곡차곡 쑤신다. 결국 내가 그 앞에서 짧은 시간에 그 많은 이야기를 할 수 있었다는 것도 결국 내가 그동안 나의 철학세계 속에서 고민해 왔던 문제와 동일한 문제들을 그는 그의 영상의 세계 속에서 고민해 왔다는 것을 의미하는 것이다. 1936년 전남 장성에서 출생하여 학교라곤 광주숭일고등학교밖에 졸업하지 않은 그 사람, 그 사람은 지금 한국영화계의 많은 존경과 사랑을 받고 있다. 누구든지 임감독이란 인물에 이르게 되면 평가의 초점이 일치한다. 나는 여태까지 나의 삶 속에서 임권택이란 인간처럼 강력한 지식의 욕구를 가지고 있는 인간을 만나본 적이 없다. 그리고 나의 지식아닌 직관의 세계를 그렇게 조직적으로 빼먹을 줄 아는 인간을 만나본 적이 없다. 그의 인식의 바탕은 영원한 백지다. 깨끗한 백지 위에 조용한 선들이 그려지는 대로 드러난다. 그러나 그는 일순간도 자기중심을 잃지 않는다. 나는 라오쯔가 한 말, "爲學日益, 爲道日損"(세속에서 말하는 학문을 하면 매일 매일 대가리 속이 불어나는 것 같지만 내가 말하는 道를 하면 매일매일 없어지는 것 같다. 『道德經』48章)의 산 증인을 만난 것 같았다. 세인의 學을 무색하게 믿드는 그의 無學 속에서——.

지난 11월 11일 나는 경남 安義 임감독의 새 작품 『백치 아다다』의 현장에 가 있었다. 내가 평소에 존경하며 교분을 유지해 오던 居昌의 大儒, 金泰淳선생(濟昌醫院 원장)에게 유쾌한 점심을 얻어

먹고 咸陽郡 池谷面 介坪里에 있는 鄭汝昌(1450~1504) 古家로 차를 몰았다. 鄭氏宗宅 마당에서 만나자마자 시작한 대화는 15시간동안 계속 이어졌다. 하동 각지를 헌팅하러 다니다가 진주 고속뻐스 터미날에서 하다못한 이야기들 땜에 아쉬움을 남기면서 헤어질 때까지 틈새없이 쑤시고 들어오는 그의 질문공세는 영화에 관한 것이 아니었다. 이 시대를 살고 있는 김용옥이라는 한 사상가가 어떻게 인간과 우주를 바라보고 있는가 하는 나의 삶의 핵심을 캐는 작업이었다. 아니 누군들 그것을 못해? 아 김용옥 하고 시간만 주어진다면야~ 아니! 그렇지 않다! 그것은 시간의 문제가 아니다. 바둑 7급이 바둑 7단과 아무리 많은 시간을 앉아 있어도 바둑 7단의 수를 빼낼 길이 없다. 바둑 7단의 수는 바둑 7단 아니 그 이상의 단수가 있는 사람만이 빼먹을 수 있는 것이다. 임권택의 영화와 임권택의 삶은 지금부터라고 말할 수 있을 정도로 그는 젊다. 20대의 청년 조감독 아이들보다도 그는 더 젊다. 그날 이틀동안 우리가 토론한 문제는 내가 최근(1987. 10. 6.) 東京大學에 초빙되어 가서 발표하여 東大교수들을 놀라게 만든 "人性의 세主軸論"(Three Axes of Humanity)이라는 나의 기철학에 특유한 거시적 인류문명사관이었다. 그는 이러한 나의 본질적 직관의 핵을 캐려고 힘썼다. 그리고 그의 질문은 매우 질서정연하게 밑바닥부터 치면서 올라왔다. 나는 그에게 내가 알고 있는 모든 것을 아낌없이 주려고 노력했다. 이 시대에 있어서 임권택과 김용옥의 만남은 그것이 바로 하나의 문화라는 생각에서——.

그날 저녁 安義에 있는 금성장 여관에서 나는 조감독과 이야기를 나누었다. 빠리와 런던에서 영화수련을 닦았다는 한 청년은 나에게 끊임없는 자곤(전문술어)을 늘어놓았다.

"저 말이죠. 임감독은 말이죠, 디스턴시에이션과 아이텐티피케이션을 매우 감성적으로 처리하면서 말이죠. 인간의 엠파티를 말이죠 기막히게 유도해낸단 말이죠, 네~ 그런데 말이죠 브레히트의 서사극론이 어쩌구 저쩌구 말이죠……"

나는 이 위대한 영화학학도에게 다음과 같은 한마디를 던지고 잠자리에 들었다.

"자네 말야, 한마디만 충고해 줄께 깊게 좀 들어둬요. 영화란 만들면 되는 거야. 영화를 배우란 말야 영화를! 영화에 기생하고 있는 개념이나 기술을 배우지 말고 영화 그 자체를 배우란 말야. 영화를 배운다는 것은 결국 인간과 우주에 대하여 작가자신이 어떠한 통찰을 하고 있느냐 하는 문제일세! 유학해서 배운 것일랑 다 버리게! 爲學日益, 爲道日損!"

예술은 인간이 무엇인가를 존재론적으로 述하지 않는다. 예술은 인간이 인간이고자 하는 생성태를 作한다. 이때 우리가 분명히 해결해야 할 것은 "인간의 인간다움"이 무엇이냐는 문제다(Art is the instrument by which insight is attained into what it means to be a man. The artist can shape for us the kind of human being we ought to become). [12] 과연 씨받이라는 행위는 우리 오늘의 인간에게 있어서 "인간다움"의 행위로 인식되어야 할 것인가? 그렇지 않다면 그것은 지탄의 대상이 될 뿐인가? 이렇게 어려운 질문에 대하여 나는 더 이상 구체적으로 나의 논리의 폭력을 행사할 생각이 없다. 그것은 작가 자신이 인간의 인간다움을 어떻게 규정하고 있는가 하는 작가 자신의 세계의 모습에 따라 결정될 것이기 때문이다. 그러나 그것은 반드시 인간의 가장 근본적인 신념체계를 도전해 보지 아니하고서는 그리고 인류경험의 전체에 대한 보편적 통찰을 획득하지 아니하고서는 상식의 병에 빠질 뿐이라는 것을 지적해 두고자 한다.

나는 한국의 영화사를 세 개의 기둥을 세워놓고 바라보고 있다. 제 1 의 기둥은 나운규의 『아리랑』(1926)이요, 제 2 의 기둥은 유현목의 『오발탄』(1961)이요, 제 3 의 기둥은 임권택의 『씨받이』(1987)이다. 왜 내것은 빼먹었냐고 원망의 아우성을 치실 많은 분들에게 내가 할 수 있는 말이란 이 기둥은 단지 한국영화사를 바라보는 나

---

12) Jack Kaminsky, *Hegel on Art* (State University of New York, 1962) , p. 31.

의 시각을 표현해 주는 방편적인 기둥일 뿐이며 인간 그리고 작품의 예술성에 대한 우열의 평가는 아니라는 점이다. 예술작품에는 어떠한 경우에도 우열을 논할 수는 없다. 그럼 왜 구태여 이 세 기둥을 세웠는가? 그것은 제4의 기둥을 예측하기 위한 개념적·역사구조적 틀을 제시하기 때문이다. 우리 영화계가 제4의 기둥을 어떻게 세워가느냐 하는 문제야말로 우리가 토론해온 "영상시대의 극복"이란 문제의 핵심을 이루는 것이다.

『라쇼오몬』(1950)이라는 영화, 일본영화의 세계적 대명사처럼 되어있는 이 영화는 흔히 일본의 문호 아쿠타가와 류우노스케(芥川龍之介, 1892~1927)의 작품 가운데 『羅生門』(1915)이라는 단편이 있기 때문에 그것과 잘못 연결시키기 일쑤이지만, 사실 쿠로사와의 『라쇼오몬』은 아쿠타가와의 소설을 영화화한 것임에는 틀림이 없으나 그 대본이된 원작은 『羅生門』보다 6년 후에 쓰여진 『숲속』(藪の中, 1921, 大正 10년)이라는 단편소설이다. 그러나 아쿠타가와 자신이 그의 소설의 소재를 완전히 스스로 창작한 것이 아니라 일본에서 12세기초에 성립한 『今昔物語』(콘쟈쿠모노가타리)라는 설화집의 한 說話에서 힌트를 얻은 것이다.

『今昔物語』의 원래의 설화형태는 매우 단순하다. 한 무사(사무라이)가 아내를 데리고 여행을 하고 있었는데 도적에게 속아 숲속으로 유괴되어 포박을 당하고 아내는 강간당한다. 도적이 사라진 후에 그 무사와 아내는 다시 여행을 계속하는데 아내는 무사에게 "너는 얼빠진 새끼다"라고 말한다. 이것이 『今昔物語』의 설화의 전부다. 아쿠타가와는 이 설화에서 힌트를 얻어 그 사건의 관계자들이 檢非違使(경찰소 겸 재판소)에서 자기들의 죄상을 고백하는 복잡한 형식의 物語(모노가타리)로 만들었다.

아쿠타가와는 東大 英文科를 졸업한 수재로서 재학시에 당대의 문호 나쯔메 소오세키(夏目漱石, 1867~1916)의 문하에 들어갔다가 『羅生門』을 처녀작으로 문단에 데뷔했다(大正 4년, 1915). 아쿠타가와는 唯美的이며 都會的이며 理知的이며 섬세하고 화려하다. 典雅한 風趣와 문체에 대한 관심이 강하며 형식주의적 완벽미에 대한 탁월한 감각이 있는 작가다. 그가 이 『숲속』을 쓸때만 해도 그는 예술지상주의적 이념을 가지고 있었으며 회의주의적 정신이 풍부했다. 그리고 그는 처음부터 역사소설로부터 그의 문학세계를 구축해 나갔으나 그가 말하는 역사소설이란 역사적 실상의 재현이나 어떠한 시대의 생활의 재현을 지향하는 것이 아니다. 역사적 상황설정을 통하여 그러한 역사적 인간의 심리에 드러나는 오늘 나의 심리적 문제를 파고드는 것이다. 그는 王朝的 배경이라는 외관을 빌어 섬세한 현대소설을 쓰고 있었다. 아쿠타가와 자신의 말을 들어보자!

지금 내가 어떤 테마를 포착하여 그것을 소설화하려고 있다고 하자! 그러나 그러한 테마를 예술적으로 매우 강렬하게 표현하기 위해서는 어떤 異常的(범상의 틀을 벗어나는)인 사건이 필요하게 된다. 그러한 경우 그 異常的 사건은 이상하게 만들면 이상한만큼 오늘의 일본에서 일어난 사건으로 소화하여 쓰기는 어려워진다. ……내가 옛으로부터 재료를 따온 소설의 대부분은 이러한 필요성에 쫓기어, 부자연스러운 장애를 피하기 위하여 무대를 옛에 구했던 것이다. [13]

아쿠타가와에게 흥미가 있었던 것은 시대적인 상위(相違)가 아니라 "옛사람의 마음에나 지금사람의 마음에나 변함없이 빛나는 휴매니티 섬광"(古人の心に, 今人の心と共通する, 云はばヒュマンな閃き)을 포착하는 작업이었다. 그는 말한다 : "저는요, 헤이안시대에 태어난 것보다는 지금의 이 일본에 태어났다는 것이 그렇게 감사할 수 없어요. ……옛날 것 그것에 대한 동경을 저는 가지고 있지 않아요."(平安朝に生れるよりも, ……遙に今日のこの日本に生れた事を有難く思ってゐる. ……その昔なるものに大して憧憬は持ってゐない.)

아쿠타가와가 관심을 갖는 것은 오늘 여기의 인간이다. 옛이란 해석을 위한 상황설정에 불과하며 그 해석의 주체도 대상도 오늘

13) 今僕が或テェマを捉へてそれを小說に書くとする. さうしてそのテェマま藝術的に 最も力强く表現する爲には, 或異常な事件が必要になるとする. その場合, その異常な事件なるものは, 異常なだけそれだけ, 今日この日本に起った事としては書きこなし悪い. ……僕の昔から材料を探った小說は大抵この必要に迫られて, 不自然の障碍を避ける爲に舞臺を昔に求めたのである. 芥川龍之介, 『羅生門・偸盜・地獄變』(1966년판 角川文庫), 中村眞一郎의 「解說」속에서, 197쪽.

여기의 인간이다. 단지 그 옛상황은 오늘 여기의 인간의 근원적 문제상황을 발견하기 위한 극한성(extremity)을 제공할 뿐이다. 그러한 극한적 상황에서 아쿠타가와가 외치고 싶었던 것은 무엇인가? 그것은, 『숲속』의 본테마를 이루는 바로 그것은 "人間性에의 불신과 절망, 객관적 진리에의 불신과 의혹"이었다. 이것은 철학적 레토릭에 약한 독자들을 위하여 좀 설명을 필요로 하는 것이나.

아쿠타가와는 『今昔物語』의 에피소드를 동일한 사건에 대한 세사람의 고백으로 만들어 버렸다(앞부분엔 관련된 4증인의 物語가 붙어 있다). 이 사건의 줄거리에서 가장 확실한 것은 다음과 같은 것이다. 무사가 어여쁜 아내를 말에 태우고 여행을 하고 있었다. 그런데 산도적이 이들이 지나가는 것을 목격하고 음탕한 마음이 생겨 이들을 유인하여 무사를 큰나무에 포박시켰다. 그리고 그 무사가 눈을 부릅뜨고 보는 앞에서 대낮에 그의 어여쁜 아내와 멋들어지게 성교라는 행위를 했다. 그 성행위(지금 나는 이 말을 가치중립적으로 기술하고 있는 것임)가 끝난 후에 무사는 살해되었다. 이것이 사건의 전부다! 그리고 이 사건에 대한 모든 진술에 있어서 이 사실은 공통분모로 들어가 있다. 그러나 진술자에 따라 이 사건은 전혀 다른 사건들로서 진술되어 우리에게 나타난다. 아쿠타가와는 첫째, 산적 타쵸오마루(多襄丸)의 입을 빌어 진술케 한다(「多襄丸の白狀」). 그는 무사의 아내 마사고(眞砂)를 강간한 후에 그냥 떠나 갈려고 하는데 마사고는 그의 소매를 붙잡으며 내몸을 버려 놓았으니 이젠 너 아니면 우리남편 둘 중에 하나는 죽어야 한다고 울부짖었다. 그래서 그는 무사 카나자와(金澤)의 타케히로(武弘)와 당당히 멋진 결투를 했다 라고 자랑스러운 듯이 말한다. 둘째, 무사의 아내 마사고는 다음과 같이 말한다(「淸水寺に來れる女の懺悔」). 그녀는 강간 당한 후에 나무에 묶어있는 재로 자기를 응시하고 있는 남편의 눈초리에서 너무도 차거운 경멸감을 읽었다. 그녀는 발작적으로 말하기 시작했다. 그러나 남편은 "날 죽여라!"라고 한마디를 던졌을 뿐이었다. 그리하여 그녀는 굴욕과 착란속에서 남편을 손가까이 있었던 小刀로 찔러 버렸다. 셋째, 죽음을 당한 장본인인 카나자와의 타케히로무사는 강신무녀의 입을 통해 다른 스토리를 전개한다(「巫女の口を借りたる死靈の物語」). 타죠오마루는 어여쁜 자기 아내를 강간한 후에 아내에게 결혼하자고 말했다. 그러자 아내는 타죠오마루에게 붙어 도망갈 양으로 아양을 떨면서 내 남편을 죽여달라고 타죠오마루에게 간청했다. 그러자 깜짝놀란 타죠오마루는 마사고를 밀쳐 던져버리고 자기에게 "이 계집을 죽여버릴까 도와줄까?"라고 말했다. 아내는 자기가 침묵을 지키고 있는 동안에 숲속으로 도망쳐 버리고 말았다. 타죠오마루는 자기의 포박을 풀어놓고 사라졌다. 자기는 고독과 정적속에서 小刀를 가슴속 깊이 찔러 넣었다. 小刀를 다시 뺐을 땐 자기의 입속엔 피가 퀄퀄 넘쳐 올랐다. 그리고 자기는 영원한 암흑속으로 가라앉았다.

아쿠타가와의 소설은 여기서 끝난다. 이 이상 아무말도 하지 않는다. 이 소설은 당시의 무명의 씨나리오작가 지망생이었던 하시모토 시노부(橋本忍)가 씨나리오로 만들었는데 그는 씨나리오를 사에키 키요시(佐伯淸)감독의 소개를 통하여 쿠로사와에게 보였다. 쿠로사와는 그 씨나리오에 흥미를 가지고 거기에 제4의 인물의 고백을 첨가한다. 그 제4의 인물은 그 전 장면을 나무숲에서 우연히 몰래 목격하고 있었던 나무꾼(앞서 일본의 김승호라고 내가 소개한 시무라 쿄오[志村喬]가 역을 한다)이었다. 영화를 위하여 창작된 제4의 고백은 다음과 같다. 나무꾼은 3인의 고백을 듣고 모두 거짓말이라고 외친다. 타죠오마루는 마사고를 강간한 후에 마사고를 아내로 삼기위하여 무사 타케히로의 포승을 끊고 정식으로 결투를 신청한다. 그러나 무사남편은 이따위 계집을 위하여 결투하는 것은 너무 하찮기 때문에 싫다고 말한다. 그러자 마사고는 태도를 일변시켜 두 남자의 용렬함과 비겁함에 욕지거리를 퍼부으면서 두 사람을 흥분시켜 결투를 유도시킨다. 이 두사람이 하기 싫은 결투를 억지로 하고 있는 동안 여자는 도망쳐버린다. 결투끝에 도망가는 타케히로에게 타죠마루는 장검을 내려친다.

88분간 우리의 한눈질을 용서하지 않는 이 『라쇼오몬』이란 영상의 예술은 결국 동일한 사건을 네번 반복하여 찍은 영화에 지나지 않는다. 그럼 이 『라쇼오몬』이 우리에게 전달하고자 한 주제의 강력성은 어디에 있는가?

戰禍와 疫病, 天災가 계속되고 있는 헤이안(平安)시대 어느 시점, 다 헐어져 버린 폐찰의 입구에 우뚝 서있는 거대한 라쇼오몬(羅生門), 억수같이 쏟아지는 비를 피하려 나무꾼과 부랑자가 門밑에 모여들었다. 나무꾼, 일본의 김승호 시무라, 낙수지는 라쇼오몬의 처마끝에 웅크리고 앉아 독백을 한다.

모르겠어! 모르겠어! 도무지 모르겠어!

『라쇼오몬』의 첫장면은 이와같이 시작한다. 결국 이 영화가 말하고자 하는 것은 객관적 진리가 불가능하다는 인성론의 거대한 주제다. 『라쇼오몬』은 하나의 형이상학이다. 그것이 제기한 것은 인간과 우주에 대한 인식의 객관성의 가능성에 대한 물음이다. 『라쇼오몬』은 결국 인식론인 것이다(Rashōmon is after all an epistemology). 어떻게 이 『라쇼오몬』은 그다지도 세계를 뒤흔들 수 있었는가? 그것은 결국 인류에게 보편적이면서도 고매한 철학적 질문을 던졌기 때문이다. 『라쇼오몬』은 서구라파지성인들에겐 그들이 그들의 생각의 역사를 통하여 계속 고민하여 오던 문제의 정곡을 찔렀다고 느껴졌기 때문이다.

임마누엘 칸트(Immanuel Kant, 1724~1804)의 인식론이 제기한 문제를 바로 이 일본인 작품 『라쇼오몬』의 영상이 섬세한 탓치로 표현하고 있다면 우리는 이를 어떠한 우주적 비젼속에서 연결지어야 할 것인가?

임마누엘 칸트의 『순수이성비판』에 의하면 우리는 우리주변환경 세계에 대한 인식을 우리가 가지고 있는 인식능력의 두 측면의 결합에 의하여 성립시킨다고 한다. 여기서 두 측면이란 인간의 감성(sensibility)과 오성(understanding)을 말하는데 감성은 인식의 자료(내용)를 제공하고 오성은 인식의 형식을 제공한다. 칸트인식론을 쉽게 이해하자면 길거리에서 파는 국화빵이나 오방떡을 연상하면 된다. 오방떡은 쇠로 된 틀 속에다가 밀가루 풀과 앙꼬를 집어넣어서 만든다. 이때 풀과 앙꼬는 감성의 자료에 해당되는 것이며 쇠틀은 오성의 형식(12카테고리)에 해당되는 것이다. 그런데 이때 주의해야 할 사실은 쇠틀의 모양에 따라 오방떡의 모양이 달라진다는 것이다. 밀가루반죽이나 앙꼬는 오방떡틀에 들어가기 전에는 일정한 형태를 가지고 있지 않음으로 그것 자체로는 아무것도 될 수 없다. 그 풀과 앙꼬는 반드시 쇠틀이 적어내야만 그 존재의의를 발휘한다. 칸트의 생각은 이와같이 암암리에 풀과 앙꼬보다는 오방떡틀을 더 중시하기 때문에 풀과 앙꼬는 오방떡틀의 형식적 조건에 귀속될 뿐이라고 본다. 이러한 인식의 방법을 우리는 철학적으로 표현하여 넓게 주관론(subjectivism)이라고 부른다. 객관적 세계의 모습이 주관의 틀에 의하여 결정된다고 생각하는 인식론의 통칭이다. 이러한 주관론은 또 다른 말로 관념론(Idealism)이라고 부르는데 이것은 경험적 객관세계보다는 인간에 내재하는 관념이 우주의 인식에 있어서 더 본질적이라고 생각하기 때문에 붙여진 이름이다.

오방떡의 비유를 가지고 다시 말한다면 우리의 경험세계는 나의 인식주관 즉 오방떡틀이 능동적으로 적어낸 모습에 불과하다. 다시 말해서 우리 감관에 나타난 이 세계는 오방떡틀이라는 조건을 벗어날 수가 없음으로 그 조건을 벗어날 때 우리는 이 세계 그자체에 대하여 아무말도 할 수 없게 된다. 다시 말해서 물자체(Ding-an-sich)는 알 수 없는 궁극적인 실재의 세계며 따라서 감성과 오성을 초월한 不可知論의 세계다. 이러한 칸트의 생각을 형이상학적 불가지론(Metaphysical Agnosticism) 혹은 불가지론적 실재론(Agnostic Realism)이라고도 부른다. 우리가 말할 수 있는 세계는 기껏해야 순수이성의 세계, 즉 감성의 자료에 오성의 형식이 가해져서 구성된 현상(나타난)세계일 뿐이다. 이러한 세계는 인간의 주관에 따라서 달리 나타날 수 있는 세계다. 이러한 칸트의 인식론은 바로 『라쇼오몬』의 주제와 일치한다. 사건에 직접 관련된 네사람의 동일한 사건에 대한 진술이 완전히 다르게 나타난다. 이게 도대체 어찌된 일이냐? 이것은 물론 인식주체의 인식의 틀(국화빵틀)이 다르기 때문이다. 그럼 사건 그자체, 다시 말해서 물 그자체(Ding-an-sich)는 무엇이냐? 그것은 알 수가 없다! 우리는 여기서 칸트의 불가지론과 동일한 결론에 도달하게 되는 것이다. 단지 칸트의 오성의 순수형식은 양(quantity) · 질(quality) · 관계(relation) · 양태(modality)의 자연과학인식의 보편적 추상능력으로 구성된 것인데 반하여 아쿠타가와의 인식론에는 "실존적 관심"이라는 새로운 차원이 도입되어 있는 것만이 좀 다를 뿐이다.

여기서 우리는 칸트의 국화빵이론의 근대적 인간론적 의의를 살펴볼 필요가 있다. 칸트의 주관주의에 의하면 이 우주는 결국 나의 인식주관이 능동적으로 구성한 결과로서의 세계일 뿐이다. 여기서 중요한 것은 이러한 인식론이 불가지론의 회의론으로 빠진다는 부정적 측면이 아니라 이 우주가 결국 나의 인식주관이 구성한 것임으로 이 우주의 창조주가 나의 인식주관이 된다는 근대적 인간관이다. 이 우주의 주인이 "나"라는 생각, 이것은 근대적 인간관의 극단적 표현이다. 칸트의 이러한 "구성설"은 바로 『禮記』「樂記」의 "作者之謂聖"의 표현을 빌어 일본에서의 근대적 인간관의 모습을 제시하려고 했던 오규우 소라이의 "作爲說"과 일맥상통하는 것이다. 칸트의 구성적 세계나 소라이의 작위적 세계나 김용옥의 말로 바꿔 표현하면 거시적 기철학적 문명론의 한 축을 이루는 인성의 제2주축(The Second Axis of Humanity)을 형성해가는 인류보편사적 기의 다른 표현일 뿐이다. 그러나 아쿠타가와는 여기서 또다시 이러한 구성설이나 작위설이 가지는 인간적 한계에 대한 깊은 통찰을 가지고 인성(humanity) 그자체에 대한 매우 심미적인 회의를 표출하고 있는 것이다.

그럼 아쿠타가와나 쿠로사와는 이 작품의 주제를 임마누엘 칸트나 서양근대의 주관론자의 이론에서 빌려온 것인가? 아니, 전혀 그렇지 않다. 그들은 **칸트**형님에 대하여 무관심하다. 그렇다면 그들의 그러한 통찰은 근원적으로 어디서 온 것인가? 이것이 바로 쿠로사와가 "라쇼오몬"이라는 제명을 내걸었던 이유다. 그 해답은 바로 羅生의 門, 그 門에서 주어지고 있는 것이다. 우리는 이미 원효가 해골박아지에 담겨 썩은 똥물을 들이키고 탕(唐)나라 유학을 포기했다는 역사적 사실을 잘 알고 있다. 왜 맨하탄 洛陽을 가지 않았나? 왜? 그것은 "一切皆唯心造"라는 것을 깨달았기 때문이다. 生滅의 諸法이 모두 心法의 所造라는 것을 깨달았기 때문이다. 원효의 자각의 형태와 칸트의 선험적 분석론(The Transcendental Analytic)은 인간학적으로는 결국 같은 이야기가 될 것이다. 칸트형님의 구라의 대부분의 원형이 이미 유식종에서 말하는 相分(인식대상, *grāhya*)과 見分(인식주체, *grāhaka*)의 논리에 다 포섭되고 있다고 볼 수도 있는 것이다.

우리는 여기서 또다시 플라톤의 후트노트라고 간파된 서양철학사의 완성태를 헤겔이라는 거봉에서 찾는다면 그 헤겔이라는 거봉의 20세기적 붕괴의 단서가 쇼펜하우어(Arthur Schopenhauer, 1788~1860)의 생철학(Lebensphilosophie)에서 이미 완정한 형태로 드러나고 있다는 사실, 그리고 이 쇼펜하우어의 생철학적 발상이 불교나 힌두이즘의 서양철학적 표현이라는 사실을 우연한 영향이나 교류라는 논리로 간과해서는 안될 것이다. 다시 말해서 존재론(Being)을 중심으로 발전되어 나온 서양철학의 생성론(Becoming)적 회전의 귀결점이 바로 쇼펜하우어의 동양철학이었다는 인류사적 사실을, 원효 속에 이미 칸트가 들어있다는 사실이나 羅生의 門속에 이미 베니스의 그랑프리가 들어있다는 사실과 반드시 구조적 연관을 지어서 파악해야 할 것이다. 쇼펜하우어의 생철학이란 한마디로 칸트가 미해결의 숙제로 남겨놓은 물 그자체(Ding-an-sich)를 "삶의 맹목적 의지"라는 개념으로 대체하는데서 발생하는 철학체계이다. 이 비이성적인 맹목적 의지는 여태까지 자연과학이 대상으로 삼어왔던 질서정연한 법칙적 합리적 우주에 대하여 끈적끈적하고 혼란스럽고 비합리적 유기체의 의지로 파악되는 우주를 드러내고 있다. 이때 맹목적 의지(Blind Will)란 결국 불교가 말하는 苦며 執이다. 따라서 쇼펜하-우어의 비관론의 종점은 어떻게 이러한 苦執에서 벗어나 열반의 자유로운 해탈의 세계를 추구하냐는 종교적 구원론(religious salvation)으로 귀착되게 된다. 그뒤로 니체에 이르기까지 그리고 전후의 실존주의에 이르기까지 결국 이러한 인간의 삶의 리얼한 모습에 대한 새로운 인식의 방향으로 서양철학이 치달었지만 그 치달은 방향의 키가 동양철학의 예지에서 주어지고 있었다는 엄청난 사실이 요즈음에 와서나 조금씩 새삼스럽게 파악되고 있는 실정은 우리가 얼마나 우리자신의 사유체계의 인간학적 가능성에 대하여 무지했었나 하는 반성을 불러일으키며 동시에 『라쇼오몬』의 작자들이 얼마나 우리보다 앞서 우리자신의 가능성을 가늠질하고 있었는가 하는 것을 깨닫게 만드는 것이다.

이것은 『라쇼오몬』의 평가에 있어서 가장 논란이 많은 대목이지만 쿠로사와는 자신의 『라쇼오몬』을 아쿠타가와의 섬세한 불가지론으로 끝을 내질 않았다. 나무꾼은 라쇼오몬 뒷켠에서 기르지 못하겠다고 내버린 아기를 발견한다. 여기에 비약이 개재한다. 나무꾼은 가난에 시달려 아기를 하나 더 떠맡는 것이 얼마나 괴로운 일인줄을 알지만 이미 기르고 있는 여섯새끼 기르는 것이나 하나 더 보태 일곱새끼 기르는 것이나 똑같이 괴로운 일이다 라고 중얼거리며 아기를 소중하게 얼싸안으며 라쇼오몬을 떠난다. 비가 그치고 활작 개인 하늘에 태양이 빛날 때 우뚝솟은 라쇼오몬을 뒤로하고서——. 쿠로사와는 여기서 도스토예프스키의 실존주의적 해결을 시도한다. (쿠로사와는 도스토예프스키의 『白痴』도 영화화했다. 1951년.) 변증법적 비약을 시도하면서 강한 윤리적 주장을 드러낸다. 쿠로사와는 전후 일본의 인간에 대한 절망감을 그냥 방치할 수 만은 없었던 것이다. 칸트가 『순수이성비판』에서 『실천이성비판』으로 뛰어넘을 수밖에 없었던 비약이 여기에도 개재되고 있는 것이다. 그러나 이러한 윤리적 비약은 서구인들에게 충격을 준 부분이 아니다. 전후 서구지성들에게, 모든 기존의 가치관이 허물어진 혼돈의 허탈감에 빠져있던 지성인들에게 매력이 있었던 『라쇼오몬』의 의미는 그들보다 더 높은 차원에서 일본의 영상예술이 형이상학적 주제를 추구하면서 그들의 상대주의적 허탈감을 잘 표현해주고 있다는 사실이었다. 『라쇼오몬』의 주제는 한마디로 唯識의 불교인식론이었다. 그것은 동양적 사유의 세계의 깊이를 철저히 이방인들에게 과시한 영상미학의 절정이었던 것이다.

그럼 쿠로사와는 이러한 형이상학강의를 하기 위하여 이 영화를 만들었는가? 나의 친구 요아브의 눈을 매료시킨 『라쇼오몬』의 영상의 골자는 과연 불교인식론이었을까? 천만에! 쿠로사와는 분명 주제의식이 강한 작가다. 그의 작품의 역사를 일별해 보면 그 시대 그 시대를 지배하고 있는 사상체계에 대한 명확한 인식이 있다. 그 영화를 탄생시키고 있는 사회구조가 요구하고 있는 철학적 비젼에 대하여 작가로서의 명확한 의식이 있다. 그러나 그의 예술가로서의 천재성은 그러한 주제를 "구역질나게 노골적으로" 드러내는데 있는 것이 아니라 그러한 주제를 "숨길줄 아는" 천재성에서 드러난다.

세계의 영화애호인들은 왜 이 『라쇼오몬』을 계속해서 보고 있는가? 그 대답은 명약관화하다. **재미있기 때문이다.** 나는 일찌기 나의 연극론(dramaturgy)적 저작인 『아름다움과 추함』(*The Beautiful and The Ugly*, 통나무, 1987)에서 다음과 같이 말한 적이 있다 : "**재미가 없는 것은 예술이 아니다.**" 임권택은 어느 엣세이에서 "재미없는 영화만 만드는 이유"라는 변을 하고 있다. 그러나 이 말이 임권택의 세계를 나타내는 것으로 오해되어서는 곤란하다. 영화는 재미가 있어야 한다. 재미가 없으면 그것은 영화가 아니다. **오로지 재미의 양과 질이 문제가 될 뿐이다.**

재미란 기쁨과 슬픔, 웃음(희극적 감정)과 울음(비극적 감정)의 양면을 다 포괄한다. 이러한 웃음과 울음이라고 하는 느낌의 재미의 농축된 형태가 감정적으로 표상된 것을 우리는 "감격"이라고 부른다 (감격이란 느낄 感자에 물결 부딪혀 흐를 激자이다. 다시 말해서 感의 激한 상태이다). 이러한 느낌(感)의 激態는 나의 기철학적 미학이론의 핵심을 이루고 있는 "氣韻生動"論의 네 글자중 제 4 글자인 "動"의 영역에 속하는 것이다. 우리는 그렇기 때문에 感激을 감동(感動)이라고 표현하기도 하는 것이다. 감동이란 말의 어원은 『周易』「繫辭」에서부터 나오는 것으로 매우 광대한 동양인의 우주론과 결부되어 있으며 역사적으로 엄청나게 많은 함의가 축적되어 있는 개념이다. 감동이란 한마디로 느끼어(感) 움직이는(動) 것인데 심미적 세계(esthetic realm)와 물리적 세계(physical realm)의 융합에서 성립하는 동양적 유기체론을 전제하지 않으면 이해될 수 없는 개념이다.

감격이나 감동이 없는 것은 예술이 아니다. 그외의 모든 지랄은 예술이 되기 위하여 몸부림치는 실습장난이다. 실습품을 놓고 예술품이라고 사기치는 짜가들의 장난에 이제 우리는 더 이상 기만당할 수 없다. 우리 영화계 아니 우리 예술계전반을 지배하고 있는 매우 자가당착적 신화가 하나 있으니 그것은 "예술다운 예술은 재미가 없어야 하는 것이다"라는 착각이다. 이것은 바로 "우수영화" "대종상" "국전"등 우리의 살아있는 예술을 화석화시키는 기만술이 이 사회의 비합법적 정통적 주도권을 장악한 데서 발생한 위대한 착각중의 하나이지만 정말 우리는 이러한 문제를 너 나 할 것없이 심각히 반성하지 않으면 안된다.

"흥행과 예술은 반드시 결부되어야 합니다. 아니 반드시 결부됩니다." 이러한 나의 말에 대부분의 감독은 "글쎄요"라고 고개를 꺄우뚱거리고 넘어간다. 흥행과 예술의 문제에 있어서 우리가 고려해야 할 제일의 전제는 우리는 관객을 너무도 계층적 고정성 속에서 파악하고 있으며 또 관객일반을 너무 무시하고 있다는 것이다. 우리 감독들은 너무 우리 관객을 대접할 줄을 모른다. 흥행관객이란 고정관념은 작가들에게 싸구려작품에 대한 게으른 평계만 제공하고 있다. 흥행만을 생각하는 흥행품은 그것이 얼마나 일시적 성공을 거두든지간에 결국 흥행이 되지 않는다. 참다운 예술품이야말로 흥행이 되지 않을 수 없다. 양이 따라오지 않을 때에도 질높은 재미는 반드시 제공되는 것이다. 나의 至誠의 感의 형태가 타의 至誠의 感의 형태를 유발시키지 않을 수 없다. 문제는 우리가 너무 예술과 흥행(재미)이라는 문제를 이원화된 틀속에서만 생각하는데 익숙해 왔다는데 있는 것이다.

쿠로사와가 『라쇼오몬』을 만든 가장 직접적 이유는 그 테마를 통하여 그는 영화적 재미를 창출할 수 있다고 확신했기 때문이다. 여기서 우리는 바로 "영상과 철학의 결합"이라는 영상시대극복의 최주요과제의 전형을 발견하게 되는 것이다. 같은 장면을 네번 되풀이 한다! 동일한 배우 동일한 환경속에서 되풀이 되는 이 장면들의 색깔이 완전히 다르게 나타난다. 쿠로사와는 연출가로서의 모든 테크닉을 유감없이 발휘해 볼 수 있다고 판단한 것이다.

산적 타죠오마루로 분장한 젊은 미후네의 야성적 다이내미즘, 과장된 듯 하면서도 어색하지 않은 그의 몸의 기의 발출은 主靜論(quietism)적인 동양인의 이미지를 산산조각 내어버리기에 충분했다. 온갖 모멸과 아양과 굴욕과 저주와 사랑과 질투, 그리고 허무와 생기의 천차만별의 얼굴들을 시시각각으로 연출해내는 쿄오 마찌코! 백야의 죄악의 현장을 냉엄하게 응시하는 사무라이 모리 마사유키(森雅之)! 강간과 결투! 얼마나 재미있는 영화의 주제인가? 강간과 결투의 현장을 통해 인간의 가장 심오한 형이상학과 인식론의 허점을 푹푹 쑤신다. 쿠로사와의 『라쇼오몬』은 미국의 마틴 릿트감독에 의하여 『폭행』(The Outrage, 1964)이라는 영화로 번안되었지만 쿠로사와의 강력성을 전혀 살리지 못했다.

『라쇼오몬』의 영상세계를 지배하는 하나의 집요한 테마가 있다. 그것은 태양이다! 나무꾼이 숲속에 들어가 걸어감에 따라 나뭇잎너머로 찬연히 빛나는 태양! 무사의 아내 마사고가 동일한 숲속장소에서 도적 타죠오마루에게 엄습당하여 남편 타케히로가 묶여 있는 나무앞에서 포옹당한다. 타죠오마루 미후네는 마사고 쿄오 마찌코에게 강력한 키스를 퍼붓는다. 키스당하는 쿄오 마찌코가 멀건히 뜬 눈의 동공 저편에 태양이 반짝반짝 눈부시게 빛난다. 산도적이 남의 여자에게 키스를 한다는 이 단순한 액션이 씨나리오에는 14개의 쇼트로 나뉘어 리드미칼하게 편집되어 있다. 계속 액센트를 가지고 재삼 나타나는 것은 태양의 크로즈 엎! 마사고 쿄오 마찌코, 태양을 바라보면서 강간당한다. 그녀의 얼굴이 눈부신 태양에 흐려지면서 카메라는 방향을 돌린다. 미후네 타죠오마루의 등위로 솟아올라

오는 땀방울! 그 땀의 입자들은 또다시 태양의 빛속에 번뜩인다. 다이아몬드조각처럼 아름답게 빛난다. 그 다이아몬드조각을 쿄오 마찌코의 손이 애무하기 시작한다. 마찌코의 엑스타시가 암시된다.

내가 『라쇼오몬』에서 가장 잊을 수 없는 장면은 미후네의 다이내 미즘을 광기적으로 표출한 부분이다. 타죠오마루가 타케히로를 속이여 포박하는데 성공한 후, 마사고 쿄오 마찌코를 맞이하러 가기 위하여 숲속을 질주한다. 기괴한 환희의 소리를 발하며 질주할 때 나뭇잎 사이로 새어드는 광선이 번뜩번뜩이며 과장된 미후네의 액션을 비춘다. **피해자의 비장미**가 아닌 **가해자의 환희**를 동적으로 심미적으로 승화시킨다. 여기에 전통적 미의식에 대한 새로운 전환의 계기를 마련한다.

태양을 향해서 죄를 범하고 태양을 향해서 죄악의 엑스타시를 찬미한다. 태양을 똑바로 쳐다보면서도 움찔거림이 없이 죄를 범한다. 선도 악도 모두 백일지하에 드러내면서 후회도 없다. 적나라한 인간성 그자체를 찬미한다. 그러나 이것은 욕망의 예찬이 아니다. 무거운 죄의식속에 휘말려 들어가는 인간의 고뇌의 역설적 표현이다.

여태까지의 죄악의 현장은 모두 陰의 氣가 지배했다. 그러나 쿠로사와는 이러한 음의 기를 陽의 氣로 전환시켰다. 우울한 어둠이 지배하는 곳에서 죄악이 성립하는 것이 아니라 태양의 섬광의 밝음 속에서 인간의 죄악이 모조리 토로되는 것이다. 타인이 나쁘다고 말하기 때문에 **나쁜** 것이 아니다. 타인이 좋다고 해서 **좋은** 것이 아니다. 이러한 타인본위의 도덕의식을 거부하고 자기존재 그 자체에서 우러나오는 욕망과 죄악감의 순수한 모습을 태양속에 드러내버린다. 나의 죄악을 타인의 질책에 의하여 반성하는 것이 아니라 타오르는 태양 쏟아지는 폭우속에 나의 죄악을 낭낭하게 토로함으로써 순수한 자아의 모습을 탐구한다. 이러한 순수사아의 탐구는 동양인의 의식 세계 속에서는 일반적으로 결여된 측면이며, 특히 사회도덕의 권위가 붕괴된 전후 일본에 있어서 매우 적극적 의미를 갖는 새로운 作爲였던 것이다.[14]

14) 『라쇼오몬』의 테크니칼한 부분과 평론부분의 상당부분이 다음 책에서 인용되었

東京大學 法學部 조수(助手)였던 마루야마 마사오(丸山眞男)는 전후 황폐한 일본사상계에, 오규우 소라이의 作爲의 哲學을 헤겔의 역사철학적 발상의 틀을 빌어 해석해냄으로써 혜성처럼 등장했다. 그는 소라이의 "先王之道"의 해석학적 틀을 빌어 일본의 근대성을 새로 규정하려고 하였다. 『日本政治思想史硏究』(1952)의 출현은 세기적 사건이었으며 그를 일본학계의 天皇으로 만들었다.

쿠로사와는 『라쇼오몬』을 능가하는 수작들을 『라쇼오몬』이후로도 계속 내었다. 그의 생애의 최고의 걸작으로 꼽히는 1952년작 『산다』(生きる)는 단순히 영화예술이라는 차원을 넘어서 일본역사를 움직인 작품이다. 위암의 사형선고를 받은 시청의 말단과장 와타나베(시무라 쿄오 扮)가 일상성속에 매몰되어 망각된 자기를 다시 발견하고 시민의 청원을 받아들여 어린이공원을 건설하는 일을 도맡아 완성하고 밤중에 홀로 공원 그네위에서 평화롭게 죽어간다는 한 공무원의 이야기! 이 이야기를 통해 쿠로사와는 현존재에게 소여된(geworfen) 극한상황(Grenzsituation)속에서 無로의 자기투여(entwerfen)라는 실존적 결단(Entscheidung)을 통해 자아를 회복한다는 실존주의사상을 일본적 맥락에서 내면화하고 있다. 그리고 그는 전후 일본의 삶의 재건이라는 실천적 명제를 구체적으로 제시한다. 군국주의의 전체성속에 매몰되어버린 일본인의 심령에 이념의 허상을 탈피하고 실존적 결단이라는 새로운 전후 사회의 삶의 방식의 새로운 작위성을 구현하고 있는 것이다. 마루야마 마사오가 古學(코가쿠)의 물줄기를 재해석하여 전후 일본의 새로운 비젼을 제시했다면 쿠로사와 역시 이러한 시대정신의 움직임을 영상예술을 통하여 구현함으로써 천황이 된 것이다. 그들은 개성이 말살된 전체주의적 일본의 죄악에 대한 깊은 반성위에서 근대적 인간의 모습이란 과연 무엇이 되어야 하는가에 대한 깊은 통찰을 하고 있는 것이다.

우리에게는 아직 마루야마도 없고 쿠로사와도 없다. 동서의 벽을 허물고 인간의 본연을 꿰뚫은 그러한 천재적 거성이 없다. 인류에게 감격을 던져주는 그러한 문화의 거장이 없다. 그러기에 우리는

다. 쿠로사와의 이해를 위하여 가장 종합적인 연구서이다. 佐藤忠男, 『黑澤明의 世界』(東京: 三一書房, 1983), 146~155쪽.

외롭다. 우리는 20세기를 통하여 너무도 지적 거인을 경험하지 못했다. 그래서 지적 거인의 모습이 어떠한 것인지를 도무지 모른다. 우리가 경험한 것이라곤 정치적 투사뿐이다. 그러나 냉철한 지성의 우주적 비젼이 결여된 대중의 우상은 반드시 자기배신을 하게 마련이다. 좌절과 배신의 체바퀴를 과연 우리는 언제 어떻게 벗어나야 할 것인가? 순간 순간 우리의 존재의 나락을 엄습하는 이 허무와 고독을 과연 어떻게 버틸 것인가? 들리는가? 들리는가? 이 처절한 절규가 !

일본의 이십세기는 너무도 찬란하다. 수없는 거성의 군웅들이 우뚝우뚝 솟아 있다. 서구라파문명의 인류사적 주도권은 20세기를 접어들면서 이미 일본문명으로 그 주축을 양보하였다고 나는 본다. 오늘의 일본은 결코 우연이 아니다. 쇄국을 안하고 개화를 빨리 했던 탓이 아니다. 일본문명의 인류사적 가능성에 대하여 우리는 너무도 구태의연한 도식적 개념의 틀밖에는 가지고 있질 못하다. 일본인들 자신이 자기 문명이 저지른 인류사적 장난의 함의를 깨닫지 못하고 있다. 일본인들 자신이 자기를 이해해왔던 구태의연한 기억의 틀속에서 벗어나고 있지를 못하기 때문에 지금의 자기와 그 현재적 자기 속에 축적되어 온 잠재적 화학반응의 미래적 가능성을 아직 가늠질하지 못하고 있다. 1987년 9월 30일(수) 오후 6시 오오사카 카이토쿠도오(懷德堂)주최 일본사상사국제심포지움에서 주제강연을 했던 김용옥은 감격스러웠던 그의 강연을 다음과 같은 말로 끝내고 있다.

그대들의 죄악이 우리를 삼켰다고 해서 우리 조선인에게 죄의식을 갖지는 마십시요. 그대들의 죄악은 그대들만이 해결할 수 있을 것입니다. 우리는 그대들에게 사죄를 구걸하지 않습니다. 우리 젊은 한국인들은 그러한 추억속에서 살고 있지 않습니다. 누가 과연 지금 여기에서 참다운 인간의 모습을 구현하고 있는가? 그것만이 문제가 될 뿐입니다. 누가 과연 참다운 인류사의 비젼을 제시할 수 있는가? 그것만이 우리가 고민해야 할 문제입니다.[15]

----

15) 나의 강연과 관련된 일부 인터뷰 기사가 일본의 대표적 지성주간지인 『아사히 쟈—나루』(*Asahi Journal*) 1987년 11월 13일자 18~19쪽에 실려 있다. 토론상대(聞き手)는 一橋大 言語學敎授, 田中克彦.

한국영화사를 일별해 볼 때에 나의 가슴에 피뜩 와닿는 단상이 하나 있다. 그것은 한국영화사에 내재하고 있는 이율배반적 성격이다. 부연하자면 한국영화는 가장 민중에게 사랑을 받아왔으면서도 가장 민중에게 멸시를 받아온 예술형식이라는 것이다. 동일한 주부에 대하여 정반대되는 술부가 동시에 성립할 때 우리는 그것을 이율배반이라고 부르는 것이다. 이러한 이율배반적 성격은 20세기 한국사를 지배하는 모든 예술형식에, 특히 그것이 민중적인 성격을 지닐 때 공통된 것이다. 국악·연극·무용 등등의 역사에서도 그러한 성격을 쉽게 찾을 수 있다. 그러나 하나의 예외가 있다. "피아노"나 "바이올린"을 머리에 띄워 올려보면 그림이 좀 달라지는 것이다. 피아노나 바이올린은 어느 고관대작집의 따님이나 아드님에게도 그리고 서민에 이르기까지도 모든 한국인의 선망의 대상이고, 또 고귀한 그 무엇이다. 샹데리아와 하이얀 드레스, 그리고 바알간 포도주에 부딪히는 유리잔, 화사한 웃음소리 등등의 이미지가 금방 떠오른다. 정경화는 신성한 예술인이며 땅에 발도 닿지 않는 선녀가 하면 김지미는 천박한 광대며 섹스아필의 대상이나 되는 놀이개다. 자! 그러나 우리 자랄 때만 하더래도 바이올린은 "깡깽이"에 불과했다. 동네 아편쟁이나 주물럭거리는 그 무엇이었고 장날 약장수가 발로 연결된 북을 등에 메고 가슴에서 켜면 요상한 소리를 내는 아쟁에 불과한 것이었다. 그렇다면 이건 도대체 어떻게 된 것이냐? 뭔가 뒤죽박죽 억망개판이 아니냐?

20세기 한국사회에서 왜 그렇게 서양 음악광대들만 하늘 높은 줄 모르고 쑥 올라가게 되었는지 이것은 매우 기적적인 그리고 기이한 현상이지만(서양이나 일본의 경우 예술의 각 형태에 대한 가치판단이 균형을 취하고 있다) 물론 그에 대한 설명도 우리 역사에 내재하는 구

조적인 틀 속에서 쉽게 설명이 될 수도 있는 것이다(그러나 이 문제
는 여기서 더 언급치 않는다).

우리는 여기서 얼른 이런 생각을 해볼 수 있다. 바이올린이나 피
아노는 서양에서 들어왔다. 한국의 근대화란 서양화를 의미했다.
그러므로 전통적인 그 무엇은 가치관의 하위를 차지하고 서양적인
그 무엇은 가치관의 상위를 점령했다. 우리 역사가 지향하고자 했
던 이상적 그 무엇이었기 때문에——.

그러나 이러한 분석은 영화의 경우 전혀 맞아 떨어지지 않는다.
왜냐하면 활동사진이야말로 서양에서 들어온 신기한 그 무엇이며 그
리고 그것은 20세기에만 특유한 완전히 혁신적 예술매체이기 때문
이다. 예를 들면, 孔子라는 春秋시대의 짱꼴라를 지금 동숭동 문예
회관대극장에 앉혀 놓아도 그는 별로 충격을 받지 않을 것이다. 왜
냐하면 그의 시대에도 그와 연속성을 지니는 무대예술형식이 있었
기 때문이다. 그러나 그 짱꼴라를 단성사에 앉혀 놓으면 얘기가 달
라질 것이다. 제아무리 위대한 공자님이라 할지라도 혼비백산하여
기절초풍할 것이다. 이와 같이 영화예술이란 인류의 어느 예술매체
보다도 20세기적인 것, 그리고 전통과의 연계성을 가장 덜 지니는
예술양식이다.

그럼 왜 이렇게 새로운 洋風의 예술양식이 천박하고 멸시를 받아
야 하는 그 무엇으로 전락하고 말았나? 그것은 역시 그 예술양식의
담당주체의 삶의 양식의 도덕성 문제와 가장 깊은 관련을 지니고 있
다고 보아야 할 것이다. 이미 앞서 논의한 바대로 일제식민지시대에
우리나라에서 이미 높은 수준의 영화예술이 성립한 이유의 문제성
에서 그 해답을 찾아야 할 것이다. 한일합방이라는 사건은 민족사
의 국체와 주체의 단절을 의미함과 동시에 기존의 가치체계의 몰락
을 의미했다. 그러나 이러한 가치관의 붕괴가 자발적인 의지에 의한
자각적 처리가 아니라 외세에 의한 붕괴였다는데 바로 그 이율배반
적 성격이 있는 것이다. 갑자기 난도 모르는 철추에 집이 무너져버
렸다. 그런데 하도 갑자기 당한 일이라 그리고 또 한 번도 그 집을
헐어버릴 생각을 해보지 않았기 때문에 집을 잃은 난민들은 그 집

에서 다시 살기만을 원했다. 아니 딴집에 살게 되었으면서도 그들이 생각하는 집의 개념은 도대체 무너진 그 집밖엔 없었다.

유교의 도덕적 이데올로기의 붕괴는 민중예술의 20세기적 개화라는 현상을 가져오기는 했지만 그 이데올로기의 잔존허상의 집요함은 20세기 역사에 또 다시 막강한 힘을 발휘했다. 영화예술에 관계된 모는 사람을 바라보는 눈에는 민중의 아이돌(idol)로 비추는 동시에 또 비윤리적 삶을 사는 사람들, 남을 웃기고 울리기 위하여 벼라벨 지랄을 다 해야 하는 사람들, 집을 떠나 마구 부랑하는 사람들, 만천하 사람들 앞에서 키쓰하고 빨개벗는 사람들, 오금이 조려오도록 만들어주는 사람들, 초윤리적 혼음의 관계가 아무렇지도 않은 사람들, 한마디로 광대 잡색화랭이, 그 이상의 아무것도 아니었다. 이러한 관념의 이율배반성은 오늘날까지도 우리 사회를 지배한다. 그것은 아직 우리 사회의 가치관이 다양화되지 않았다는 것, 다시 말해서 관념적으로 가치관의 담당주체계급의 사회분화가 이루어지지 않았다는 것을 의미한다. 반증의 한 예로 비슷한 것 같이 여겨지는 일본사회만 하더라도 일반적으로 "게이노오진"(藝能人)이라고 불리우는 사람들의 사회적 위치가 지금은 물론 전통사회에 있어서조차도 우리 사회에서처럼 그렇게 천한 위치를 차지하고 있지는 않다. 이것은 곧 토쿠가와 에도막부시대때부터 이미 예능인이 독립적 세력기반을 구축할 수 있었던 사회계급을 확보할 수 있었다는 것을 의미하는데 이것은 곧 사무라이가 아닌 "쵸오닌"(町人 : 상인)계급의 성숙을 의미하는 것이다. 그러한데 비하면 우리나라는 實相이 어떠했든지간에(사학계의 이현령 비현령식의 어거지 논쟁은 생략하고) 양반계급의 가치관이 일양적(一樣的)으로 지배했다는 것을 의미하며 그러한 가치관의 본질적 도전은 19세기 말기가 아닌 1960・70년대에나 와서 이루어지기 시작한나는 현대사적 사실을 좀 냉철하게 분석할 필요가 있는 것이다.

"내 딸을 영화배우로 만들어?" 글쎄, 요새 아무리 영화배우가 인기직업이라곤 하지만…… 귀가집 규수를……? "아니 안그래요.

세상이 달라졌어요. 너두 나두 다 영화배우가 될려고 야단들에요. 세상이 달라졌어요. 우리 때하곤 딴판에요." 어느날 나에게 던진 하명중감독의 말이다. 글쎄! 영화계에 종사하는 사람들은 그런 착각하기에 충분한 근거가 있겠지만…… 글쎄 진정한 영화예술인이 이 땅에서 탄생되기 위하여 가야 할 길은 아직도 아직도 멀다. 아마도 이러한 이율배반적 성격을 자신의 삶 속에서 가장 처절하게 구현한 사람이 바로 하명중감독의 형 하길종(河吉鍾, 1941～1979) 감독이었을 것이다. 서울 문리대 불문과를 졸업하고(63), 도미하여 아카데미 오브 아트에서 사진예술을 수학한 뒤 캘리포니아대학 (UCLA) 대학원에서 영화연출학위(MFA)를 취득하고(70), 귀국하여 각 대학에서 강의를 했던 엘리트! 남들이 좆도 아니라고 생각하는 세계 속에 좆은 된다는 선각자적인 의식을 가지고 뛰어들은 그! 나는 좆이다! 아니 나는 좆 이상의 위대한 그 무엇이다! 라고 외쳐야만 했던 그의 가슴 속이 얼마나 불편했었을까 하는 것은 쉽게 상상이 간다. 그러나 이것은 저 동숭동 개울건너 동네에서 살았던 많은 사람들이 불필요하게 과장하여 느껴야만 했던 현실과 이상의 괴리의식, 그리고 그러한 괴리의식이 결코 해방 후 한국역사의 중요한 대목을 풀지 못했다는 통렬한 반성의식이 우리에게는 필요한 것이다. 모든 신화는 깨져야 하며 엄밀하게 다시 분석 검토되어야 하는 것이다.

이제 마지막으로 "영상시대의 처리"라는 본 序說의 주제를 놓고 구체적·역사적 맥락으로 우리의 시각을 좁혀 들어가야 할 필요성을 느낀다. 우선 일제식민지시대의 한국영화발달사에 관하여는 유현목 감독의 『韓國映畵發達史』(서울 : 한진출판사, 1985)를 참조하기 바란다. 영화인 자신에 의한 훌륭한 연구성과라고 생각한다. 그리고 해방 후의 영화동향을 포괄하여 1969년에 한국영화 50주년을 기념하기 위하여 李英一 씨가 집필한 『韓國映畵全史』(韓國映畵人協會刊, 지금은 절판이어서 구하기 어렵다)는 사계의 중요한 업적으로 꼽힌다.

일제시대의 영화를 바라보는 우리의 시각에 대하여 나는 이미 충분히 나의 견해를 밝혔음으로 디테일에 사로잡힐 필요성을 느끼질 않는다. 그러나 우리가 나운규와 함께 꼭 기억해야 할 인물은 이규환(李圭煥, 1904년생)감독이며, 그의 대표작은 1932년 9월 14일에 단성사에서 개봉한『임자없는 나룻배』다. 이규환은 당시 일본의 딩 감독들 밑에서 정식으로 영화연출 수업을 받은 엘리트일 뿐만 아니라 자신이 직접 씨나리오를 썼으며 영화예술에 대한 뚜렷한 의식을 지닌 작가였다.『임자없는 나룻배』는 나운규가 주인공(春三)으로 등장하는데, 일제탄압에 대한 민족저항의 정신을 나운규의『아리랑』보다 더 포괄적인 반문명적 주제로서 나타내고 있다. 어느 뱃사공의 비극적 삶을 통해 일제하의 우리 생활상의 변천이 과연 우리에게 무엇을 가져다 주고 있는가를 묻는다. 철교로 뛰어올라가 침목과 철교를 때려부수는 뱃사공 춘삼의 죽음! 그리고 고요한 강나루 언덕 아래 임자없이 출렁거리고 있는 배! 한국영화의 새로운 좌표를 설정한 탁월한 예술품이었다.

1938년부터 1945년 해방까지의 시기는 한국영화의 질식기•말살기로 정리되고 또 해방 후부터 6•25동란 전까지의 시기는 우리나라 역사의 모든 상황이 그러하듯이 좌우익 작가난립시대이며, 정당한 평가를 달 수가 없다. 그러나 갑자기 밀려닥친 해방의 감격 속에서 차분한 작품이 나오기는 너무도 들떠 있던 시기였다. 또 1950년 6•25 이후 휴전까지의 전쟁기간 동안에도 어려운 제작여건하에서 꾸준한 활동을 계속하면서 한국영화의 저력을 축적해 나가기는 하였지만 이렇다할 작품을 건질 수가 없다.

1953년 7월 27일 휴전이 성립하고 영화인들이 서울로 환도하고 안정을 되찾으면서 60년 전후(군사혁명 정부의 수립)까지 한국영화는 중흥기를 맞게 되며 어떤 의미로는 한국영화의 최전성기라고도 달할 수 있다. 당시 한국영화는 압도적인 인기를 끌어모았으며 제작편수가 엄청나게 증가하였고 작품의 질적향상과 경향성의 다양화가 이루어졌다. 광대한 관객층이 확보되면서 영화인의 수가 늘고 50년대 후반에는 71개의 제작회사가 생겨났으며, 동란의 초토 위에서도 전국적으로 극장 ㅣ 대폭 증가하였다.

우리는 이러한 기적적인 사실을 여러 가지 역사적 상황성 속에서 분석할 수가 있다.

첫째, 일제시대로부터 우리 민족의 식민지통치에 대한 반항정신의 영상적 표출이 탁월한 의식수준을 유지하면서 많은 축적을 이루어 놓았다는 점, 즉 역사적, 정신사적 연속성의 문제의 시각에서 분석할 수 있다는 것이다. 우연적이 아닌 자생적인 축적의 토대가 있었다는 것이다.

둘째, 테레비가 보급되기 이전이었다는 점을 중요한 물질적 조건으로 지적하지 않을 수 없다. 60년대에 테레비가 보급되면서부터 영화에 대한 욕구가 하락하면서 영화산업이 세계적으로 불황기를 맞는다. 테레비 쇽크는 70년대 후반에 와서 극복되기 시작하며 테레비와 영화는 차원을 달리한다는 좀더 분화된 의식이 정착되기에 이른다. 역으로 말하면 위장 나쁜 사람이 밥을 더 먹고 싶어하듯이 전쟁으로 초토화된 폐허의 한국인들은 어느 때보다도 오락을 필요로 하였다. 정신적 허탈감을 메워 줄 수 있는 오락으로 영화 이상의 대중적 매체는 없었던 것이다.

셋째, 우리나라 영화가 7·80년대에 들어 완전히 자본주의 산업구조에 예속되면서 미국화되고 또 관객이나 작가나 미국영화의 압도적 영향권하에 잠식되는 일변도적 성향을 나타내고 있는데 반하여 이때는 외국영화의 영향도 다양화되어 있었을 뿐만 아니라 특히 불란서나 이태리 중심의 유럽 영화계는 매우 창조적인 도약의 시기를 맞이하고 있었고 우리나라 영화계도 그러한 유럽 영화의 생산적인 영향을 받고 있었다. 이태리 영화계는 전후 새로운 맑시즘의 원리의 현실적 해석의 방향으로 진출하는 혁명적 성향을 보인 반면에 불란서 영화는 자생적 과거전통과의 연계를 강화하는 방향에서 보다 감성적이고 심미적이고 환상적인 세계를 그렸다. 상징주의와 현실주의의 혼합 속에서 인간 자체의 심오한 문제들을 묘사했다.

그러나 뭐니뭐니 해도 이 시기에 우리나라에 가장 결정적 영향을 준 것은 역시 이태리의 네오리알리즘(Neo-realism)의 창조적 걸작들이었다. 맑시즘의 원리에 의하면 불공평한 사회구조는 본질적 인간관계마저도 왜곡한다고 본다. 다시 말해서 사회적 차원을 도외시한 인간관계 그 자체의 순수성이란 있을 수가 없다고 본다. 일도 없고 돈도 없고 밥도 없는 사회에서는 사랑이라든가 우정이라든가 하는 기본적 인간의 가치마저 한낱 사치에 불과하게 되고 만다는 것이다. 이러한 사회주의 계열의 네오리알리즘의 녕제는 롯셀리니 (Roberto Rossellini)의 『열린 도시』(*Open City*, 1945)나 『파이산』 (*Paisan*, 1946)에서부터 시작하지만 그것을 완전히 개화시킴으로써 우리에게 잊지 못할 감동을 던져준 영화는 이태리의 거장 빗토리오 데시카(Vittorio De Sica, 1901∼)의 작품이며, 그러한 위대한 작품을 낳게 만든 씨나리오 작가는 자바티니(Cesare Zavattini)였다.

이 시대를 산 한국의 대부분의 지성인들은 『자전차도적』(*Bicycle Thief*, 1948)이란 데시카의 작품을 아직도 생생하게 기억하고 있을 것이다. 자전거 없이는 생계를 유지할 수 없는 어느 공장직공이 출근 첫날에 자기의 자전거를 도둑맞는 현장을 목격한다. 이 영화는 그 자전거도둑을 필사적으로 찾으러 다니는 장면으로 연결된다. 친구 아들 할 것 없이 로마의 빈민가 고물시장을 절망적으로 뒤진다. 천신만고 끝에 그 도둑을 잡았을 때 그는 바로 그 도둑이야말로 자기와 동일한 처지에 있는 자전거 없이는 살 수 없는 사회적 구조의 필연 속에 희생되고 있는 제물이라는 것을 발견한다. 자전거를 되찾을 수 없게 된 안토니오(주인공)는 자기 자신이 두번째의 자전거 도둑이 된다. 그러나 그는 붙잡혀 속사정 모르는 군중들에게 몰매를 당한다. 그의 파멸은 극한에 다다르게 되는 것이다. 데시카는 이와 같이 너무도 단순한 이야기를 가지고 엄청난 파토스와 저주에 찬 사회적 불만을 불러일으켰다. 그리고 그의 리알리즘은 그것이 어두운 사회, 고귀한 사회의 밖에 떨어진 부스러기 인간의 실상을 고발했나는 데에 위대성이 있는 것이 아니라, 그러한 주제를 통하여 인간삶의 비극적 참상을 너무도 신랄하게 통렬하게 묘사했다는 데 있다. 인간을 둘러싸고 있는 당대 전후사회의 어마어마한 정치적·사회적·경제적 혼란을 극복하려는 인간의 의지를 매우 심미적이고 센시티브한 디테일을 가지고 그렸다. 그리고 무엇보다도 데시카의 리얼리즘의 본질은 그의 인간에 대한 열정적 사랑(compassion)과 인간의 본질적 동포애에 대한 믿음(faith in the essential brotherhood of man)이었다.

데시카의 이러한 작품세계를 연상하면서 우리는 한국에서 1961년에 유현목의 『오발탄』(이범선 원작)과 같은 위대한 작품이 탄생되었다는 것, 그리고 그것이 용공시비에 걸렸고 5·16군사혁명 이후 상연금지가 된 첫 작품이라는 사실도 충분히 이해가 가는 것이다. 유현목은 당시 내가 앞서 말한 휄리니를 비롯하여 데시카와 같은 이태리의 네오리알리스트들의 작품세계에 미쳐 있었다. 그리고 그러한 영향을 자생적 토양 속에서 소화하여 격조높게 표현해 주었던 것이다. 쇼트 내의 몽타쥬에 의한 영상, 대담한 화면구도, 가능한 한의 허구성 배제, 한국영화의 예술성을 한 차원 높인 충격적 작품이었다.

박봉의 샐러리맨 주인공(김진규)! 그는 6·25 때의 충격으로 "가자! 가자!"라고 외치는 정신이상의 모친과 만삭의 아내(문정숙), 부상으로 제대한 동생(최무룡), 양공주가 된 여동생(崔愛子), 그리고 고무신을 사달라고 앙탈하는 아이를 거느리고 살아간다. 이러한 가정의 분위기와 주인공의 생활은 희망이라곤 찾아볼 수 없는 절망적인 것이다. 그는 앓는 이를 뽑을 만한 여유도 없다. 부인은 애를 낳다가 죽는다. 동생은 사고를 친다. 마침내 월급을 받게 된다. 쥐꼬리만한 월급으로 무엇부터 해결해야 할지 난감하다. 치과에 가서 앓던 이를 뺀다. 아이의 고무신을 산다. 그리고는 만취가 되도록 술을 마시고 자동차를 탄다. 그러나 그는 자신이 어디로 가야 할지를 모른다. 그가 탄 자동차는 취한 그를 태우고 무작정 달린다.[16]

이 당시의 영화는 우리의 현실을 솔직담백하게 그리고 있으며 영상의 장난이 말해야 할 주제를 흐리게 만들지 않는다. 그리고 당대 서유럽의 영화풍토는 최소한 우리의 현실감각과 공통분모를 가지고 있었으며, 7·80년대의 미국영화가 폭발적 인기를 끌었다고는 하지만 말초적 신경을 긁어주는 쾌감 속에서 결코 우리화 될 수 없는

---

16) 대한민국 예술원, 『韓國演劇·舞踊·映畵事典』(서울 : 대한민국 예술원, 1985), 362쪽 오발탄條 참고.

허구적 리얼리티만을 던져준 것과는 대조적인 것이었다. 그것은 무엇인가 끈끈한 인간애, 말끔하지는 않지만 포괄적인 느낌(감성＋오성)을 촉발시키는 심오한 인간애가 담겨 있는 세계였다.

　마지막으로 우리가 한국영화중흥시대의 분석에 있어서 간과할 수 없는 중요한 사실은 정치적 제도적 맥락이다. 한국영화가 이승만 정권의 말기에 이르기까지 정치적 소용돌이 속에서도 중흥기를 맞았다는 사실은 바로 영화제작에 대한 제도적 속박이 없었다는 상황에 기인한다고도 볼 수 있다. 제도적 속박이 없었다는 말보다는 자연스러운 상태에서 그러했다고 표현하는 편이 차라리 정확할지 모른다. 다시 말해서 이승만 정권은 독재정권이긴 하지만 그 독재의 질이 천박하게 느껴지기만 하는 영화의 통제를 통하여 대중심리 조작을 할 수 있다든가, 그러한 조작을 통하여 독재의 이데올로기를 강화할 수 있다는 생각이 미칠 정도로 고단위로 의식화된 독재의 수준에 미친 독재가 아니었다. 그리고 어수룩한 흥행구조의 덕분도 있었다. 당시 한국영화는 어디까지나 감독의 창의성과 감독의 주도력이 중심이 되는 비제도적 제도 속에서 비교적 편안한 숨을 쉴 수가 있었던 것이다. 그 덕분에 50년대 말에 71개의 영화사가 난립(？)할 수 있었던 것이다.

　이러한 목가시대에 철추를 가한 것은 바로 1962년 1월 20일에 신규제정되었고 그 후로 오늘날까지 계속 폐기위원회의 투쟁 혹은 여론의 압력과 더불어 개정되고 또 개정된 "영화법"이라는 위대한 법률의 등장이다. 이제 우리나라는 원시적 상태를 탈피하여 당당히 영화법마저 소유한 위대한 선진조국이 된 것이다. 이로써 한구의 영화인들은 1940년 1월 조선총독부 제령 제1호로서 공포된 "朝鮮映畵令"의 적자(嫡子)를 하나 가슴에 품게 된 것이다. 얼마나 장하고 갸륵한 일이냐? 이로써 71개의 난립(？)한 군소영화사 프로덕션은 16개사로 통폐합되었고 그 후론 개인 프로덕션은 자취를 감춰버리고 말았다. "영화법"이라는 모든 형태의 법률은 한국영화 아니 한국문화의 "죽음의 키쓰"(death kiss)였던 것이다.

우리는 20년만에 정확히 동일한 구조를 가지는 법률이 한국땅에서 부활했다는 사실이 지니는 역사적 필연성의 맥락을 어디까지나 구조적으로 한 번 분석해 볼 필요가 있는 것이다. 그리고 우리 주변에 정말 하찮고 너절하게 보이는 영화나부랭이까지도 우리 역사 전체의 구조와 철저한 관련이 있으며 또 그러한 현상의 변화가 우리 역사의 구조적 변화와 정확하게 일치하고 있다는 것에 대한 새로운 인식이 필요하다. 이것은 역으로 우리나라의 역사를 거창한 시대구분론이나 왕조실록이나 한국통사를 통해서 이해하는 것보다 오히려 주변의 경멸스러운 영화나부랭이 조각(중국말로 영화를 "그림자 조각"〔影片〕이라고 부른다)을 통하여 정확히 그 실상을 파악할 수 있다는 사실에 대한 새로운 인식이기도 한 것이다.

1961년 5・16 군사혁명에서 1987년 6월 민주혁명(6・10대행진에서 6・29선언에 이르기까지의 민족적 기의 상징태를 나는 혁명이라고 표현한다. 그러나 이것은 정치적 맥락의 혁명이 아니며 나의 기철학적─인류사적─문화사적 맥락에서의 혁명이다)에 이르기까지의 우리 민족사의 부분을 나는 매우 위대한 시기라고 생각한다. 우리가 군사독재정권이라고 흔히 말하는 이 역사를 나는 진정으로 위대한 역사라고 생각한다. 긍정적 의미에서이든 부정적 의미에서이든 분명히 위대한 역사라고 생각한다. 그럼 이 역사의 위대성은 과연 무엇인가? 그 위대성은 우리 민족의 의식(Bewußtsein)이 자의식(Selbstbewußtsein)으로 전환하는 계기, 다시 말해서 일제시대의 대자적(für sich) 의식이 우리 민족 자신의 즉자적(an-und-für sich) 반성의식으로 전환하는 계기를 준 고양의 위대성이었다. 이를 영화법을 가지고 쉽게 표현하자면 1940년의 조선영화령은 他가 我를 죽이기 위하여 만든 법이다. 그런데 1962년의 영화법은 我가 我를 죽이기 위하여 만든 법이다. 이것은 또 무슨 해괴한 논리인가? 이러한 논리의 실상과 이면을 우리는 좀 정확히 분석하고 반성해야 하는 것이다. **모든 역사는 현대사**라는 나의 기철학적 명제와 더불어──(『루어투어 시앙쯔』 서문을 참고하기 바람).

우리는 5·16 이래 오늘날까지 우리를 괴롭히고 또 괴롭히고 있는
모종의 권력형태 즉 군사독재정권이라는 역사적 현상을 나에게서
완전히 소외된 객관적 사실로서의 실체며 타도의 대상이라고만 처
리해 버리기 쉽다. 그리고 그렇게 처리하면 매우 마음편하다. 그렇
게 되면 일시에 나는 독재자가 아니며 나는 자유를 갈망하는 민중
의 대변자가 되기 때문이다. 아~ 위대한 그대여! 그리고 또 5·16
이래의 군사독정의 출현을 적나나한 힘의 논리에 의한 필연적 결과
로 처리하면 너무도 당연한 것 같이 보인다. 굼발이는 총칼을 쥐었
으니깐. 4천만의 쪼꼬만 나라에 백만의 총칼부대를 한 손에 쥐고
있는 권력의 소재가 어찌 근질근질해서 가만히 있겠느냐? 굼발이
는 쎄니깐드루 밟으면 밟혜야지 별 수 있간디. 다시 말해서 60~80
년대의 한국역사의 부분을 밀리타리즘(militarism)의 극성, 혹은 역
사적으로 최씨 무단정권의 부활, 혹은 근세 이태리를 괴롭혔던 파
시즘의 출현 등등의 개념에 의하여 처리해 버리는 것이 이 땅의 대
부분의 양식있는 지성인·학생의 견해인 것 같다(이 정도의 점잖은
분석이나 용어의 사용을 가지고 나를 때려잡을 생각은 하지 말아 주었으면
좋겠다. 군출신인 노태우선생께서 이 시점에 선거공약으로 지난날 군정의 과
오를 있는 그대로 정확히 시인하고 군정의 종식을 시킬 사람은 나밖에 없다고
말씀하시고 계시지 않은가? 지금부터 진행되는 나의 논의는 도망가는 개새
끼 방뎅이에다가 돌던지는 식의 비겁한 논의는 아니다. 그 미친개에 나는 되
물릴 수도 있다는 미래를 예견하면서 이 붓을 정확히 옮기고 있는 것이다).

그러나 나는 군사독정의 문제를 그렇게 생각하지 않는다. 나는
박정희대통령이나 그를 계승하고 계신 많은 홀륭한 분들을 가슴속
깊이 위대하다고 생각하고 있는 것이다.
20세기 우리나라 역사의 최대비극이 바로 "식민지사"라는데 있다
는 것은 이미 내가 『루어투어 시앙쯔』 서문에서 충분히 밝혔다(내책
『루어투어 시앙쯔』를 아직도 금서로 만들어 놓고 못팔게 하고 있는데 이것좀
풀어 주었으면 좋겠다). 같은 동아시아 역사 중에서도 중국이나 일본

은 식민지화되어 본 경험이 없는데 반하여——. "식민지사"의 비극성은 "자기배반"의 주체상실이라는데 있지만 사실 그보다 더 본질적인 인류사적 반성은 그 전단계, 즉 왕정(monarchy)에 대한 자각적 처리가 이루어지지 않았다는 사실에 대한 새로운 인식을 요구하는 것이다.

왕정에 대한 자각적 처리가 이루어지지 않았다는 사실은 곧 왕정이라는 自我가 가지고 있는 모든 독소가 제거되어야 할 것으로 인식되지 않은 채 자아 속에 매몰되어 버리고 말았다는 것을 의미한다. 어차피 식민지 상황이 전개되면서부터는 자아는 상실되어 버리므로 왕정이라는 자아는 로만틱한 아름다운 그 무엇으로 둔갑되어 상실되어버린 자아의 저켠의 신기루로서 남아 있게 된다. 식민지라는 주체상실현상의 의식구조는 앞서 말한 바대로 "대자적" 형태밖에 지닐 수 없게 된다. 다시 말해서 我가 상실되었음으로 我의 인식은 他에 대한 반동(reaction to the other)으로서만 이루어지는 것이다. 我가 없음으로 我 자체에 대한 인식은 성립하지 않는다. 따라서 식민지시대의 모든 자아인식 방법은 자아의 정체를 망각(상실)하여 버린 채 他, 즉 왜놈에 대한 반항만 하면 위대해지는 것이다. 주체의 상실에 대한 주체의 회복은 "왜놈들 때려 죽여라!"만 외치면 되는 것이다. "왜놈"은 소외된 我가 아니라 완연히 他이기 때문에——.

죽여라! 죽여! 왜놈들 죽여! 그리고 실제로 죽이지도 못했으면서 죽인 체 한 놈들만 영웅이 되는 시대! 그 시대 속에 왕정이란 자아의 모습은 철저히 망각되어 갔고 오히려 신기루처럼 이상화되어만 갔다.

우리에겐 해방이 없었다. 식민지 형태의 전환만 있었을 뿐이다. 漢(明)나라 식민지에서 만주오랑캐(淸) 식민지로, 만주오랑캐 식민지에서 대일본제국 식민지로, 대일본제국 식민지에서 대미제국 식민지로(나의 용어는 현실태를 외연으로서 지칭하는 것이 아니라 그러한 상태를 내포적으로 지칭한다)! 그런 의미에서 이승만이란 할방구는 대미제국 식민지의 꼭두각시였음으로 독재자의 족보에도 끼어 줄 수가 없다. 그런데 그런데 진짜 독재자가 나타났다! 무지막지한 진짜

92

웬사람이 나타났다! 일선을 지키시는 군인아저씨란다! 아이쿠 무서워!

　박정희라는 위대한 독재자의 출현의 바로 그 위대성은 식민지시대에 있어서처럼 他에 대한 반동으로서의 我의 인식방법을 고양시켜 주면서 我를 我로서 인식하게 만드는, 다시 말해서 의식 그 자체를 대자적으로가 아니라 즉자적으로 다시 인식하게 만드는 위대성인 것이다. 박정희는 外界人 E. T. 가 아니다. 바로 사랑스러운 내 민족의 사람이요, 바로 나다! 그는 일본군에게도 충성했을 뿐만 아니라 공산혁명에도 충실했던 훌륭한 사회주의자였다. 그는 청렴결백했으며, 石頭(송요찬)도 무서워했던 똑바른 군인아저씨였다. 그런 그가 우리 민족의 위대한 독재자가 되었다. 이건 또 뭐냐?

　박정희란 독재자의 출현은 바로 我 속에 잠재해 있던 我의 독재성의 출현이다. 바로 我의 독재에 대한 我의 의식화현상이다. 학생들이 말했던 "의식화"의 형이상학적—역사철학적 본질은 바로 이러한 성격에 내재하는 것이다.

　박정희란 독재자의 출현은 밀리타리즘(군국주의)·파시즘(팟쇼)의 출현이 아니다. 그것은 바로 자각적으로 처리되지 아니하였던 왕정의 출현이다! 아니 신기루속에 망각되었던 자아의 회복이다! 아니 대자적 식민투쟁에 밀려났던 자아의 단순한 연장일 뿐이다. 박정희는 우리 민족에게 위대한 선사를 하였다. 자아를 되찾게 해준 것이다. 자아를 다시 볼 수 있게 해준 것이다. 자각적으로——. 그러나 아직도 정말 우리가 왕정 속에 살고 있다는 것을 깨닫고 있는 자가 몇 명이나 되는가? 아직도 니사금들의 횡포 속에 우왕좌왕하고 있는 우리의 현실을 전관하고 있는 꺼기 몇이니 되는가? 우리에게는 팟쇼도 없다. 팟쇼란 정치적 리버랄리즘의 다음 단계에 오는 것일 뿐이다. 만약 이번 선거를 계기로 앞으로 우리에게 리버랄리즘(자유주의)의 단계가 주어진다면 분명 그 다음엔 진짜 팟쇼가 나타날 것이다. 나는 예견한다! 어떠한 형태로든 팟쇼가 나타날 것이다. 그때가 되면 또 내 입부터 틀어막으려 할 것이고, 내 목아지부터 벨려고 할 것이다. 내 목아지 내 벨 수 없으니 벨려면 베라! 이 순간 내가 움직이고 있는 太虛의 氣는 벨 수 없을테니!

왕정의 처리란 어떻게 해야 하는 것인가? 그것은 매우 쉬운 것이다. 왕의 목아지를 삭뚝 짤러버려야 하는 것이다. 불란서 혁명을 왜 우리가 인류 근대성의 출발이라고 말하는가? 이유는 단 하나다! 왕의 목아지를 꽁꼬르드 광장에서 삭뚝 짤랐기 때문이다. 그 이상의 위대성은 없는 것이다. 그 이상의 자의식의 자각의 표현은 없는 것이다. 바로 나의 『새춘향전』이 비극으로 끝날 수밖에 없었던 나의 자의식적 고민이 여기에 있다는 것만 암시해 놓고 우리 본론으로 넘어가자!

60년대 전후에 우리나라 영화의 황금기에 활약한 대표적 감독을 꼽으라면 리알리즘의 성숙한 의식을 과시한 유현목감독 외로도 장인적 기질과 흥행의 도사 신상옥감독, 그리고 다작주의자이면서 문학작품을 영화화한 문예파 김수용감독, 그리고 오리지날 씨나리오에 고집하면서 전쟁영화의 다이내미즘과 영상적 형식에의 섬세한 감각을 추구한 이만희(李晩熙, 1931~1975)를 꼽을 수 있다. 이외로도 『10대의 반항』(1959), 『下女』(60), 『현해탄은 알고 있다』(61), 『고려장』(63) 등 이색적이고 개성적인 멜로드라마파로 알려진 김기영(金綺泳, 1919~), 그리고 『박서방』(59), 『馬夫』(60) 등으로 우리에게 중후한 인상을 준 강대진(姜大振, 1935~)등을 꼽을 수 있다.

우리나라의 해방 후의 영화사는 그 대중성이라는 측면에서 고찰한다면 신상옥과 더불어 흥하고 신상옥과 더불어 망했다고 말하여도 결코 망언이 될 수 없을 것이다. 최인규(崔寅奎, 1911~1950년 납북) 밑에서 성장한 그는 대중에 영합하는 영화를 만드는 데 탁월한 재능의 소유자였을 뿐 아니라, 萬人의 代父가 되기를 사랑하는 그의 특이한 성격은 바로 60년대에 있어서 "我의 독재성의 발견"이라는 민족적 명제를 영화계에서 유감없이 실천해 준 또 하나의 위대한 인물이다. 그는 꾀죄죄한 군소영화사를 싹 쓸어버리고 위대한

국가가 일사불란하게 통제하는 대형회사 대형영화의 제작에 대형의 꿈을 불태웠다. 따라서 그의 군사정권과의 결탁(박정희·김종필과 매우 가까웠다)은 "귀신든는데 떡소리 해주는" 결과를 탄생시키고 만 것이다. 그리고 한국인의 독재성의 수준은 날로 날로 고도화되고 선진화되어 갔던 것이다.

신상옥이 어떻게 어떤 연유로 북한에 갔던지간에 그의 60년대의 한국영화계에 있어서의 행태(行態)를 분석해 보면 모종의 필연성이 내재하고 있음을 우리는 발견하게 되는 것이다. 끼리끼리 좋아하게 마련이다. 독재적 성격의 소유자로서 이데올로기를 불문하고 독재를 사랑하는 그의 인간적 스케일은 세상에서 가장 강력한 안티관계라고 하는 남북의 장벽도 뛰어넘었다. 게다가 동·서유럽 미·소 양대 진영을 무대로 활보하는 그의 행각은 참으로 우리 영화계의 기적 중의 기적이요, 타락 중의 타락이다! 신상옥은 한마디로 "난 놈"인 것이다.

혹자는 관점에 따라 이 시대의 가장 탁월한 작품으로 이만희감 독의 『晩秋』(1966)를 꼽기도 한다. 그는 자신의 체험을 살려 전쟁 영화를 많이 만들었는데 전쟁의 인간애를 감동적으로 그린 『돌아오지 않는 해병』(1963)은 흥행에도 성공했으며 명감독으로서의 위치를 굳혔다. 1965년에 제작한『7인의 여포로』는 그의 대표작 중 하나로 꼽히는 것으로 등장인물들이 빨갱이며 이데올로기적 갈등을 깔고 있다. 이 작품은 반공법에 의하여 입건되어 법정시비를 벌린 사건으로 유명하며 영화학도들에게는 매우 중시되는 작품이다.

『晩秋』는 김지헌(金志軒)의 씨나리오를 연출한 것인데 한계상황에 놓여 있는 두 남녀의 심리의 세계를 분석해 들어감으로써 영상의 초현실주의적 감각의 탁월한 형식미를 과시했다. 3일의 특별휴가를 얻어 나온 모범 여죄수(문정숙)! 추억이 어린 그 어느 곳을 찾아간다. 범죄조직에서 손씻을려고 쫓기는 위조지폐범(신성일)! 두 한계상황의 남녀는 열차간에서 만난다. 서로 누군가 누구인지를, 자기의 아이덴티티조차 확인못한 채, 추측하며 사랑을 나눈다. 원초적 욕망관계! 창경원 벤치에서 만나기로 하고 헤어진 그들! 나타날

수 없는 남자 ! 채포 ! 반감이 얽힌 이별 ! 전후 한국사회의 허무
주의적 측면을 밀도있는 구성미로 처리하면서 인간 그 자체를 파고
들었다. 이 시대의 대표적 작가로 두 사람을 꼽으라면 누구든지 유
현목과 이만희를 꼽는 데는 이의가 없다. 이만희는 황석영 원작인
『森浦로 가는 길』(1975)을 유작으로 남기고 세상을 떴다.

　1961년의 『오발탄』에서 1966년의 『만추』로 이어지기까지 그래도
한국영화는 기(氣)를 화석화시켜가는 죽음의 길을 걸어가면서도 그
런대로 50년대 후반의 축적의 힘을 지속시켰다고 보겠으나 60년대
후반에 들어서면서부터는 독재의 마수의 장난은 더욱더 영화생명의
목을 졸라 들어갔다. 영화심의위원회를 설치하여(67) 각본심의를 강
화하기 시작했고 영화사의 통폐합(22개 제작사를 12개로 통폐합, 1967
년), 그리고 영화제작 편수조정, 우수영화제도의 도입과 폐지 등등
의 졸렬한 행정정책으로 일관했다.
　1973년 2월에는 영화법 4차개정을 통해 종래의 등록제를 허가제
도로 바꾸고 영화진흥공사라는 문공부 산하법인을 설립하여 영화의
수출입 관계 및 일체의 번문욕례를 관장케 하는 한편 영화제작을
유신의 이념으로 설정하고 검열제도를 2중 3중의 굴레 속에서 강화
하였다. 뿐만 아니라 "우수영화"라는 요상한 제도를 부활시켜 외화
수입업자에게 주어오던 외화수입 쿼터를 제작자에게 직접 주기로
하는 대신 우수 영화를 3편 만들면 외화를 사올 수 있는 쿼터를 하
나 주는 소꿉장난질을 시작했다. 이러한 소꿉장난질은 우수영화라
는 명목하에 모든 영화를 국책이라는 이데올로기에 종속시켜 버릴
수 있는 매우 효율적인 방법이었다. 중고생을 모조리 연합고사·학
력고사로 묶어 버리듯이. 따라서 이러한 제도하에서는 영화의 제작
기획 방향은 우수영화를 겨냥하는 "따분하고 재미없는" 국책영화와
지방흥행을 노리는 싸구려 저질영화로 양극화 할 수밖에 없었다.
그리고 한 쿼잡는 것은 외화를 수입해 오는 것인데, 따라서 이런
식의 외화수입은 말초적 흥행위주의, 철저히 자본주의 상품화되어
있는 미국영화가 주축을 이룰 수밖에 없어진다. 그리고 이렇게 "따
분하고 재미없는" 영화의 최고봉에게 대종상이란 감투를 씌워 주는

96

데(대종상은 작년까지 영화진흥공사에서 주었다. 올해부터 영화인협회로 넘어왔다), 이 대종상이란 놈은 외화 쿼터를 한편 따먹을 수 있기 때문에 영화회사로 보면 효자 노릇하는 놈이다. 따라서 영화회사는 이 효자배출 감독만 찾게 되고, 따라서 신인 감독도 진출할 길이 막히게 된다. 이러한 효자배출 감독으로 등장한 사람 중의 한 사람이 바로 임권택감독이다. 임권택감독은 1962년에 『두만강아 잘있거라』로 데뷔한 후부터 백 편이 가까운 작품을 만든 다작가로 유명하지만 그의 예술작품이 자유분방한 상태에서의 고민 속에서 자생한 작품이 아니라 이와 같이 세계적으로 유례를 보기 힘든 졸렬한 국책의 이상기후 속에서 기생한 奇花라는 데에 그의 위대성과 한계성이 同在한다. 그러나 여태까지 무분별할 수밖에 없었던 잡식을 소화해서 무서운 에네르기를 방출할 수 있는 잠재력을 키운 점이 앞으로 한국영화계가 그에게 바라는 점일 것이다.

이러한 독재의 문화정책 중에서도 가장 독소적인 측면은 번문욕례가 아니라 인간의 作의 의식 그 자체를 구속하는 검열의 문제다. 1976년 "공윤"이라는 이름의 공연윤리위원회의 발족은 바로 한국의 문화예술 전반을 썩게 만드는 백해무익의 제도적 장치일 뿐만 아니라 내가 말하는 왕정의 自我의 형태를 벗어나지 못하는 인간들의 과도한 관료주의적 오류의 대명사가 된 것이다. 과연 "공윤의 가위질"이란 말이 이 사회에서 얼마나 혐오스러운 의미를 가지고 있는지를 모르는 사람이 있는가? 그럼 이에 대한 해답은 무엇인가? 나의 대답이 항상 그러하듯이 대답은 간결하다. 공윤은 폐지되어야 하는 것이다. 왜 공윤이 폐지되어야 하는가? 그래도 규제세력이 있어야 되지 않은가? 무식한 소리 고만해라! 공윤의 존속은 대한민국 공민의 공권의 침해다! 윤리적으로 규제되어야 한다고 상정되는 모든 예술작품은 몇 관료의 판단에 의하여 심의되어 사전에 처리될 수 있는 것이 아니다. 그것은 반드시 사후에 법정에서 자기변호의 기회를 얻음으로써 판례라는 사회윤리 형성과정 속에서 판별되어야 하는 것이다. 행정적으로 묵살되어야 할 성질의 것이 아니라 사법적으로 여론화되어야 할 성질의 것이다. 그래야만 민주사회의 자생적 윤리를 축적해 나갈 수 있으며 건전한 상식이 作의 규범으로서 정착될 수 있는 것이다. 양심을 선언해야 할 사람은 내가 아니다. 양심을 선언해야 할 사람들은 바로 공윤의 사람들이며, 바로 법조계의 사람들이다. 공윤의 사람들이야말로 하루속히 공윤폐지운동에 발벗고 나서 딴 밥벌이를 찾는 용기를 보여줘야 할 것이다. 법조계의 사람들이여! 그대들이 해야 할 당연한 권리도 찾지 못하고 이 사회의 사람들이 누려야 할 당연한 권리도 찾아주지 못하면서도 무슨 까만 까운만 입고 앉아 폼잡으시는가?

우리가 말하고자 하는 "영상시대"는 바로 이러한 독재정권의 문화말살 정책의 압제하에서 영화진흥 아닌 영화퇴망의 기로에서 이념적으로나 경제적으로나 자기생존의 길을 모색하지 않으면 안되었던 영화인의 몸부림이 빚어 놓은 70년대의 우리 역사의 특수성의 한 단면이다.

보통 영상시대의 대표적 인물로서 우리는 이장호, 김호선(金鎬善), 하길종 3人을 꼽는다. 외면적으로 영상시대를 개막시킨 사람은 본의아니게 이장호감독이 되었지만, 그러한 새로운 조류를 탄생시킨 자극과 도전을 지속적으로 제공한 인물로서 우리는 河吉鍾이란 좀 독특한 인물을 꼽지 않을 수 없다. 우선 여기서 내가 쓰는 영상시대란 말은 협의에 있어서는 1977년 7월 20일 계간지로 창간되었다가 요절한 『映像時代』란 잡지(발행인은 邊仁植, 편집장은 李長鎬)의 구체적 지향성과 관련을 갖는 것이기도 하지만, 광의에 있어서는 7·80년대의 한국영화계의 돌출된 표피적 현상일반을 지칭하는 것임으로 너무 개념적 규정에 신경을 쓰지 말아주기 바란다(현재 활약하고 있는 사람이야기를 하자니깐 걸치적거리는 것이 많다. 그러나 오해는 말어 달라. 나의 방편적 개념설정이니까. 모든 책임은 필자 자신에게 있다).[17]

---

[17] 영상시대에 관한 분석을 위하여 내가 만난 사람들은 다음과 같다. 우선 영화계의 유일한 민간 월간지인 『월간 스크린』의 편집부차장 이연호(李涓好) 양의 정리된 정보와 섬세한 감각은 나에게 가장 큰 도움이 되었다. 한국 영화를 바라보고 있는 20대 젊은 세대의 참신한 시각의 일면을 맛 본 수 있었으며 역시 나이 빅은 세대보다 그 견해가 전체적으로 탁월하다는 데에 한국역사의 낙관성을 예측할 수 있었다. 그리고 영상시대의 장본인 중의 한 사람인 김호선 감독과의 대화도 나에게 많은 구체적 정보를 제공해 주었으며 내가 이글을 작성하기로 결심케되기까지 충심의 격려를 아끼지 않았다. 그리고 누구보다도 이장호 감독과의 십여 차에 걸친 대화는 나로 하여금 한국영화 전반에 대한 인식을 새롭게 만들었다. 이감독은 내가 묻는 모든 것에 대하여 솔직했으며, 내가 파고드는 문제의 핵심을 잘 파악하여 주었기 때문에 훌륭한 대화가 이루어질 수 있었다. 나는 사

단도직입적으로 명쾌하게 나의 개인적 그리고 주관적 입장을 밝히자면 나는 하길종이란 인물을 그리 긍정적으로 평가하지 않는다. 그가 역사적으로 달성한 많은 긍정적 업적을 차치하고, 그가 지성인을 자부하는 한에 있어서는 같은 지성인의 입장에서의 평가는 냉

실 이장호 감독을 東京에서 처음 만났다. 나는 東京大學에 학술강연 초청받아 갔다가 우연한 길에 하명중 감독의 권고로 第二回 東京國際映畵祭에 참석할 기회가 있었다. 이장호 감독은『나그네는 길에서 쉬지 않는다』(1987)로 본선에 진출했고, 결국 국제영화 비평가연맹상 1위를 받았다. 10월 1일(목) 밤, 이장호 감독은 아카사카 東急호텔에서 자신의 영화를 세계영화인들에게 알리기 위한 축하파티를 열었다. 나는 그 파티에 참석했고 그곳에서 이장호 감독을 최초로 만났다. 이감독은『와이 스토리』에서 내 책『여자란 무엇인가』를 나의 허가도 없이 천박한 장면에 써 먹은 것에 대하여 사과한다는 말로써 인사를 대신했다. 나는 이감독을 보는 순간 매사에 능동적이고 진취적이며 또 소탈하고 결단력 있는 인품의 소유자라는 것을 직감할 수 있었다. 매우 짧은 순간이었지만 매우 농축된 기의 교감이 이루어진 순간이었다. 그는 그의 삶의 어느 시점보다도 "철학"을 요구하고 있었고, 나는 또 나의 삶의 어느 시점보다도 "영화"에 대한 구체적 관심을 키우고 있었으니까――. 귀국하여 우리는 몇 번 만났다. 그리고 나는 영화감독들이 완전히 비공식적으로 오손도손 둘러앉아 한국영화의 미래에 대해 잡담이 아닌 진지한 대화를 나눌 필요가 있다고 역설했다. 그리고 그러한 모임이 가능하다면 나는 대화를 조직적으로 끌어가기 위한 사회를 진행해 줄 용의가 있음을 밝혔다. 이감독은 나의 손을 꼭 붙잡고 당장 이번 주말에 성사시키자고 제의했다. 이렇게하여 제1회 영화인 심포지움이 1987년 10월 17·18일 양이틀에 걸쳐 수유리 아카데미하우스에서 열리게 된 것이다.
주제는 "세계영화제에 있어서의 한국영화의 현실과 전망"으로 잡고 6개의 제목의 발표가 있었다. 이를 소개하면 다음과 같다.
　이장호 : 동경영화제에서 느낀 우리 영화의 문제점
　임권택·(이두용) : 해외에서 느낀 나의 영화
　(하명중) :『뺑벌』과『태』를 둘러싼 국제적 인식의 문제
　(배창호) : 한국영화와 미국 유럽의 영화
　장길수·신승수 : 처음 경험한 해외 영화제
　김용옥 : 우리의 영화는 과연 어떤 모습이 되어야 할 것인가？
너무도 알찼던 이틀, 18일(일) 오후 컬컬한 전골이라도 먹고 싶은 양으로 수유리를 나오는 우리의 가슴은 뿌듯했다. 무엇인가 영혼이 해맑아진 느낌이었다. 우리는 너무도 많은 이야기를 주고 받았다. 이날의 이 해후가 없었더라면 물론 여기 이 "序說"은 탄생되지 않았을 것이다. 그리고 그러한 모임을 가능케 만든 사람은 전적으로 이장호 감독이다. 이러한 대화를 하지 않으면 안되겠다고 생각한 것은 영화인들 자신이 자신의 한계상황을 극복하려는 의지의 투영이다. 다시 말해서 이 "序說"은 "내"가 쓴 것이지만 바로 이 "序說"을 쓰게 만든 것은 영화계에서 꾸준히 몸부림쳐 온 사람들의 자신의 한계를 극복해 보려는 의지의 투영이며, 곧 이 시점에 있어서의 한국문화 전반에 걸친 투쟁의 연대감이다.
　마지막으로 임권택 감독, 하명중 감독의 여러 차례에 걸친 사적 대화에서 얻은 정보도 이 글을 쓰는 데 많은 도움이 되었음을 밝힌다.

혹할 수밖에 없기 때문이다. 그는 "6·3세대"의 대부분이 겪는 비운이 그러하지만 한마디로 "서뿌른 엘리트"였다. 이것은 곧 그가 4·19세대를 뒤잇는 6·3세대라는 점, 그가 바로 그 세대에 있어서 서라벌 예대나 그 문전도 못간 녀석들이 끼웃거리는 비천한 영화계의 인물들을 우습게 볼 수밖에 없었던 동숭동 개울건너의 기라성같은 빠쩌를 단 서울문리대 출신의 자격있는 지성인이었다는 점, 그리고 해외유학이라면 도장이 한말 필요하다는 하늘에 별따기보다 어려운 시대에 해외유학의 길에 올라 미국에서 정규적 과정을 제대로 거친 (그래봐야 석사학위 하나지만 그래도 그당시 영화계 수준으로서는 대단한 것이었다. 이런 등등의 문제는 나의 "유학망국론,"『루어투어 시앙쯔』, 윗 대목, 187~192쪽을 참조할 것) 당대의 자부심 있는 엘리트였다는 점, 또 명확한 사회의식을 가지고 있는 이상추구형의 정의파 인물이었다는 점, 또 글을 쓰라거나 구라를 좀 피우라면 아예 골머리를 앓는 영화연예계에 있어서 그래도 문재를 갖추고 사회적으로 영향을 행사할 수 있었던 재인이었다는 점 등등이 그의 실존적·시대적 특수성을 고려하는데 있어서 간과될 수 없는 것이다. 이상은 지고하고 안목은 높고 욕심은 많은데 그것 자체가 현실에 수용될 수 없는 모순점을 안은 것이거나 혹은 사회자체를 변혁시키기에는 너무도 힘이 미약한 것이거나 혹은 자기 자신에 내재하는 괴리와 갈등을 버티어낼 수 있는 지구력이 약하거나, 어떤 구체적 방법론에 중대한 결함을 포함하고 있거나, 혹은 노력으로만 이루어질 수 없는 재주가 천부적으로 결여되어 있거나 하는 한마디로 7·80년대 우리 시대가 가지고 있던 시대적 아픔을 철저히 자기 삶속에 구현하고 결국 타협과 좌절속에 굴욕감과 자조감에 쓰러져간 시대적 반항아였다. 하명중은 말한다.

　　형이 쓰러지는 순간 나는 형의 얼굴을 보고 이미 그의 혼을 되돌이칼 수 없다는 것을 직감할 수 있었읍니다. 그의 얼굴에는 너무도 평온한 신적 안이감이 감돌고 있었으니까요. 너희잡놈들 아웅다웅해봐라. 실컷 자랄해 보란 말이다. 나는 간다. 나는 간다. 이제 삶의 모순과 갈등에 더 이상 시달리고 싶지 않다. 나는 간다. 나는 간다. 내 이상이 살아있는 저 어둠 속으로……

유현목감독이 미국무성 초청으로 미국여행을 했을 때(미국무성은 매년 종속국가의 "촌놈"들을 불러다 미국 공짜구경시켜 주고 미국에 대해서 겁먹게 만드는 프로그램을 잘 운영하고 있다. 우리나라의 대부분의 "위대한" 사람[촌놈]들이 이 프로그램에 선발되는 것을 자랑스럽게 여긴다) 당시 UCLA에서 영화예술에 대해 열기를 토하고 있던 한 청년을 만났다. 이 청년이 귀국하여 영화를 만들겠다고 했을 때 유현목감독은 자기가 데리고 있던 조감독 김호선을 그 청년에게 조감독으로 붙여 주었다. 이론만 머리에 가득하고 실전의 감각이 결여된 이 청년은 당시 홍콩에서 배우생활을 하고 귀국하여 인기를 모으기 시작하고 있었던 동생 배우 하명중과 함께 영화를 제작한다. 『花粉』(1972)! 이 영화는 결코 주목을 받거나 흥행을 받은 영화가 아니었음에도 불구하고 어떤 의미에서 7·80년대의 한국영화의 흐름을 결정한 영화사적으로는 매우 중요한 의미를 지니는 충격적인 작품이다. 이것은 이효석 원작을 하길종감독 자신이 각색한 영화인데 우선 표절 시비에 걸려 있는 작품이다.

푸른집 속에 사는 온갖 독재적 성격을 소유한 부르죠아 영화사 사장 현마(남궁원 분)! 우선 이 "푸른집의 독재자"라는 이미지가 무엇을 상징하고 있는지는 누구든지 쉽게 알아차릴 수 있다. 영화에 출연시키기 위해 데려온 동성연애의 청년 단주(하명중 분), 단주는 사장 현마의 집 식모, 현마의 부인 세란, 그리고 현마의 처제 미란을 차례로 범한다. 현마의 영화사는 부도가 난다. 채권자들의 아우성, 퇴색한 정원과 푸른집, 외로운 독재자 현마! 70년대의 유신체제 속에 암울해져만 가는 한국사회의 암울상을 매우 어둡게 그리고 있지만 이 영화는 영화적으로는 실패한 영화였다.

이 영화는 우선 이태리의 네오리알리스트의 거장 휄리니, 데시카, 비스콘티, 안토니오니 등의 바톤을 이어 네오리알리즘의 주제를 풍부한 영상적 기법 위에서 전개시킨 빠졸리니(Pier Paolo Pasolini, 1922~)의 『테오레마』(Teorema, 1968)의 많은 부분을 표절

했다는 지적을 받았다. 『테오레마』는 리얼리즘의 주제를 성적—맑시즘적 알레고리로 표현한 작품이다. 그리고 하길종 자신이 『테오레마』의 기법을 상당히 모방했다고 자인하고 있음으로 표절시비는 그것으로 끝난다. 그러나 이 작품의 중요성은 독재의 압제가 날로 심해지고 있는 한국의 현실적 상황 속에서 그에 대한 한 예술가의 반항을 영상적 상징성으로 교묘하게 표현했다는 데 있고 이러한 표현은 안일한 타성으로만 흘러가고 있었던 한국영화계에 새로운 방향성, 즉 예술의 사회성이라는 새로운 의식을 불러일으키는 계기를 마련했다는 점에서 60년초의 유현목이 가지고 있었던 작가의식의 70년대적 표출이라고 평가할 수 있을 것이다. 하길종은 같은 해 화천공사의 『守節』을 감독했다. 그리고 이러한 70년대초의 하감독의 정신은 바로 80년대초의 이장호감독의 사회성 작품으로 연결되어 만개(滿開)된다고 보아야 할 것이다.

그런데 사실 이장호의 출현은 한국영화계의 돌연변이었다. 이장호는 64년에 고등학교를 졸업했는데, 서울고등학교를 나왔으니까 하여튼 머리가 좋은 사람이다(나보다 일년 선배인데 그당시 내가 다닌 보성보다는 훨씬 수준높은 수재들이 서울고등학교를 다녔다. 경기 다음에는 서울이었으니까 하여튼 최고 수준이다). 그런데 공부를 잘 안했는지 큰 뜻이 있었는지 홍익대학 건축미술과를 들어갔다. 그런데 뜻이 있어 영화계와 관련이 있던 아버지의 연줄로 해서 대학교 1학년 때 쌍까풀수술을 하고 미남자가 되어 신상옥감독한테 찾아갔다. 그런데 배우선발에는 미끄러지고 소도구와 의상심부름하는 시타가 되었다. 그때부터 착실하게 쌓아올린 영화실력이니까 사실 이장호는 죽일놈 살릴놈해도 밑바닥에서부터 한국영화사와 운명을 같이 한 그 세대에서는 보기드문 경륜을 쌓은 인물이다.

후학을 키워주기를 두려워하는 신상옥에게 반기를 들고 튀쳐나와 당대의 인기 신문소설가 최인호와 고등학교 동창이라는 관계로 영화판권을 따낸 후, 비장한 결심 속에서 얼떨결에 크랭크인! 감독으로 명함을 내민 작품이 『별들의 고향』! 이 작품이 46만 5천명이라는 당시까지로서는 최고의 관객을 동원했다는 사실은 이미 앞에서 말했다.

74년의 『별들의 고향』은 그 자체가 어떤 격조높은 예술성을 과시한다든가 자극깊은 사회성을 제시하는 작품이 아니다. 이 영화가 가지는 최대의 의미는 한국의 사회계층의 구조적 변화의 단면을 잘 반영한다는데 있다. 6·3 한일회담 이후 한국경제는 국제무역시장의 종속적 관계 속으로 본격적으로 맞물려들어가기 시작했다. 그러한 경제를 뒷받침하기 위한 저임금의 확보를 위하여 독재는 강화되었으나 70년대에 들어서선 그러한 정치적 후진성의 독재구조 속에서도 한국경제는 미·일 관계에서 떨어지는 부스러기들을 착실히 축적해 나갔다. 이러한 경제적 변화는 새로운 미국문화(서구문화도 아님), 혹은 일본의 필타를 여과해서 들어오는 서양 짬뽕아류문화들이 한국인의 삶의 모습을 지배하게 만들었다. 햄버거, 통기타, 디스코! 이 정도만 해도 독자들의 감은 탁 올 것이다. 60년대에는 전혀 생소한 말들이었으니까.

다시 말해서 『별들의 고향』은 한국영화사에선 서양문화에 즉흥적으로 감응하는 젊은 세대의 말초적 언어들을 영상적으로 제시한 최초의 작품이다. 최인호가 인기소설을 쓰듯이 이장호는 새로운 감각으로 영화를 만들었던 것이다. 이러한 『별들의 고향』의 힛트는 영화를 만드는 자세, 영상을 처리하는 스피드 감각이라든가 언어감각에 새로운 시각을 요구하게 만들었다. 그리고 이러한 새로운 영상에 대한 요구는 영화작가들에게 우리나라 영화의 관객층이 이미 요순시대에서 벗어나 구조적 전환을 일으키고 있다는 것을 새롭게 인식시켰다.

영화관객층의 구조적 전환, 그리고 영상개념의 변화와 발맞추어 새롭게 리얼리즘을 재현해 보려는 노력은 하길종이 던진 자극과 더불어 새로운 물줄기를 형성해 간다. 이러한 물줄기의 기선을 제압한 사람은 하길종이 아닌 바로 그의 친구 김호선이었다.
김호선은 서라벌예대, 중앙대에서 영화학을 공부하며 유현목감독

밑에서 꾸준히 성장한 인물로 시대적 흐름에 민감하고 영화적 감각이 발달된 지성파 감독이다. 그는 조선작(趙善作) 원작의 『영자의 전성시대』(75)를 만들어 37만의 흥행을 기록했다. 창녀의 사랑 이야기를 소재로 한 이 영화는 강한 시대성과 사회성을 반영한 작품으로서 의식있는 영화학도들 사이에서는 반드시 거론이 되는 작품이다. 그리고 그 다음해 동일계열의 리얼리즘의 작품인 『여자들만 사는 거리』(76)로써 계속 흥행하는데 성공하였다(15만).

이러한 조류에 발맞추어 하길종감독은 나도 질까보냐? 하고 방향전환을 시도하면서 『별들의 고향』의 기법과 김호선의 작품이 나타내고 있는 사회성(물론 하길종감독 자신의 의식세계에 기반을 둔 것이지만)의 말초성을 짬뽕하여 『바보들의 행진』(76)을 만들었다. 『바보들의 행진』은 관객동원도 14만에 그쳤을 뿐이지만 그 작품은 당대의 젊은 대학생들에게 새 바람을 일으켰다.

나는 귀국 직후(1982) 그동안 굶었던 한국영화를 개관(槪觀)해야겠다고 생각했기 때문에 문제작이라고 추천되는 『바보들의 행진』을 보았다. 나는 이 작품을 이 작품이 탄생된 역사적 맥락에 대한 감이 없이 바라보았을 때 도대체 하길종이라 인물, 그리고 최인호라는 작가가 얼마나 얼빠진 사람들인가 하고 개탄만 했을 뿐이었다. 내 눈에 비친 이 작품은 60년대의 감각으로 다져진 내 눈에도 한없이 치졸하고 또 치졸한 작품에 불과했다(나의 이러한 평가에 하명중 감독은 화를 낸다. 그러나 하명중감독은 자기 형의 세계에 대한 처절한 반성이 없이는 훌륭한 감독으로 성장할 수 없다는 것을 나는 확언한다. 하명중 감독은 너무 하길종이란 신화에 매달려 있다. 『胎』라는 작품이 완전실패작으로 끝난 이유도 그러한 문제와 관련이 있다).

그러나 『바보들의 행진』이란 치졸한 작품이 지니는 역사적 의의는 『별들의 고향』이 영화관객을 젊게 만들었다면 『바보들의 행진』은 관객층을 영에이지 중에서도 대학생으로 전환시켰다는 데에 있다. 대학생을 주인공으로 다루었고 캠퍼스를 무대로 이용했고 대학생의 언어를 사용했다. 그러나 여기서 다루어진 대학생의 언어란,

최인호란 인기작가의 한계가 그러하듯이, 유신 초기에 나타난 얄팍한 반항의식, 다시 말해서 80년대 전후로 심화되는 "의식화" 현상 이전의 천박한 언어로 점철된 것이었으며, 이 사회가 가지고 있는 구조적 죄악에 대한 의식이 결여되어 있을 뿐아니라 영상으로 표현해준 것이라곤 장발단속에 반항하면서 도망가는 것 등 불만에 사로잡힌 대학생들의 말초신경을 건드려 준 것 뿐이다.

나의 이러한 평가가 너무 가혹하다고 말하는 사람도 있겠지만 하길종 자신이 고매한 이상과 사회적 비젼을 소유한 엘리트 지성인임을 자부한 이상, 그에 대한 평가는 "시굴창"에서부터 커나온 감독들에 대한 평가보다 더 가혹할 수밖에 없는 것이다. 왜냐하면 우리는 그를 더 대접해 줘야 하기 때문에, 왜냐하면 우리는 그러한 지성인의 모습 속에서 더 많은 것을 반성하고 배워야 하기 때문에——(이것은 전혜린과 같은 검토 안된 신화가 깨져야 한다는 반성론이 사계에서 대두되고 있는 것과 같은 맥락에서 이해되어야 한다. 이것은 모두 내가 말하는 "유학망국시대"의 천박한 센치멘탈리즘이 빚어놓은 유산들일 뿐이다. 우리민족의 참된 주체의 회복을 위하여 사감에서가 아닌 사회적 발언임을 이해해 달라. 그리고 이러한 비판은 나 자신도 항상 후학에 의하여 비판될 수 있다는 반성을 전제로 한다).

하길종이 『바보들의 행진』을 만들었다는 것, 그것이 그의 작품중에선 그래도 가장 흥행에 성공한 작품이지만, 그 사실자체가 곧 하길종의 몰락과 타협과 타락을 의미한다. 즉 『화분』에서 보였던 그의 사회성·이상성·지성성의 굴복을 의미하는 것이다. 하길종의 가장 거대한 비극은 소화안된 지식과 또 그가 매우 영화재능이 부족한 인간이라는데 있다. 다시 말해서 그의 포풀라한 영화행각은 결국 자기가 우습게 알았던 인물들의 뒷꽁무니 따라다닌 결과밖에 되지 못한다. 이장호의 『별들의 고향』의 힛트를 보고 그는 한국영화의 시대적 전환을 민감하게 파악한 것이다. 그러나 그러한 새로운 시대를 리드할 수 있는 지성적 역량이나 예술적 재능의 축적이 없이 그 시대를 타협하고 따라가다가 결국 자기 이율배반적 모습의 자조 속에 죽어갔다. 그러나 우리가 그에게서 마지막으로 평가해 줘야 할 점은 과음폭음의 자기 과장적 허세 속에 자기를 잊어보려고 안깐힘을 쓰면서까지 끝까지 고민할 줄 알았다는 점이다. 양심 조차 메말라버린 인간들보다는 정말 우리의 사랑을 받아야 하는 인물인지도 모른다. 영웅주의의 부담 속에서 죽어갔든지 시대의 고민에 징직했기 때문에 죽어갔든지간에——.

우리는 하길종 삶의 고뇌의 역정을 바라보면서 영상시대의 문제와 더불어 반드시 고찰해야할 중요한 한 테마를 발견한다. 그것은 "최인호 利弊論"이라는 것이다. 영상시대를 창출한 것이 외관상으로 보면 몇몇 영화감독의 도화술(道化術)처럼 보이지만 실제로 영상시대를 창조하고 끈질기게 지배한 제왕은 최인호라는 소설가다. 한국영화예술(영상시대)이 벗어나야 할 그 무엇을 오늘날까지도 강인하게 끌어잡아당기고 있는 힘, 그 최인호라는 힘의 정체는 과연 무엇인가? 아무리 한 인간의 힘이 탁월하다 할지라도 80년 전후에서 오늘에 이르기까지 한 작가의 작품이 20여편이나 영화화되었고 또 그 작품들이 대부분 힛트를 쳤다는 이 기이한 현상을 우리는 과연 어떻게 설명해야 할 것인가? 인간의 저력은 무한한 것이다. 그러므로 단시간 내에 백 편의 작품이 나올 수도 있고 또 그것이 다 위대할 수도 있다. 그러나 최인호의 작품들을 보면서 아연실색하지 않을 수 없는 것은 어쩌면 그렇게도 똑같고 똑같은 스토리 똑같고 똑같은 냄새를 가지고 계속 울겨먹으면서도 똑같이 재미를 창출하는가? 그 기발한 재치와 재주에 관한 것이다. 최인호의 『별들의 고향』은 이장호를 뻥 튀겨 놓았고, 최인호의 『바보들의 행진』은 하길종을 뻥 튀겨 놓았고, 최인호의 『고래사냥』은 배창호를 뻥 튀겨 놓았다. 하길종이란 위대한 프라이드를 가진 엘리트는 이장호가 튀겨 먹고 남은 찌꺼기를 가지고 다시 튀겨 먹어 『속 별들의 고향』(78)을 만들었고(역시 최인호 작) 먼저 튀겨 먹은 『바보들의 행진』을 다시 튀겨 『병태와 영자』(1979, 역시 최인호 작으로 『바보들의 행진』의 속편임)를 만들고 껄껄 자조의 웃음 속에서 뇌출혈로 쓰러져갔다.

『고래사냥』에서 재미본 배창호도 또 『속 고래사냥』을 튀겨 먹고 스럼프길에 들어갔다. 곽지균이란 신인감독은 『고래사냥』의 재탕격인 『겨울나그네』를 튀겨 먹고 일약 유명한 감독이 되는 듯했다. 도대체 이게 무슨 짓이냐? 아니 하길종 그 하길종이 『병태와 영자』를 만들어? 그게 도대체 영화냐? 예술이냐? 지성이냐?

이렇게 무지막지하게 한국의 문화계를 휩쓴 최인호의 재주는 과연 최인호라는 탁월한 감각의 소유자인 그 기의 유기체 속에 내재하는 것만으로 설명이 가능할 것인가? 나는 그렇게 생각하지 않는다. 적당히 심각하면서 적당히 얄팍한, 적당히 끌어올리면서 적당히 타락시키는 그의 중간자적 적당성은 7·80년대 한국사회의 정치·경제·문화 일반의 극심한 독재체제가 체계적으로 유지시켜 준 중간성이지, 그것이 곧 그 시대의 문화수준을 반영하는 것은 아니다. 그 시대의 한국문학계로 말한다 하더라도 최인호보다 우리의 심금을 울리는 작가와 작품은 많은 것이다. 그렇지만 최인호를 능가하는 어떤 세계도 영상검열이나 작가정신의 속박감의 장벽을 꿰뚫기가 힘든 그러한 시대에서 최인호의 인기는 탄생될 수밖에 없었던 것이다.

영화계는 독재의 마수의 타격을 가장 심하게 입는 분야 중의 하나다. 출판계(문학·사상 등)만 하더라도 작품이 완성되기까지 사전검열이 없다. 일단 출판이 완성된 후에 可否를 판정받을 뿐이며, 만약 그 판정이 否로 날 경우에도(납본필증이 떨어지지 않는다 라고 말한다) 그 작품은 암시장을 통하여 널리 유통·유포될 수 있다. 그러나 영화검열은 완전히 스토리가 다르다. 영화를 만들기 전에 즉 카메라를 드리대기 이전에 이미 대본의 검열을 받아야 하며, 설사 영화를 무리하게 만든다하더라도 공윤에서 否판정이 난 후에는 그것을 상연할 길이 없다. 우리나라에는 극장암시장이 없는 것이다(일본·유럽만해도 심지어 공산권에도 극장암시장이 있다는 사실과 대조하면 우리나라가 얼마나 일사불란하게 경직된 사회인지 잘 알 수 있을 것이다).

물론 이러한 나의 논의에 분개를 느끼실 최인호선생님에 대한 나의 개인적 사과는 또 개인적으로 하기로 하더라도 하여튼 우리

사회의 독재의 마수가 우리의 정신계를 얼마나 황폐시켰는가 하는 것에 대한 반성은 누구보다도 머리 좋으신 최인호선생님께서 잘 아실 것이다(최인호 작품이 가지는 긍정적 측면, 그리고 그의 영화와 관련되지 않은 순수문학에 있어서의 그의 작가적 역량을 나는 결코 평가절하하지 않는다). 그동안 영화계로서 만져볼 수 있는 극상품(極上品)이 최인호였던 것이다. 최인호만한 작가도 없었던 것이다. 최인호는 계속 잘 팔렸던 것이다. 그러나 그 덕분에 한국의 영화계(문화계)는 적당히 재미보고 적당히 타락할 수 있었다. 역시 최인호는 "난놈"이요 역시 고마운 존재였던 것이다.

이장호는 대마초사건(연예계를 누르면서 사회에 겁을 주려는 정치적 사건)으로 절망 속에 침몰해 가고 하길종은 어영부영 타협 속에 자기를 상실해 가고 있을 때 한국영화계에 하나의 이변이 터진다. 1977년 김호선감독의 『겨울여자』의 출현이다. 당시의 인기작가 조해일(趙海一) 원작, 김승옥(金承鈺) 각색의 이 작품은 단군 이래 영화로서 최대의 관객을 동원하는 기록을 수립했을 뿐만 아니라(58만의 관객기록은 오늘날까지도 갱신하지 못하고 있다) 당시 사회에 많은 윤리적 논란을 불러일으켰다. 그리고 장미희를 일약 대스타로 만들었다(장미희는 76년 朴太遠 감독의 『성춘향전』에서 이덕화의 배역으로 데뷰했으나 전혀 주목받지 못한 무명의 스타였다). 나는 이 영화를 귀국한 후에(83) 변두리에 찾아가서 봤는데 역시 잘된 영화라는 느낌을 받지 않았다. 그러나 이 영화가 그다지도 엄청난 사회적 반향을 일으켰다는 것은 역으로 우리 사회의 당시의 모랄구조가 얼마나 경직되어 있었으며 당시의 정서가 얼마나 고갈되어 있었는가를 반증한다.

김호선의 이전의 작품이 창녀와 같은 하층민 여성의 삶의 세계를 그렸다면 이 작품이 다루고 있는 여주인공은 매우 유복한 정상적 집안에서 자라난 정상적 윤리구조를 가지고 있는 여인이다. 그러나 이 여자의 성장과정에서 변모하는 윤리구조, 특히 성모랄에 대한 능동적 대처방식의 자각은 그 여자를 당시의 사회에서 존재할 수 없는 여자로 변신시킨다.

비록 우리 자신의 작품은 아니지만 1987년도 한국영화의 가장 탁월한 문제작이라고 내가 판단하는 보봐르(Simone de Beauvoir, 1908~1987) 원작의 『위기의 女子』(고은정 각색, 정지영 감독)와 『겨울女子』를 비교해 보면 『겨울女子』의 성격이 완연히 드러난다. 위기의 여자와 겨울여자는 정반대의 여인상을 비춘다. 위기의 여자는 남자와 가정에게 모든 것을 바쳤고 그것을 떠나서는 살 수 없는 여인이다. 그러나 겨울여자는 가정을 거부하며 남자와 자기삶의 방식을 능동적으로 선택한다. 위기의 여자는 전통적 성모랄의 구조에 속박되어 있으나 겨울여자는 그러한 전통구조의 하등의 속박이 없는 여자로 변신되어 있다. 위기의 여자는 우리 주변에 너무도 흔해빠진 모든 고상한 여인들이지만, 겨울여자는 우리 주변에서 쉽게 발견할 수 있는 그런 여자가 아니다. 위기의 여자는 리얼한데 겨울여자는 픽셔날하다. 그럼 『겨울여자』는 시대를 앞지른 작품이고, 『위기의 여자』는 시대에 뒤진 작품인가?

여기서 우리가 정확히 알아야 할 것은 겨울여자는 남자가 그린 여자이고, 위기의 여자는 여자가 그린 여자라는 것이다. 다시 말해서 겨울여자는 많은 남자가 그래 주기를 바라는 여자모랄의 픽션이고, 위기의 여자는 많은 보통여자에게 여자이기 때문에 감수해야만 했던 많은 문제에 대한 자성을 촉구하는 새로운 철학의 픽션이다. 여기 우리는 또 다시 『겨울여자』에서, 그것이 제기한 문제성 또 그리고 그만큼 우리 사회의 성윤리가 실제적으로 변모해 갈 수밖에 없는 구조적 갈등을 표출한 것이라 할지라도, 철학(의식)의 빈곤이라는 우리 영화계의 고질현상이 명확히 드러나고 있는 것을 발견한다. 『위기의 女子』는 그 주제가 어디까지나 여자의 의식세계 내면을 파고 들 뿐이며, 어떠한 외재적 사건으로 그 주제를 적당히 해결하려고 들지 않는다. 그리고 남자의 입장아닌 여자의 입장에서 철저히 밑바닥까지 문제를 심화시킨다. 절망 속으로 위기의 여자는 계속 빠져들 뿐이다. 그러나 구원은 끝까지 그 위기의 여자 자신의 결단에 달려 있다. 이것이 바로 보봐르의 실존주의적 훼미니스트매세지다.

우리나라 40대 전후의 여자들, 참으로 많은 여자들이 대한극장을
메웠고 우리나라같이 남편이 바람을 잘 피는 나라에서 신성일이가
대변해 준 남자의 이기성에 부화가 치밀었을 것이고, 또 모종의 불
안감에 사로잡혔을 것이다. 그러나 대한극장을 나오면서 어딘가 그
작품에서 석연치 않은 느낌을 받았을 것이다. 그리고 그 석연치 않
음을 무엇인가 말로 설명할 길이 없었을 것이다. 바로 이 문제는
내가 『여자란 무엇인가』의 제2권에서 다룰 주제에 속한다. 사실
브봐르가 『위기의 여자』에서 실존적 주제를 일관되게 인간, 특히
여자의 의식 속에서 추구한 철저한 작가정신은 높게 평가해야 하지
만 보봐르가 말하고 있는 메세지를 철학적으로 분석해 보면 매우 중
대한 결함이 숨겨져 있는 것을 발견한다. 바로 이 점이 한국의 불안
한 중년부인들을 더 불안하게 만드는 그 작품의 요소이지만 이 문제
는 인간의 가정제도(family system)와 결혼제도(marriage system)
를 어떻게 바라보느냐 하는 인류사적 전체적 시각과 관련되는 것임
으로 여기서 나는 이 문제를 상술할 수 없다. 단지 나는 윤정희의
소화된 연기력에 찬사를 보내고 싶었다는 것, 그리고 고은정의 각
색(대화의 자연스러움)이 돋보였다는 것만 언급해 두고자 한다. 그
러고 역시 『위기의 女子』는 우리의 삶을 배경으로 한 감정의 세계
가 아니었고 『겨울여자』는 어찌되었든 우리의 세계에서 우러나온
것이기에 흥행성이 높을 수밖에 없었다는 것만 언급해 둔다.

70년대가 저물면서 영상의 시대도 막을 내린다. 이장호는 대마초
로 물러들어갔고 하길종은 『병태와 영자』로 불귀의 객이 되었고 김
호선은 너무 피크로 올라가는 바람에 스럼프에 빠지고 말았다. 그
후 한국영화계는 어지러운 춘추전국시대로 돌입하지만 80년대에 가
장 눈부신 두 走者는 이장호와 배창호다!
　우선 이장호는 대마초사건으로 감독자격이 박탈된 4년동안(1979년
12월 중순에 해제) 절망의 축적 속에서 새로운 사회의식이 심화된 영
상의 상징성을 가지고 재기에 성공, 『바람불어 좋은 날』(최일남 원
작, 1981)을 기원으로 80년대 흐름의 기선을 제압하였다.

나는 1945년 해방둥이다. ……도시의 중류가정에서 평범하고 안이하게 키워져 고통없이 성장해 왔으므로 평화롭고 건강하고 자유분방한 세대였다. 때문에 올바른 사관도 갖추지도 못했고 올바른 역사 속에서 나의 좌표를 찾지도 못했던 내가 『별들의 고향』『어제 내린 비』『너 또한 별이 되어』『그래 그래 오늘은 안녕』 등의 팝송 같은 영화를 만들 수 있었던 것은 지극히 당연했다. 그러나 지난 4년 동안 중병을 앓듯 자신의 안일과 무지로 시달려 왔으므로 이젠 나의 세대와 우리 시대가 태연히 담 너머 풍경으로만 펼쳐보이지 않았다.[18]

이장호는 멜로드라마적 감각파에서 의식있는 사회파로 변신하여 다시 등장했다. 이러한 등장의 배면에는 우리 사회의 아픔, 80년 5·18광주사태라는 우리 민족사의 최대비극을 계기로 보다 강렬하게 의식화된 청년문화의 변화가 깔려 있다는 역사적 사실을 고려하지 않을 수 없을 것이다. 그뒤로 이장호는 의식화된 대학생의 우상으로 부상되었고 연이어 나온 그의 작품, 『일송정 푸른 숲은』『어둠의 자식들』『낮은 데로 임하소서』『과부춤』『바보선언』 등은 강렬한 사회고발계열의 수작들이다. 이로써 이장호는 단연코 한국영화계의 단일 우상이 되었으며 하길종감독이 『화분』에서 시도했다가 한번도 그 뜻을 펴보지 못했던 한을 다 풀었다.

그러던 중 이러한 이장호의 독주에 제동을 걸기 시작한 새로운 시대정신이 등장하는데 그는 바로 다름아닌 이장호의 아들 배창호 (裵昶浩, 1953~)다. 배창호는 여러 면에서 이장호의 영향을 받고 있으면서도 이장호와 다르다. 이장호는 역시 경험의 체계가 전통적 고전시대와 새문화시대를 연결하는 중간자적 포괄성을 가지고 있으면서도 어디까지나 고전시대와의 연계성이 강하게 남아 있는데 반하여 배창호는 완전히 새로운 국제문화시대 속에서 새로운 감각을 가지고 성장한 영에이지 감독이다. 배창호는 82년에 『꼬방동네 사람들』(이동철 원작)로 데뷔하여 최인호와 손잡고 『적도의 꽃』을 또 만들었다. 그 뒤로 그가 만든 『고래사냥』(84) 『깊고 푸른 밤』(85)과

18) 이장호, 『바보처럼 나그네처럼』(서울 : 산하, 1987), 122~123쪽.

은 모두 우리에게 널리 알려진 작품임으로 재론의 여지가 없다. 그의 『깊고 푸른 밤』은 명보극장에서 50만의 관객을 동원함으로써 자기의 선생인 이장호의 『별들의 고향』의 기록을 깨어버렸다.

배창호는 단 한마디로 표현하면 "영화를 잘 만든다." 우리가 앞서부터 계속 논의한 영상시대의 "미국화 경향"을 이야기한다년 그는 한국영화의 미국화 경향의 극치에 서 있는 인물이다. 그의 영화 『깊고 푸른 밤』은 도저히 한국영화라고 할 수 없는, 소위 한국영화의 유치한 냄새가 쑥 빠진 매우 말끔한 작품이다. 한폭의 재미있는 표준형 미국영화를 보고 있는 느낌이다. 나는 배창호를 직접 만난 적이라곤 없지만 그에게 깊은 애정을 가지고 있다. 배창호의 영상세계가 가지는 부정적 측면, 내가 미국화 경향의 극치라고 표현한 그 성향의 부정적 측면을 고려한다 할지라도 어차피 우리 사회의 물질적·정신적 조건이 상당히 미국화되어 있는 것이 사실적 상황이라면, 미국영화가 가지는 강점을 우리 영화는 반드시 흡수하고 극복해야만 한다는 점에서 배창호의 영상세계는 한국영화사에 누구도 던지지 못한 새로운 도전을 던졌다.

그러나 배창호의 비극은 처음부터 그의 등장이 영상시대의 퇴물인 최인호와의 결합이라는 데에 있다. 다시 말해서 영화를 잘 만드는(아직은 대부분의 젊은 감독들이 말도 안되는 유치한 영화들을 만들고 있는 것을 고려할 때 배창호는 탁월하게 잘 만든다) 감각만 살아있고, 그 자신의 독자적 이념세계를 형성하지 못한 작가로서의 출발이라는데 문제가 있는 것이다. 이러한 그의 정신세계의 미숙함과 철학의 빈곤은 그 자신의 오리지날 씨나리오로 만든 『기쁜 우리 젊은날』(87)을 보면 쉽게 알아차릴 수 있다. 이 작품은 새로운 영상의 기법우 엿보인다 하더라도 『영자의 건성시대』『별늘의 고향』『고래사냥』등등을 짬뽕하여 만든 것같은 인상을 풍긴다. 즉 기존의 경험의 세계 속에서 뱅뱅 맴돌고 있는 것이 완연히 드러난다. 이러한 그의 미숙함은 그가 좀 심각한 체 해볼려고 흉내냈을 때는 좀 봐주기 과로운 완전한 참패로 드러난다. 우리는 그의 『황진이』에서 최인호의 한계와 함께 그의 함락을 체험한다. 『황진이』는 도대체 왜 만든 영화인질 알 수가 없다. 도대체 작가가 무엇을 말할려고 하든 지간에, 그것이 얼마나 승화된 상징성을 지니든지간에 관객을 졸립게만 만들 뿐 그 의미가 관객에게 전혀 전달되지 않는다. 역시 배창호는 한국영화계를 주름잡기에는 너무 어린 것이다. 너무 바탕이 무르다. 그리고 그의 비극은 또 다시 최인호에게 가고 있다는 것이다. 곧 상연을 앞두고 있는 『안녕하세요 하나님』도 결국 기존의 한계를 벗어나지 못하는 『고래사냥』류의 재탕에 불과한 것으로 평가되고 있다. 의식의 심화가 좀 엿보이긴 한다고 하지만——. 속단을 내리기에는 너무도 아까운 인재, 여태까지의 어떠한 한국영화보다도 국제수준에서 떨어지지 않는 깔끔한 영상을 보여준 배창호! 나는 그 배창호가 좀더 시간을 두고 인간과 우주를 배울 수 있기를 희망한다. 이것은 한 철학도가 영향력 있을 수 있는 후배에게 줄 수 있는 충심의 제언이다.

　이장호는 흥행은 잘 안되지만 해야할 말을 하고 있을 때 그의 제자는 할 말보다는 흥행이 잘되며 영화로서의 완성도가 높은 작품을 내어놓았다. 이에 이장호는 바로 하길종이 그의 후배 이장호나 친구 김호선 때문에 변신해야만 했던 것과 똑같은 변신을 시도한다. 그런데 이장호의 변신은 묘하게도 에로티시즘의 옷을 입고 나타난 것이다. 『무릎과 무릎사이』(85), 『어우동』(86)이 바로 그것이다. 이로써 이장호는 흥행감독으로서 새 시대의 주자가 되었고 그러한 성향은 『외인구단』에서 피크로 올랐다. 이로써 이장호는 사회파 감독으로서의 의식화된 시대양심의 존경을 모두 저버리고 그러한 흥행성의 트랙을 열심히 달리게 되었다. 최근의 『와이 스토리』(87) 쯤에 오게 되면 이장호의 권위의 실추는 이만저만한 것이 아니다. 그리고 이러한 흥행성의 작품위주로 말한다면 이장호는 배창호의 구성력과 완성도를 오히려 못미치는 면이 있다. 배창호는 카메라를 들이대기 전에 치밀하게 생각하는 스타일인데 반하여 이장호는 카메라를 들이대면서 생각하는 직감적 행동파이기 때문에 배창호의 개념적·이지적 판단력을 따라가기 힘들기 때문이다.

　그러나 나는 이러한 이장호의 변신을 나무라지 않는다. 오히려 이장호의 새로운 저력으로 평가한다. 왜냐하면 그러한 변신은 그 방향의 문제점은 비판되어야 한다 할지라도, 그러한 변신을 유발시키지 않으면 아니될 필연적 요소가 이미 그의 사회성을 강하게 나타낸 리알리즘 작품 속에 내재하고 있었기 때문이다. 어둠의 자식들의 리알리티는 이런 것이다. 그래! 그것을 리알하게 그렸다. 그래! 그래서 그것이 어쨌다는 거냐? 나쁜 놈을 나쁜 놈이라고 말할 수 없을 때 나쁜 놈이라고 말하는 것은 용기를 필요로 한다. 그래서 우리는 그를 존경한다. 그리고 또 나쁜 놈을 나쁜 놈으로 볼 수 없게 되어 있는 사회 속에선 그러한 용기는 나쁜 놈을 나쁜 놈으로 쳐다보게 만드는 계발적 기능을 가진다. 그래서 우리는 그를 존경한다. 그러나 나쁜 놈이 나쁜 놈이라는 것을 알아버리고 또 얼마든지 나쁜 놈이라고 말할 수 있는 사회, 그러면서 나쁜 놈이 여전히 버티고 앉아 있는 사회에서는 나쁜 놈을 나쁜 놈이라고 말하는 것만으로는 아무런 의미가 없다. 푸른 개와집 속에 앉아 있는 사람(문자 그대로의 문학적 비유임. 순수논리적 비유는 특정인을 대상으로 하지 않는다)이 나쁜 놈이다. 그래 그것은 이제 세상이 다 안다. 그래 이제 어쩌겠다는 거냐?

　이러한 리알리즘의 한계는 바로 여태까지 한몫 톡톡히 보았던 모든 사회주의계열 예술작품의 한계며, 지금 민주화라는 새로운 개방의 교묘한 압제 속으로 전환하는 복합성의 시대에 놓여 있는 모든 의식활동의 한계인 것이다. 바로 이것은 해금도서의 비극과 일치하는 것이다. 99%의 금서가 해금되자마자 불행한 처지를 당하게 된다. ㄱ 책을 못읽게 힌다는 상황에서만 의미를 가졌던 책이 그 상황이 없어짐으로써 아무런 생명을 못갖는 휴지쪽이 되어버리는 것이다. 독재라는 압제 속에서만 밥먹고 살 수 있었던 많은 위대한 투사들의 비극, 그들이 가지고 있는 가공스러운 비인간적 경직성을 가지고 있지 않은 작가들을 우리는 더 사랑하고 키워줘야 할 것이다. 그리고 진정으로 우리가 고민해야 할 것이 무엇이며 우리가 건설해야 할 사회는 어떠한 사회며 우리는 과연 어떠한 인간이 되어야 하는가를 더욱 깊게 반성해야 할 것이다. 예술은 폭력 그 자체는 아니다. 그리고 또 기존의 폭력에 대한 항거만으로 예술의 생명이 있는 것도 아니다. 예술은 그러한 모든 폭력을 흡수하며 인간와 삶이 나아가야할 비젼을 제시한다. 그리고 그러한 비젼의 제시는 인간의 행동을 변화시킨다. 그러나 인간의 행동에 변화를 주는 폭과 방향의 강력성과 정확성은 인간존재의 다면적 요구를 얼마나 깊게 다각적으로 조명할 수 있느냐에 의존하는 것이다.

마지막으로 80년대 한국영화사의 주요 경향성의 하나는 해외영화파의 출연이다. 한국영화를 권위있는 해외영화제로 진출시키는데 개척자적 공헌을 한 사람으로 우리는 스피드 감각이 빠른 액션영화의 장인 이두용(李斗鏞)감독을 꼽지 않을 수 없다. 그의 작품『피막』은 우리나라 전통을 소재로 죽음과 삶의 중간지대를 추리극 스타일로 재치있게 그려낸 수작으로 1981년 43회 베니스영화제의 비경쟁부분에서 호평을 받았다. 그러나 그의 해외수출용 두번째 작품『물레야 물레야』(84)는 정말 유치하기 짝이 없는 영화가 되고 말았다. 나는 명보극장에서 이 영화를 보고 필름이 아깝다고 생각했다(그래도 이 영화는 84년 시카고영화제 최우수 촬영상을 받았다). 카메라 잡(camera job)만 좋을 뿐 그 선택된 주제와 스토리의 전개는 정말 진부하고 유치하기가 짝이 없었다. 도대체 외국사람한테 보이기 위하여 국내 관객에겐 아무렇게나 사기치는 그따위 영화는 다시 만들어질 이유가 없는 것이다.

다음에 해외영화파로 주목받기 시작한 사람은 인기배우 출신의 하명중감독이었다. 그의 영화『뗑볕』(85)은 주제의 일관성, 스토리의 사실적 전개, 그리고 아름다운 영상처리, 그리고 사회의식의 깊이에 있어서 국제수준에 손색이 없는 명화다. 그리고『뗑볕』은 85년 베르린영화제 본선에 진출함으로써 한국영화예술의 저력을 과시했다. 나는 지금도 『땡볕』이 『씨받이』보다도 여러 면에서 더 훌륭한 영화라고 생각한다. 그러나 『땡볕』이 가지고 있는 가장 큰 문제점은 과장된 연기, 그리고 무엇인가 어색하고 억지스러운 작가의식의 표출이다. 이러한 『땡볕』에 내재하고 있는 경향성은 그의 두번째 작품 『胎』(86)에서 완전히 부정적으로 노출된다. 작가가 무엇을 말하려고 하고 있는지, 작가가 영상에 담은 상징성의 의미가 무엇인지 거의 전달이 되지 않는다. 그리고 모든 세팅 자체가 인위적이며 현실성이 없다. 그리고 과도하게 단순한 이데올로기(종속이론의 유치한 틀)의 논리의 장단에 작가의식이 춤추고 있다. 그래서 모든 스토리의 전개자체가 필연성이 결여되며 따라서 감동이 없다. 사실 나는 이 작품을 보고 난 직후 하명중감독에게 다각적으로 혹심한 평을 해주었지만 하감독은 나의 평의 깊은 의미를 이해할려고 하는 것같지 않았다. 지금도 과연 그가 얼마나 『胎』라는 작품의 실수를 본질적으로 파악하고 있는지에 대한 확신은 가지고 있질 못하다. 그러나 하명중감독은 내가 만난 어떤 감독보다도 진지하며 감성적 센스가 발달해 있으며 자기 고집이 있다. 그리고 일찍이 다져온 국제적 감각은 어느 누구보다도 탁월할 것이다. 한국영화의 도약을 위하여 그의 건투를 비는 마음뿐이다.

　해외영화파의 마지막 인물로서 그리고 지금 이순간 원고지 521매에 달하는 기나긴 나의 한국영화논의의 종착지로서 우리는 또 다시 임권택에 도달한다. 그리고 『씨받이』라는 **"제 3 의 기둥"**에 도달한다. 한국영화에 대한 나의 기나긴 오딧세이가 끝나가는 지금, 이제서야 나는 1987년 10월 21일 밤 영동 세브란스병원에서 이장호감독에게 던진 "영상시대의 처리"란 말의 의미의 전모를 독자들에게 드러낼 수 있게 된 것이다. 영상시대는 이제 제 3 의 기둥으로 처리되었다. 이제 우리가 해야 할 일은 무엇인가? 그것은 이제 제 4 의 기둥을 세우는 일이다. 이제 제 4 의 기둥을 세우기 위한 노력의 일환으로 우리가 지금까지 논의해 온 한국영화계의 문제점을 간단히 정리함으로써 이 서설을 일단락지으려 한다.

지금 과연 우리 자신이 해야 할 일은 무엇이며, 우리가 요구해야 할 일은 무엇인가? 이것은 한국영화인 자신의 내면적 문제와 그를 둘러싼 외면적 문제로 이분하여 논의할 수 있다. 이를 간단하게 도식화하면 다음과 같다.

제 4 기둥을 위한 한국영화의 문제			
내적 문제		외적 문제	
1. 감독의 작가의식의 불철저성	2. 써나리오의 빈곤	3. 공연윤리위원회(관)의 폐지	4. 사회압력단체(민)의 비리종식
철학과 영상의 융합		영화인의 대사회투쟁의 연대	

첫째, 감독의 작가의식의 문제는 여태까지 본 서설에서 다각적으로 검토된 문제임으로 재론은 회피하고자 한다. 그러나 한국영화의 가장 큰 난제는 어떠한 경우에도 작가의식의 문제라는 것을 재차 강조해 두고자 하며, 또 이러한 문제도 지금 제작자유화가 되면서 이론과 실기가 조화되어 있는 젊은 감독들이 속출하고 있는 태세임으로 점차 해결되어가리라고 보지만 결코 쉬운 문제는 아니라는 것이다. 휴매니티 전반에 걸친 깊은 통찰을 갖는다는 문제는 영화 그 자체를 공부하는 것만으로는 영원히 해결될 수 없기 때문이다. 그리고 이러한 문제는 특수한 과제가 아니라 당연히 있어야 할 것이 결여되어 온 매우 초보적인 문화수준의 문제라는 점을 재인식시켜 두고자 한다. 그리고 이러한 문제와 관련하여 언급하지 않을 수 없는 문제는 감독의 작가의식을 키워줄 수 있는 의식있는 영화평론가의 부재다. 평론가라는 사람(한국의 실정은 대부분 기자 내지 기자출신)들이 엉뚱한 칭찬, 아니면 헛다리 짚는 비난만 하고 앉아 있기 때문에 감독들은 평론가들에게 두드려 맞으면서도 그들을 우습게 알

고 있을 뿐이다. 가슴에 절리는 말이 없기 때문이며, 대부분 상업주의와 결탁되어 있는 말 뿐이기 때문이다. 이러한 문제에 대한 제도적 개방과 비평의 다양화가 이루어져야 할 것이다.

둘째, 씨나리오의 빈곤문제는 현실적으로 매우 심각한 문제다. 당장 물량적으로도 좋은 씨나리오 손에 만지기가 하늘에 별따기보다 어렵다는 희귀현상의 현황이 일반지식사회에 널리 인식될 필요가 있다. 제아무리 콘티를 잘 짜는 도사라 할지라도 일차적으로 씨나리오가 빈곤하면 작품은 빈곤한 작품이 될 수밖에 없는 것이다. 현재 한국 씨나리오의 가장 큰 문제는 "골빈당들의 대화"다. 다시 말해서 대화라는 인간의 기의 교류태의 발출이 움직이고 있는 관객의 감정의 폭이 너무 협소하다는 것이다. 대화가 휘몰아가고 있는 느낌의 폭이 매우 천박한 표피적 상태에 머물러 있다는 것이다. 따라서 관객에게 아무런 "뭉클함"이 전달되지 않는다. 이러한 "뭉클함"은 결국 작가의 마음의 "뭉클함"이다. 뭉클함이 없는 작가의 말장난으로는 깊은 울음과 웃음이 발생하지 않는다. 다음으로 한국씨나리오 작가들의 냄새와 색깔문제다. 즉 한 작가에서는 무엇을 소재로 써도 같은 냄새와 같은 색깔만 난다는 역량의 한계, 다시 말해서 본질적 퍼스펙티브의 다양한 전환이 결여되어 있다는 비극이 지적되어야 할 것이다. 다시 말해서 인습에서 벗어나 과감한 새로운 시도를 해보는 용기와 실력의 부족이다. 그렇게도 그저같은 작품들, 정말 부끄러워 내놓을 수 없는 작품들은 용기있게 시도하면서 왜 좀 고차원적인 작품의 이색적 시도는 이루어지지 않는가? 안타깝기만 하다. 한국은 인류문명의 쓰레기통이다(한국문명의 "인류문명 쓰레기통론"은 나의 기철학적 역사철학의 주요개념 중의 하나임). 아마 이렇게도 소재가 풍부한 나라(사회)는 유례를 찾기 힘들 것이다. 인류문명사의 모든 가능성이 배태되어 있는 이 삼천리 금수강산! 이 강산에서 무슨 영화인들 못만들랴!

씨나리오 빈곤의 문제의 해결을 위하여 우리는 좀더 넓은 안목에서 작가 개발을 할 필요가 있다. 맨 제한된 빤한 사람들의 테두리에서만 맴돌지 말고 좀더 폭넓은 대화를 상호간에 시도해야 할 것이다. 나같은 전혀 문외한도 개발의 소지는 있지 않았는가? 제2 제3의 김용옥은 얼마든지 숨어 있지 않겠는가? 씨나리오 작가의 개발을 위하여 자기 스튜디오에다 대학졸업자나 앉혀놓고 수동적으로 훈련시켜 키운다는 발상은 좀 위험하다. 그런 식으로 "작가"는 키워지지 않는다. 인생과 사회에 대하여 포괄적 통찰력과 넓고 깊은 안목을 가질려면 젊었을 때는 뽑아내는 것보다는 집어넣는 것이 많아야 한다. 공부 안하는 작가는 無用한 것이다. 중후한 인물을 크게 키워야 할 것이다.

그리고 지금 가장 필요한 것은 감독과 작가와의 대화(컴뮤니케이션)이다. 감독 혼자서 꿍얼대거나 작가 혼자서 꿍얼대지 말고 예술품의 창출을 위하여 끊임없는 대화를 해야 한다. 우리나라의 인간관계는 잡담만 있고 대화가 없다. 만나선 전공얘기하면 나쁜 놈이고 음담패설 잘하면 좋은 놈이다. 이런 흔한 병폐에서 벗어나 감독과 작가가 진정으로 대화하며 작품을 같이 공동으로 "해석"해 나가는 "이해"정신에 투철할 줄 아는 것을 서로 배워야 한다. 우리나라 사람들의 남의 의견듣기 무서워하고 혼자 꾸물럭거리는 습성은 정말 무서운 질병이다. 그래도 미국교육이 나에게 준 것이 하나 있다면 대화하는 자세를 가르쳐 준 것이다.

마지막으로 씨나리오 전문작가들의 보수가 현실적으로 유명한 소설가들의 보수보다 적다(소설가들은 원작료와 각색료를 이중으로 받는데 씨나리오 작가들의 보수는 그에 비하면 형편없다)는 현황도 제도적으로 개선해 나가야 할 것이다.

셋째, 공윤의 폐지의 당위성과 정당성에 대하여서는 이미 앞에서 충분히 검토한 것이지만, 그것이 폐지되어야만 하는 가장 본질적 이유는 그것의 "자의성"(arbitrariness)에 있다는 것을 기철학적으로 논증하고자 한다.

공윤의 문제에 들어가기 전에 우리는 영화계를 이중·삼중·사중·오중으로 묶고 있는 온갖 법률적 구속에 대해 일반국민들의 새로운 인식을 촉구한다. 영화법이 있는가하면 영화법 시행령이 있고,

또 영화법 시행규칙이 있고, 또 매년 대통령 연두교서의 눈치를 보고 작성되어 매년초에 영화사에 전달되는 영화시책이 있고 행정준거들이 있다. 영화를 만드는 사람들은 매년 이런 눈치를 보고 만들어 통과될 것인가 아닌가 규정에 맞을까 안맞을까를 걱정하며 사탕발림 작전을 짜야만 한다. 한국의 공무행정자들은 참 위대한 사람들이다. 예술가의 대가리 속을 이렇게도 여권도 없이 마음대로 들락날락 할 수 있는 위세와 위풍을 지니고 있으니 말이다. 모든 법은 결국 법을 없애기 위해서 존재하는 것이다. 영화법은 영화법을 없애기 위해서 존재하는 것이다. 다시 말해서 영화법은 영화법이 없어도 통하는 자율적 영화사회의 모랄을 함양시키는 범위에서만 최소한으로 설정되어야 하는 방편일 뿐이다. 『禮記』「樂記」에는 다음과 같은 말이 있다. "大樂必易, 大禮必簡!" 이 말을 풀면 다음과 같다. "예술은 쉬울수록 위대한 것이고 법률이란 간단할수록 좋은 것이다."

앞서 말한 "자의성"을 철학적으로 논구하기에 앞서 간단한 "자의성"의 예를 하나 들어보자! 내가 하바드대학에 다니고 있을 때 잘 갔던 캠브릿지 하바드스퀘어(Harvard Square)에 있는 싸구려 극장 하바드스퀘어씨어터에서 본 영화로 『미드나이트 카우보이』(*Midnight Cowboy*)란 아카데미상을 탔던 명화가 있다. 그런데 이 영화는 70년대 한국에 수입된 적이 있다. 그런데 당시 우리나라에서 제일 높으신 분인 박정희대통령께옵서는 카우보이 서부영화를 무척 사랑하셨다. 그래서 박정희대통령께옵서는 이 영화의 제목만 보고 재미 있는 카우보이 영화일꺼라고 판단하셔서 청와대에서 가족들과 御覽을 하시기에 이르렀다. 그런데 이 영화는 실상 카우보이소재와는 무관한 어느 텍사스촌놈이 뉴욕에 빼스타고 무작정 상경하여 올라와서 뉴욕에서 겪는 생활을 그리면서 풍요로운 미국사회가 가지고 있는 암면을 풍자적으로 그린 영화다. 이 텍사스카우보이 촌놈은 뉴욕에 올라와서 창남이 되고 온갖 마약·범죄에 휘말린다. 지만도련님·근혜·근영공주님 앞에서 섹쓰·마약·범죄장면을 보게 되신 대통령께옵서는 그 다음날로 영화상영을 중지시켰다. 극장에서는 이유없이 간판이 내려진다. 이런 것을 소위 "자의성"이라고 부르는 것이다. 우리나라의 예술은 대통령마마께옵서 카우보이면 오케이고 카우보이가 아니면 노우라고 말씀하시는데 따라 막이 올라가고 내려가는 그런 자의적인 것이다.

내 말에 속이 좀 켕겨 들어오기 시작하시는 높으신 위풍당당하신 분들은 다음과 같이 점잔을 빼실 것이다. 아니 난 대통령이 아닌데 내가 무슨 통뼈라구 막을 올리구 내리구 그래? 난 쫄짜라구, 난 눈치보고 눈치봐주는 사람이라구. 그래서 짤랐어. 난 법대로 할 뿐야. 난 위원회의 만장일치의 가결을 따를 뿐이라구. 쎙사람 잡지 말아요. 이거 명예훼손죄로 고소할꺼야. 야이 새끼야 니가 철학자면 다냐 이 새끼야! 자! 흥분을 가라앉히시고 내 말을 들어보시요!

『어우동』이란 영화는 결코 성을 주제로 한 영화가 아니다. 그 영화는 어우동이란 『성종실록』상에 나타나는 성문란죄로 처형된 어느 여인의 삶을 통하여 조선조 사회초기의 사회변천에 따른 사회구조의 변화가 인간의 성모랄구조에까지 변화를 주고 있다는 사실, 그리고 그러한 변화에 적응커나 반항하는 인간의 모습을 통하여 오늘 우리 사회가 가지고 있는 모랄구조의 문제점을 파헤치고 있는 영화다(작가의 그 시대의 구조적 파악에는 문제가 있다손 치더라도). 그리고 공윤은 이 영화가 뭐 정치적 색채가 없었다고 판단했는지 방영을 허락했다. 그런데 이 영화가 단성사에서 막이 오른 후에 어떤 쪼다 새끼들이 공윤에 항의를 한 모양이다. 이따위 문란한 섹쓰영화를 공공연히 방영시킬 수 있느냐고──. 이에 공윤은 이런 항의가 있을 때마다 영사실에 와서 삭뚝삭뚝 짤랐다. 자기들이 허락해 놓고 아무 이유없이 영사기가 돌아가고 있는 판에 계속 야금야금 삭뚝삭뚝 짜른다. 그래서 점점 관객은 짧아진 영화를 보게 된다. 거~ 간결해서 좋다! 이런 것을 우리는 철학적으로 "자의성"이라고 부르는 것이다.

그럼 공연윤리위원회의 영화심의기준 중에서 성관계 조항을 한번

들여다 보자.

    (1) 결혼의 신성함과 가정생활의 순결을 법할 우려가 있는 성의 묘사
       는 주의하여 판단한다.
    (2) 성범죄를 정당화할 우려가 있는 표현은 주의하여 판단한다.
        가. 능욕·윤간 등이 심한 폭력으로 묘사되어 부녀자의 인권침
           해로 간주되는 것.
        나. 매춘을 정당화하여 표현한 것.
        다. 색정도착·변태성욕을 긍정적 또는 노골적으로 묘사한 것.
        라. 혼음행위를 직접 또는 간접으로 묘사한 것.
    (3) 성기·유방 또는 전신을 지나치게 노출시키거나 의상·음향·율
       동 등이 선정적으로 또는 음란하게 묘사됨으로써 성도덕 관념을
       해할 우려가 있는 표현은 주의하여 판단한다.
        가. 알몸을 혐오스럽게 묘사한 것.
        나. 혼욕을 직접으로 묘사한 것.
        다. 남녀의 성기애무를 묘사한 것.
        라. 방뇨 등 배설행위 및 여성생리를 직접 묘사한 것.
    (4) 동물을 대상으로 성적행위를 표현한 것은 주의하여 판단한다.

정말 이외로도 웃기지도 않는 상세한 사항들이 사회정의, 종교,
교육, 제명 및 기타, 연소자관람등의 주제에 걸쳐 규정되고 있다.
그러나 이 웃기는 사항들의 왕중왕격인 "기본원칙"을 잠깐 다시 들
여다 보면,

다음과 같은 사항은 심의의 기본원칙으로서 엄격히 규제토록 한다.
    (1) 헌정질서를 부정·비방하거나 국가의 권위를 손상할 우려가 있는
       내용.
        가. 국가 또는 국기를 잘못 취급했거나 국가원수를 모독하는 것.
        나. 반국가적인 행동을 묘사하여 대중을 선동하는 것.
        다. 공공질서 유지에 해를 줄 정도로 폭동 등을 묘사한 것.
        라. 국가정책으로 허용되지 않는 적성국 관계의 묘사.
    (2) 공서양속의 도덕관을 전도케하여 사회질서를 문란케 할 우려가

있는 내용.

    가. 살인 등 폭력을 정당화했거나 혐오감을 줄 정도로 잔인하게 묘사한 것.

    나. 난륜 또는 패륜 등의 행위를 정당화하여 묘사한 것.

    다. 준법정신을 해이케하거나 사법행위를 부정적으로 묘사한것.

(3) 국제간의 우의를 훼손할 우려가 있는 것.

나는, 이 기철학자 김용옥은 결코 윤리적 아나키스트가 아니다(나의 기철학은 매우 윤리적이다). 그러기 때문에 공윤의 심의기준이 규정하고 있는 모든 웃기는 조항조차에도 나는 웃지 않는다. 그것을 얼마든지 받아들일 수 있다. 그러나 문제는 그러한 조항에 대한 "해석의 자의성"이다. 모든 인간의 해석에는 반드시 해석의 지평(맥락)이 있다. 그것은 나의 "한문해석학"(Classical Chinese Hermeneutics)의 제 1 원리다. 그러나 그 지평의 결정은 반드시 많은 지평들이 개방된 융합(open fusion)에 의하여만 가능한 것이다. 그 지평을 소수의 지평에 의하여 마음대로 결정할 때 우리는 그것을 "자의적"이라고 부른다. 공윤은 법이 아니다. 그것은 결국 몇몇 사람의 자의적 즉 제멋대로의 해석의 지평일 뿐이다. 그러한 자의적 주관성은 청춘남녀의 데이트관계에서나 써 먹을 수 있는 것이다. 만인을 위한 예술의 평가에 써 먹을 수 있는 것이 아니다. 도대체 누가 누구를 심사하겠다는 것인가? 아니 『미드나이트 카우보이』와 같은 영화를 제구미에 안맞는다고 금지시키곤, 『람보』니, 『킬링필드』니, 『엘레니』니 그따위 국민의식을 마비시키는 썩어빠진 선전영화는 대대적으로 방영케 하는 그따위 멘탈리티를 가진 자들은 심의 안받아도 좋은가? 심의받아야 할 자가 심의해야 할 자를 심의하고 있으니 도대체 이것은 무슨 도착증세냐? 이렇게 전도된 가치현상을 불러일으키는 근원을 뭐라고 부르는 줄 아는가? 그것을 우리는 독재라고 부른다. 독재란 무엇인가?

그것은 홀로 독(獨)자에 가위질할 재(裁)다! 우리는 옷감에 가위질하는 것을 재단(裁斷)이라고 부른다. 裁자 속에 옷 의(衣)와 칼

戈(戈)가 들어있는 것을 보면 알 것이다. 정치적 독재자는 제사회를 마음대로 홀로 가위질하는 사람이다. 공윤의 독재자는 제민족의 예술을 마음대로 홀로 가위질하는 사람이다. 공윤은 물러나야 한다. 밀려나기 전에 명예롭게 물러나야 한다. 그리고 우리 예술인들에게 공민권을 회복시켜 주어야 한다. 아가들아! 아르켜 줄께! 독재를 할려면 좀더 교묘하게 하라! 우선 공윤이나 없애놓고──. 이제 한국의 영화인들은 『허튼소리』(86) 가위질에 "영화감독 포기선언"을 하고 돌아서는 김수용감독이 외롭게 떠나가도록 만드는 그러한 맥아리없는 모습을 이 사회에 보여줘서는 안된다. 한솥밥 먹고 큰 사람들이 왜 명백한 사회적 비리에 단결하여 항거하지 못하는가? 그러니 더욱 얕잡아 뵈는 것이 아닌가? 외화수입 쿼터제한 해제도 결국 양코배기 시장개방압력에 의한 수동적 현상에 불과하다. 영화인들 자신의 투쟁에 의한 것이 아니다. 이제 영화인들 자신이 새로운 시민사회의 공민으로서의 자기의식의 변용을 자각적으로 실천해야할 때다. 그리고 대사회 투쟁의 연대를 과시해야 할 때다. 우리는 이제 광대가 아닌 것이다.

네째 문제는 우리 사회의 후진성이 빚어놓은 매우 유치한 현상이며, 리얼리티 그 자체가 하나의 픽션이라는 불교철학적 인식론의 기본을 이해못하는 데서 오는 유치한 착각에 대한 우리 모두의 반성에 관한 것이다. 즉 영화인들을 계속 겁주고 있는 민간단체의 압력이다. 의사의 사회적 비리를 영화화 할려면 의사협회가 들고 일어나 영화촬영을 중단시키고 종교에 관한 비리를 예술적으로 표현한다 하더라도 종교단체가 들고 일어나고, 뻐스차장의 세계를 그릴려니까 운수조합에서 지랄들이고, ……정말 요지경 속이다. 최근 송길한 각본 임권택 감독의 『비구니』(84)의 경우 까까중 여스님들이 영화를 찍지도 않았는데 씨나리오만 보고 연좌데모를 벌려 결국 이틀인가 찍고 그만두게 만든 사건이 있었다. 이것은 한국불교사의 혁혁한 수치로 길이길이 기록될 것이다. 여기 내가 고려대학교 재직시에 교정에서 한 대화가 하나 생각나기에 수록해 둘까 한다. 학기초에 일학년 신입생을 접견하는데 머리 깎고 승복 입은 여학생이

들어왔다.

"중인가？"
"스님입니다."
"어디 사는가？"
"불광동밖 아무절에 있읍니다."
"그 절에는 여자중만 사는가？"
"그 절에는 여자중은 없고 여자 스님만 사웁니다."
"너는 가르침을 받겠다고 자청하여 고대철학과에 입문한 네가
　처음 만난 선생님께 너 자신을 스님이라고 올려야 한다고 네
　비구니선생들 한테 배웠느냐？"
"나의 자존은 나 스스로 높이는 것이라고 배웠읍니다."
"너의 자존과 비하에 집착함이 없는 도인앞에서도 그러한가？"
"……"
"야이 개보지 같은 년아！ 썩 나가거라！"

　절간에 살면서 직접 경험한 일이지만 나는 사실 이 세상에서 우
리나라의 비구니처럼 또 콤프렉스가 많은 인간들을 접해 본 적
이 없다(그렇지 않은 비구니들은 빼놓고). 진리를 터득하기 위해 머리
를 깎았는지, 보지털이나 깎기 위해(비정상적 상황에서 속세를 외면한
다는 뜻의 雅語) 대가리털까지 깎은 인간들인지 도무지 알 수가 없
다. 『비구니』의 내용이 어떠하든지간에 그 시비를 불문하고(불교의
진리는 시비를 초월한다), 그것이 하나의 영상의 장난에 불과하다는
것을 전제할 때, 불교인식론의 정수를 깨달은 사람이라면 『비구니』
가 어떠한 오해를 불러일으킨다 하더라도 佛法과는 관계없는 일이
라는 것쯤은 깨달을 줄 알았어야 했을 것이다. 비폭력적 예술의 표
현의 자유를 종교라는 강한 단체의 힘을 빌어 이렇게 폭력적으로
묵살하는 깡패짓은 정말 민주사회에서 있을 수 없는 일이라는데 일
말의 재고의 여지가 있을 수 있을까？ 이것은 아직도 한국불교(조
계종)가 "정화"라는 무리한 명목하에 대처승과 몽둥이 패싸움을 벌
렸던 깡패불교의 잔존태를 벗어나지 못하고 있다는 산 증거에 불과

하다. 만약 비구니들의 데모가 『비구니』 촬영을 금지시키는게 정의로운 것이라면, 여호아 하나님이 중동사막의 깡패새끼라는 주제하나로 『여자란 무엇인가』라는 수십만에게 감명을 준 책을 쓴 이 사탄 왕마귀 김용옥은 벌써 옛날에 기독교 교도들의 돌맹이에 순교를 당했을 것이다. 봐라! 바티칸은 마피아단과 바티칸이 놀아난 비리를 밝히는 영화도 자신있게 내버려둔다. 자 봐라! 한국의 기독교 목사님들은 자신들이 서 있는 밑바닥을 후려치는 이 김용옥의 저서들을 오히려 그들의 신도들에게 읽히고 있다. 서양비구니로서 애를 낳은 아그네스는 성녀로 승화되고 있다. 도대체 뭐가 어떻게 잘못됐다는 것이냐? 중광이 좆내놓고 다닌다고 뭐가 잘못됐다는 거냐? 그다지도 자신이 없는가? 그렇게? 자신이 없는 사람들이 왜 머리는 깎고 다니는가? 머리 기르고 울긋불긋한 가사만 입으면 그만 아닌가?

  한국영화에 대한 나의 모든 논의는 일단 여기서 끝맺기로 하자! 정말 내가 왜 이렇게 떠들고 있는지 모르겠다. 정말 왜 이렇게 괴로운 글을 써야 하는지 모르겠다. 사실 난 이 글을 기성세대를 위하여 쓰지 않았다. 그리고 난 기성세대에게 기대를 걸지 않는다. 한국영화 아니 예술 아니 문화의 미래를 위하여, 앞으로 미래를 담당해나갈 새 일꾼들을 위하여 미진한 사명을 다해 볼려고 이 글을 썼다. 그리고 나의 논의가 당장 여기서 이해되리라고 생각하지도 않는다. 영화를 좋아하기에 영화를 항상 보고 살기에 거기서 느끼는 소감을 몇 마디 적었을 뿐이다. 난 기다릴 뿐이다. 제 4 의 기둥을.

이젠 정말 내 얘길 할 때가 왔다. 난 사실 이 "序說"을 내가 새로 쓴 씨나리오 『새춘향뎐』의 간략한 해설로 기획한 것이었다. 난 원래 이 씨나리오를 책으로 출판한다는 것은 꿈도 꾸질 않았다. 난 솔직히 씨나리오가 뭔지도 몰랐고 어떻게 쓰는 것인지도 몰랐고 단지 영화감독에게 영화를 만들 수 있는 어떤 "꺼리"를 끄적거려 준다는 기분으로 붓을 옮긴 것이었기 때문에 이러한 초고를 출판한다는 것은 상상도 못할 일이었다. 나는 이 작품을 원래 어떠한 특정인을 위해서 썼다기보다는 나의 행위가 이 사회의 보편적 규범으로 받아지도록 행동하라는 칸트적 정언명령(categorical imperative)에 따라 한국영화계 일반에 어떠한 자극의 계기를 마련하기 위하여 쓴 것이다. 그래서 나는 이 각본을 여러 감독님들에게 읽혀 보았다. 그런데 뜻밖에도 그들 모두의 의견이 나의 원고를 초고의 모습대로 출판하여 그 정보를 이 사회에 공개할 필요가 있다는 주문을 하는 것이었다. 나는 감독님들의 격려에 따라 『새춘향뎐』의 초고를 그대로 출판하려고 출판사 원황철사장과 의논했더니, 초고의 원고매수가 책으로 만들기에는 너무 부족하다는 것(350매), 그리고 내가 여태까지 시도했던 분야가 아니어서 너무 돌연함으로 앞에 작품해설을 한 100매 한도내에서 붙여주면 좋겠다는 부탁을 하는 것이었다. 그런데 100매 가량 쓰기로하고 시작했던 것이 나의 작품의 해설은 고사하고 나의 영화관과 한국영화사에 관한 이야기만으로 이미 단 두 주 동안에 600매의 원고를 소비해 버리고 나니 좀 할 말이 없어진다. 파카잉크 한 병이 또 떨어져서 기분이 좋긴 하지만.

나는 나의 작품이 작품 그 자체로서 이야기되어야 하고 평가되어야 한다고 생각되기 때문에 내가 아무리 구라실력이 좋다고 하더라도 구구한 평어나 해설을 붙일 생각은 없다. 나의 작품이 결과적으로 성공했는지의 여부는 독자의 판단에 맡기기로 하고 이 작품을 쓰게된 경위와 이 작품에서 내가 의도하고자 했던 것, 그리고 이 작품을 지배하고 있는 나의 이론체계, 그리고 뒤에 깔린 고사 몇 마디로 간략히 이 序說의 마지막을 장식하려고 한다.

이 작품을 나로 하여금 쓰게 만든 가장 직접적인 사람은 항상 영화다운 영화를 만들고 싶어하는 하명중 감독이지만 하감독과 나 사이에 더 근원적인 계기를 마련해 준 인물로는 해남 시내의 개와집에서 소복 입고 조용히 살고 있는 지하(芝河라고도 쓰고 풀을 밑으로 내려서 之荷라고도 쓴다)를 들 수 있다.

"몸극론"이란 나의 독특한 기철학적 연극론을 서술한 책 『아름다움과 추함』(통나무, 1987)을 읽은 독자들은 이미 전통적으로 판소리의 형태로 전해져 내려오고 있는 『춘향전』에 대한 나의 각별한 관심을 이미 잘 이해하고 있을 것이다. 사실 나의 각본 『새춘향뎐』은 『아름다움과 추함』에서 내가 서술한 나의 미학이론 일반에 대한 이해가 없이 이해되기에는 어려움이 많다. 나는 올해 초봄 3월 22일 지리산 기슭에서 『아름다움과 추함』을 탈고할 때 이미 『새춘향뎐』에 대한 대강의 구상을 끝내 놓고 있었다. 그때 손진책씨와 나는 합심해서 극단미추를 탄생시켰고 나는 연극운동에 관심이 컸다. 손진책씨는 내가 담당해야 할 분야는 연극대본이며, 쓰기만 하면 한국문화에 큰 공헌을 할 수 있으리라는 과분한 헛바람을 계속 불어넣어 주었다. 내가 이 철학밖엔 모르던 내가 극작가가 된다! 나는 때마침 중국문학을 하는 아내 덕분에 중국의 20세기 최대의 극작가인 라오서(老舍, 원명 舒慶春, 1899~1966)의 일생과 작품에 대한 해설을 쓰면서 동양의 연극과 연극대본에 대한 상식이 풍부해졌던 탓으로 사실 드라마 대본을 쓰고 싶은 충동에 모종의 야망을 불태우고 있었다. 그러나 나는 내심 한편, "야~ 야~ 웃기지맘마! 니가 드라마를 써~ 야야 하늘이 임마 통곡하겠다" 하고 막연한 자조에 잠기는가 하면 구체적인 작업으로서 나의 철학적 논리적 개념적 산문적 사고를 짤막한 대화의 형식이라는 느낌의 체계로 전환시키는 데는 본격적인 작업을 할 수 있는 시간의 공간이 필요하다고 느끼고 있었다. 그래서 나는 욕심은 나지만 엄두를 내질 못했다.

그러다가 내가 『새춘향뎐』의 결정적 플로트의 구상을 얻은 것은 3월 29일 화순군 도암면 대초리에 있는 운주사를 악서고회 회원들과 같이 다녀오던 그날 그 차간에서였다.[19] 그때 독일 칼스루헤 음대의 작곡가 볼프강 림(Wolfgang Rihm) 밑에서 작곡공부를 하고 돌아온 이병욱씨는 나에게 『새춘향뎐』을 오페라로 작곡하겠으니 오페라대본으로 써달라고 간청하는 것이었다. 그때 사실 나는 음악에 미쳐 있었기 때문에 오페라 대본의 가능성에 대해 어느 정도 자신이 있었다. "씁시다. 그래 한번 써 봅시다." 나는 그 뒤로 『춘향전』에 관한 모든 자료를 수집했고, 나와 평소 교분이 깊던 최승희씨와 김명환선생이 창하고 북친 것을 녹음한 테이프를 계속 들어가며 감을 잡으려고 노력했다. 그때 나는 지리산에 머물면서 상당한 부분을 오페라 대본으로 만들었으나 급작스레 상경하면서 그 계획도 중단되고 말았다. 그리고 난 4·13조치를 반대하여 "왕정이냐? 민주냐?"를 발표하고 장기 단식투쟁에 들어가게 되었고, 그뒤로 나의 삶은 정치적 소용돌이 속에 같이 휘말려 들어가면서 과연 우리 역사를 어떻게 보아야 할 것인가 하는데 대한 인류사적 거시적 고민에 지쳐 예술적 흥취를 차분히 가다듬을 수 있는 기회를 얻을 수 없었다. 그리고 나는 6월 민주혁명의 의미가 나의 기철학적 역사철학의 매우 중요한 핵심부분을 차지한다고 판단했기 때문에 6월혁명과 관계되는 많은 사람들의 實地的 견해를 분석해야

---

19) 악서고회는 80년대 한국예술운동사에서 중요한 위치를 차지할 한 특수모임이었지만 1987년 9월 12일 토요모임을 마지막으로 해체되었다. 그동안 한국국악계의 많은 문제들이 새롭게 토론되었고, 또 국악과 관계된 인접 예술·학술분야의 교류가 활발히 시도되었다. 회원 모두가 이 모임에 열성을 다했으나 그 모임이 지녔던 시대적 사명이 다되었다고 판단했기 때문에 그동안 이 모임에서 얻은 성과를 토대로 보다 적극적 활동을 각기 벌리기로 하고 발전적으로 해체시켰다. 이 모임에 참가했던 사람들, 그리고 관심을 가져 주었던 모든 사람들에게 이 자리를 빌어 감사의 뜻을 표한다.

악서고회에 관하여 사회화된 기록으로는 조선일보 문화부 朴善二 기자가 쓴 "公演예술의 길 열린 토론 2泊 3日"이라는 제목의 박스기사가 있다. 『조선일보』1987년 2월 14일(토) 제 7 면 기사를 참고. 그리고 악서고회의 최근의 음악활동을 구체적으로 소개한 기사는 강은수가 쓴 "이병욱의 運舟寺——우리 모두를 위한 노래마당," 『월간음악』(서울 : 월간음악, 1987년 10월호), 160~170쪽이 있다. 내가 지은 詩를 이병욱이 가곡으로 작곡하고 이병욱의 기타와 김해숙의 가야금으로 연주한 내용이 실려 있다. 악보가 실려 있음으로 관심있는 사람에게는 좋은 참고가 될 것이다.

만 했고, 또 그들 학생·노동자·노동운동가·기업인·학자·정치인·언론인들과 수없는 대화를 하며 분주한 나날을 보냈다. 그러면서도 나는 『새춘향뎐』에 대한 미련을 버리지 못한 채 원래의 오페라 대본계획은 포기되었어도 나의 구상을 다시 소설이나 드라마 대본으로 써 볼 야심은 끝내 포기할 수 없었다. 그러나 나는 당시 격변하는 역사의 격류 속에서 과연 내가 살고 있는 역사를 어떻게 해석해야 할 것인가 하는 사관의 문제에 고심하면서 그러한 나의 고심을 체계화된 역사철학적 저작으로 구현해보려는 의지에 골몰해 있었기 때문에 딴 여념이 없었다. 1987년! 이것은 단군 이래 우리 민족사에 가장 거대한 전환을 가져다 준 해이기도 하지만 그것은 동시에 나의 사상에 획기적 전환을 가져다 준 해이기도 하다. 이것은 나의 기철학의 생성과 전개가 한민족사의 실천양식과 일치한다는 나의 소신을 방증한다. 그런데 1987년의 나의 사상에 획기적 전환을 준 통찰력의 진원은 나의 "바퀴벌레論"이었다. 이 괴이한 술어는 그것이 함장하고 있는 의미의 면적이 너무도 거대하기 때문에 여기에 서술할 수는 없다. 그러나 그것은 소박하게는 나의 사상에 획기적 준거를 마련해 준 인간과 우주에 대한 전관적 통찰이 어느순간, 지나가는 바퀴벌레를 바라보는 순간, 얻어졌다는 것을 의미한다 (나는 이 "바퀴벌레論"을 앞서 언급한 오오사카의 懷德堂 국제심포지움에서 주제강연의 내용으로 발표하여 참가했던 학자들로부터 고무적인 반응을 얻었다). 나는 이 나의 "바퀴벌레論"에 의하여 새롭게 해석된 인류역사의 틀 속에서 내가 말하는 87년 6월의 한국사, 노태우라는 특정인과 무관한 6월혁명의 사적 의미를 발견하려고 하였던 것이다. 그러나 격류 속에 너무도 어지럽게 휘말려가는 우리 역사의 회전은 나로 하여금 어느 시점에 고정된 문자의 정리를 불가능하게 만들었다. 나의 붓은 지연되고 또 지연될 수밖에 없었다.

나는 김지하를 존경한다. 그는 우리 시대의 모든 아픔의 상징이었고 그는 우리 시대의 모든 용기의 상징이었다. 나는 대학시절에 『思想界』에 실렸다가 우리 민족사의 암면 속에 간직되어져버린 그의 "五賊"을 접했다. 한학에 밝았던 나는 김지하의 "五賊"을 고독한 분노(孤憤) 속에 죽어간 韓非子의 「五蠹」의 20세기 한국적 부활이라고 생각했다(「五蠹」는 "Five Vermins"라고 영역되는데, 이것은 『韓非子』라는 방대한 서물의 第四十九篇의 편명이다. 蠹[두]란 나무에 살면서 나무를 파먹는 벌레인데 이것은 韓非子가 말하는 나라를 갉아 먹는 간악한 다섯 무리를 비유하고 있다. 「五蠹」는 韓非子의 방대한 서물 중에서도 역사적 실존 인물이었던 韓나라 非자신의 가장 확실한 저서로 「孤憤」과 함께 꼽히는 가장 중요한 篇이다. 非는 五蠹로서 學者, 言談者, 帶劍者, 患御者, 商工之民을 들고 있다. 患御者는 近御者이며 권력의 중심부에 가까운 사람들의 뜻이다).

나는 東京에 살면서 그의 "蜚語"를 읽었고, 나는 그의 "비어"를 우리 시대의 가장 위대한 詩라고 생각했다. 그리고 나는 일본에서 발간된 『金芝河全集』(東京 : 漢陽社, 1975)이 나오자마자 달려가 산 첫 독자였다. 나는 그 책의 머리에 실린 옥중양심선언문(그가 1975년 5월에 쓴 것)에 거대한 감명을 받았다. 나는 당시 대학시절부터 절친했던 미국친구 부르스 커밍스(Bruce Cumings, 현 시카고대학 정치학 교수)와 그 선언문에 대하여 다음과 같은 이야기를 주고 받았다 : "아마도 이 옥중서한은 금세기 인류사에 있어서 감옥에서 쓰여진 어느 양심범의 글보다도 심오하고 감동적인 문장일 것이다." 나는 하바드대학에 머무르는 동안에도 만나는 사람들마다 열심히 나의 김지하론을 피력했고, 유학생들을 모아 놓고 시낭독회를 하기도 했다. 당시 김지하에 관한 모든 것에 "禁"자가 붙어 있었기 때문에 나는 나의 『金芝河全集』을 누런 장판지로 싸서 책꽂이 한구석에 몰래 끼워놓고 있었고, 많은 캠브릿지의 유학생들이 그 책을 돌려 읽었던 것을 기억할 것이다. 나의 의식의 한구석에는 좁쌀만한 깜빵의 공간 속으로 좁혀 들어오는 어둠 속에서 꺼져가는 영혼의 불을 밝히려고 눈을 치켜부릅뜨고 달음박질하고 있는 지하의 모습이 장학금을 책상머리에 포개놓고 대붕익 천리를 주유하며 고매한 개념의 벽을 뚫고 있는 나의 실존에 강렬한 죄의식을 던져주면서 육박해 들어왔기 때문이었다. 芝河! 芝河! 그 얼마나 내가 살을 에는 듯한 대서양의 찬바람 속에서 네이한트 비치(Nahant Beach)의 암울한 암공을 향해 외쳤던 이름이냐! 너! 지하여!

귀국 후 나는 지하와 더불어 한국역사의 현장에 참여했다. 나는 사실 지하보단 한 오륙년 후배지만 하여튼 동일한 시대적 체험 속에서 성장한 사람이다. 그런데 난 귀국한 뒤 芝河에게 대단한 실망을 느꼈다. 우선 지하의 이름을 파는 수 없는 지하의 똘만이들을 만날 때마다 한결같이 형편없는 또라이새끼들이라고 느꼈기 때문이다. 대학교수이건 문화인이건 예술인이건 종교인이건 운동권 투사이건 신문기자이건 지하를 숭상하는 모든 인간들은 정말 밥맛 떨어지는 인간들밖엔 없었다. 여기 "왜"를 설명하진 않겠으나 하여튼 나는 기분이 좋질 않았다. 그 버러지들한테──. 그리고 그가 옥중에서 벗어난 후 발표하기 시작한 문장들을 대할 때마다 난 좀 내 자신이 끔적해지는 것을 느꼈다. 내가 그의 詩의 세계에서 느꼈던 그 파우어를 조금도 맛볼 수가 없었을 뿐만 아니라 그의 논리는 최소한 대붕의 九天을 왔다갔다한 나의 눈에는 유치하기 짝이 없는 것이었다. 운문이 산문화되면서 드러난 그의 정체라고나 할까? 나는 그의 타락에서 나의 타락 우리 민족의 타락을 발견하는듯 싶었다. 그러던 어느날, 원주의 김지하에게서 『밥』이 날라왔다. 그리고 어느날 나에게 단나자는 전화가 왔다. 나는 그 전화를 일언지하에 거절해 버렸다.

그후 난 교단을 떠났다. 그리고 어느날 발길이 닿는대로 정처없이 헤매다가 한가한 심정으로 해남의 芝河古宅를 찾았다. 그땐 芝河나 檮杌이나 모든 허세가 없어진 상태였다. 서로 잴 필요가 없어진 두 隱者였다. 그런데 지하는 술을 마셨기 때문에, 민족의 타락을 술로 씻어야 했기 때문에 몹씨 아팠다. 그는 해남에 없었다. 아무도 그 집에 없었다. 정원에 석류와 파초만 피어 있을 뿐이었다. 나는 漢詩 한귀를 남기고 돌아왔다.

그후 어느날 난 지하에게서 귀한 선물을 받았다. 그가 몸을 어느정도 회복하고 해남에 돌아와 연약한 손길로 친 난초였다. 나는 그 난초를 펴드는 순간 캄캄한 대서양의 비치에서 내가 외쳤던 그 이름의 청초함이 나의 삶의 모든 기를 휘몰아 되살아나는 것 같이 느꼈다. 아~ 지하! 지하! 얼마나 정다운 그 이름이냐! 그는 탁월한 감성의 소유자였다. 그는 직관의 천재였다. 太虛의 氣를 살짝

휘감어 올려 삐친 난초 한가닥! 쿠다라 칸논(百濟觀音像, 일본 法隆寺 소장)보다도 더 날렵하다. 군더더기라곤 일치도 찾아볼 수 없는, 인위의 속기라곤 다 빠져버린 아름다움이다. 일필에 허공에 우뚝 선 암벽, 감싸는 잔상들이 그를 더 위대하게 만든다. 텅빈 백지 속의 몇 자락 그 속엔 분명히 내가 볼 수 없는 우주가 숨어 있다. 나는 난초를 펼쳐 놓고 芝河 앞에 정확하게 무릎을 꿇고 말았다. 기와 기의 만남은 이런 것이다. 난초 한 획이 말해 주는 그 모두가 그 모두인 것이다. 거기엔 과장도 겸손도 있을 수 없는 것이다.

7월 26일, 나는 나보다 나이가 한참 많은 당질녀 내외의 초청으로 광주엽 長城에 내려갈 기회가 있었다. 조카사위 梁會洵은 長城高等學校 교장선생님이다. 河西 金麟厚(1510~1560)를 제향(祭享)하고 있는 筆嚴書院과 그곳의 鄕儒 邊時淵씨를 방문할 생각으로 내려갔다. 일이 다 끝나고 歸京을 하려는 순간 나는 불현듯 芝河 생각을 했다. 가자! 가자! 해남으로! 나는 광주역으로 향했던 梁교장의 차머리를 돌렸다.

해남 시내를 흐르고 있는 냇갈 옆에 자리잡고 있는 일제시대 때 지은 널직한 개와집을 들어섰을 때 보슬비가 내려 약간 우중충했고 정원의 백일홍은 여전히 활짝 피어 있었다. 옛날 우리 천안집에 있었던 것과 비슷한 통나무대문을 열고 들어섰을 때 부인 金玲珠씨는 반가운 얼굴로 나를 직감적으로 알아보았다(金玲珠씨는 불화연구가, 지식산업사에서 나온 『朝鮮時代佛畵硏究』란 저서가 있다). 지하는 따끈따끈하게 굼불땐 대청마루 건너방에 하이얀 소복을 깨끗이 입고 불편한 몸을 뒤척이고 있었다. 인간을 가장 위대하게 만드는 것은 "지조"다. 내가 그 해남에 엎드려 있던 지하를 나의 삶에서 처음 直感하는 순간 내가 느꼈던 것, 그것은 바로 그 지조였다. 바로 내가 그 난초에서 느꼈던 순수힘의 확인이었다. 지금 이제 민주화됐다고, 이제 내 세상 만났다고, 이제 이 세상 구원할 자 나밖에 없다고 춤추며 미치고 돌아가는 수많은 지하의 또라이들! 그 또라이들과는 격이 달라도 너무 격이 다른 지하, 그 지하의 모습에는 신비스럽고 성스러운 그 무엇이 감돌았다. 우리는 아무 격이 없이 마음속 이야

기들을 옛친구처럼 주고받고 총총히 헤어졌다. 헤어지면서 우리는
다음과 같은 시를 주고 받았다.

어머니는 외눈되어
우시고
연기자욱한 거리에
시뻘건 무당깃대가 번뜩
오래 씻지않아
숨구멍막힌 몸뚱이굴려
마루끝 찬물 한그릇
더듬어 팔뻗칠적에
머리깎은 杜甫 神氣通
차롱들고 날찾아
長城黃龍村사람 함께 왔으니
오늘일 다 이루었다
百日紅이 햇살스치는
땅끝 대낮.

大言戰의 먼동트는 새벽에
海南땅끝 不移堂에서
禱杭 金容沃先生께
芝河드림

한평생 시름속에
　　저창공을 날고파서
푸닥거리 십칠載
　　머리깎고 간빼놓고
맘쌔는 죄어만가네
　　岩重키만 쌓인業

소복입고 굼불방에
　　치켜올린 두눈섶

마알간 동공속에
　　하늘따님 두루말아
피어낸 侍天主各知不移
　　감방暗空 울림아

우리둘은 어이외로이
　　외딴쳤나 면벽하고
버러지 人間굴레
　　기리거라 이만남을
海南의 썩은냇갈에
　　가없어라 너芝河

　　　　　　우리기가 만났을때
　　　　　　芝河선생께
　　　　　　도올올림

　8월초 나는 나의 주위의 모든 것, 내가 양심선언 후 野人생활을
한답시고 쌓아 올려왔던 주위의 모든 세계가 푸석푸석 썩어가는 것
을 느꼈다. 뿐만 아니라 한국의 밝아진 정치상황은 나를 꽤히 어둡
고 우울하게 만들었다. 희극이 다가올수록 비극을 감지하는 무당의
생리일까? 나는 때마침 외무부에서 떨어진 복수여권을 들고 인도
로 떠날 결심을 했다. 그리고 난 그런 생각이 떠오르자마자 인도대
사관에 가서 서기관을 만났고 뉴델리대학 샌스크리트어학과 과장교
수에게 편지를 썼다. 세상이 어지러울 때 인류의 모든 가능성을 가
지고 있는 저 인도문명의 열기 속에서 사리나 걸치고 짚신 신고 佛
敎唯識이나 공부하자! 나의 기철학적 정신세계 속에선 학상 인도
라는 그 무엇이 정복해야 할 그 무엇으로 남아 있다. 나는 인도행
꿈에 부풀어 가정에 묶여 있는 아내의 불안감도 잊어버린 채 마구
그냥 인도로 가는 비행기를 탈려고 하고 있었다. 떠나기 전에 芝河
나 한번 더 봐야겠어! 그 芝河! 남들이 다 서울서 설치고 있을
때 海南에 고요히 엎드려 있는 芝河! 그 지하는 무엔가 나의 삶의

영감같았다. 무엔가 내가 따라갈 수 없는 신비로움이 그의 자태에
는 자연스럽게 감돌았다. 8월 11일 화요일 밤 10시 밑도 끝도 없이
옆집문 두드리듯 난 芝河古宅의 문을 두드리고 있었다. 지하는 없
었다. 목포로 가고 없었다. 해남 읍내 밤길을 걸어나오는데 나를
알아보는 高大 학생이 인사를 했다. 내 강의를 들은 적이 있는 제
자였다. 나는 제자와 저녁을 먹었다. 그리고 太陽莊이란 여관에서
하루를 묵었다.

　12일 아침 난 長興의 억불산을 인상깊게 바라보며 順天으로 가고
있었다. 그런데 재미있는 한 일이 벌어진 것이다. 나는 시골 직행뻐
스 속에서 켜주는 비디오영화를 무심코 바라보고 있었다. 그런데 그
영화는 70년 전후에 한국에서 만들어진 매우 싸구려 멜로드라마였다.
신영균과 김지미가 부부간이다. 그리고 그 사이에 두 딸 남정임과
안인숙이 있다. 6·25 피란통 부산에서 이들은 행복하게 살았다. 그
런데 오해가 생겨서 김지미는 신영균에게 쫓겨났다. 신영균, 김지
미 모두 전후에 환도하여 각기 거부들이 되었다. 김지미, 딸들이
보고 싶다. 남편과도 합치고 싶다. 그런데 남편은 사내의 오기를
부린다. 김지미, 신영균에게 재벌계의 온갖 수단을 동원하여 압력
을 가한다. 얽히는 인간관계, 딸과의 애정, 드디어 오해가 풀리고
다시 화해한다. 정말 유치한 멜로드라마다!

　사실 나는 여행 중에 음악을 듣거나 비디오를 보거나 그런 짓을
하지 않는다. 살아있는 자연의 소리나 모습을 그냥 접하고 싶어
서——. 그런데 나도 모르게 이 영화에 휘말려 들게 된 이유는 낯익
은 한 얼굴 때문이었다. 난 70년대 한국에 없었기 때문에 70년대
일어난 일들을 잘 모른다. 그런데 바로 며칠전 용평에서 열렸던 피
아니스트 박은희씨가 리드하는 페스티발 앙상블의 썸머페스티발에
참석한 적이 있다. 강릉에 있는 최장집교수 본가에 놀러가던 길에.
그때 박은희씨의 올캐가 나에게 다정하게 인사를 했다. 그런데 그
올캐는 미인이었고 얼굴표정이 밝았다. 그리고 나와 같이 이대부속
국민학교 학부형이라고 소개했다. 그리고 1987년 6월 10일, 국민대
행진으로 온천지가 시끄러웠던 바로 그날, 이대부속국민학교 대강당
에서 열변을 토했던 "교육이란 무엇인가?"라는 나의 강연을 잘 들

었다고 자기 소개를 했다. 그날 저녁 우리는 여럿이서 같이 재미있
게 늦게까지 이야기를 하고 헤어졌다. 그런데 바로 그 올캐의 얼굴
이 순천 가는 뻐스간 그 비디오에 들어있는 것이 아닌가? 나는 처
음엔 내 눈을 의심했다. 그리고 보고 또 봤다. 보고 또 봤다. 바로
그 얼굴은 내가 어렸을 때 어린이 배우였던 바로 그 얼굴, 안인숙
이었던 것이다.

안인숙씨 덕분에 난 그 비디오를 열심히 열심히 보게 되었다. 그
러던 중 이변이 생겼다. 난 평소에 좀 눈물이 많은 편이다. 감동이
잘되는 편이다. 그렇지만 그렇다해도 그 싸구려 비디오를 쳐다보
면서 내내 울었다. 눈이 퉁퉁 부을 지경으로 엉엉 울었다. 『미워도
다시 한번』류의 그 멜로드라마! 지금 상연이 된다면 조롱거리밖엔
안될 그 싸구려 멜로드라마! 그런데 그 멜로드라마가 이 우주보임
을 자처하는 대철인을 울게 만들었다. 울어도 아주 형편없이 울게
만들었다. 아니 지금 휄리니 쿠로사와에게 눈을 다 베린 철학자,
2000년의 첨단을 걷고 있는 이 철학자에게 60년대 그 싸구려 멜로
드라마가 눈물과 감동을 앵긴다. 이건 정말 이변이다!

나는 여기서 우리 민족의 예술을 다시 한번 생각하게 되었다. 왜
60년대의 한국인들은 저런 현실성 없는 멜로드라마를 만들어 놓고
그렇게도 울어야만 했는가? 왜 그랬을까? 왜 그다지도 저런 픽션
까지 만들어가며 울고 싶어했을까? 여기엔 좀더 깊은 이유가 있지
않을까? 그런데 왜 이렇게 세련된 눈을 가진 김용옥까지도 지금와
서 저 드라마를 보고 울 수 있었는가? 무엇인가 소박한 인간의
진실을 말해 주고 있지 않은가? 무엇인가 저러한 유치성이 오히려
상징적 감정의 깊은 폭을 가지고 있는 것이 아닐까? 물론 지금의
영상은 더 근사하다. 템포도 빠르다. 싸이키델릭하다. 더 리얼하
다. 그런데 무엔가 공허하다. 그럼 지금 과연 우리를 울리고 있는
예술이 있는가? 한번 뿌듯하게 다 함께 울어볼 수 없을까? 한번
다 함께 뿌듯하게 울고 싶다. 노동쟁의로 너 죽고 나 죽자고 아우
성치는 이 판국에, 그 순결한 얼굴들이 애비·형 같은 놈들한테 물
고문당해 죽고 최루탄 파편으로 죽어가는 이마당에, 한번 울고 싶
다. 미워도 다시 한번 울어도 다시 한번 얼싸안고 또 한번 울고 싶

다 ! 나는 남해 앞을 지나는 이 뻐스간에서 나의 『새춘향뎐』의 비극적 결말을 이미 준비하고 있었다. 저 진도의 해변가에서 내가 봤던 시킴굿, 시킴굿 황천길 상징하는 포목(질베)이 펄럭일 때 춘향이의 혼과 이도령은 만난다. 그들의 못다한 恨 속에 우리 민족은 울고 또 운다.

우리 조상들은 비극적 상황에서 그들의 비극을 춘향이란 희극의 외면을 통해 승화시켰다. 우리 지금 여기 사람들은 우리의 비극을 비극을 통해 희극화시킴으로써 우리 조상들이 비극을 희극화시켰던 그 비극을 표현한다. 그래 내 춘향전은 비극, 철저히 비극이 될 수밖엔 없다 !

나는 주먹을 불끈 쥐고 『새춘향뎐』에 다시 착수하리라고 마음먹었다. 그리고 그 뻐스간에서 『새춘향뎐』이 진정으로 나의 사상과 민중의 만남의 마당으로서 의미를 찾는다면 그것은 반드시 영화라는 매체가 되어야겠다는 결심을 굳혔다. 그런데 사실 난 그때만 하더라도 깊게 대화해 본 감독이 없었다. 실제로 영화에 대한 전문적 지식이 없었다. 어디서 어떻게 손대야 할지를 몰랐다.

내가 『새춘향뎐』을 연극으로 안 만들고 우선 영화로 만들어야겠다는 생각을 굳히게 된 것은 물론 나의 체질이 영화체질에 더 가깝다는 사적인 이유도 있겠지만 그것보다는 영화야말로 20세기의 인류문명이 탄생시킨 매우 특수한 그러면서도 종합적인 오늘의 예술양식이라는데 있다. 우리는 너무도 고전의 세계에 대한 기억과 추억 속에 안주하여 진정한 20세기의 예술양식을 보지 못할 때가 많다. 그리고 아무리 20세기적인 것이라 할지라도 전통적인 것과의 연속성을 그 가치의 정통적 기준으로 삼고 볼 때가 많다.

예를 들면, 음악사에 있어서도 20세기 음악하면 흔히 그 주류로서 스트라빈스키, 쇼스타코비치, 쇤베르크 등의 이름을 떠올리기는 해도 째즈나 디스코 등의 팝뮤직을 떠올리지는 않는다. 쇤베르크의 무조음악(atonal music)이 아무리 전통음악의 형식을 깨트린 파격적인 것이라 할지라도 그것은 어디까지나 고전주의에서 낭만주의를 거쳐 국민주의로 이르는 음악형식의 붕괴라는 연속적 해체과정의

정점을 차지하고 있는 매우 소수의 특수한 실험적 고전성의 범주를
벗어나지 않는다. 더구나 음악의 수용방법이나 수용장소나 20세기
를 접어들면서 완전히 달라졌다는 사실, 19세기까지의 실제연주에만
의존했던 음악생산방식과는 완전히 다른 테크놀로지와 매스콤의 세
계로 진입해 버렸다는 사실, 음악의 재생이 녹음이라는 기계장치로
해결되고 더구나 악기의 소리의 생산조차 기계적 조작만으로도 가
능한 이 세기에서는 음악의 선택이 자유로와졌다는 사실을 고려하지
않고는 20세기 음악의 특수성을 올바르게 볼 수가 없게 된다. 더구나
20세기에 들어와선 민속음악의 발굴과 국제적 교류, 그에 따른 음악
자체의 재인식에 따라 서구중심주의적 음악개념 그 자체가 하나의 민
속음악화하고 있는 실정이다(The Western music is itself an ethnic
music). 째즈음악이라는 것도 결국은 "아프리카시나위"의 미국적
변용의 민속음악이 국제화된 것이라고 볼 수 있다. 뉴올리언즈의 흑
인콤뮤니티뮤직으로서 발달하기 시작하여 천재적 음악가 루이 암스
트롱(Louis Armstrong, 1900~1971)에 의하여 스타일이 정착된 째
즈, 음악을 전혀 알지 못하는 사람들, 음악에 귀를 닫고 살었던 많
은 사람들의 귀까지도 번쩍 띄게 해준 자유자재로운 멜로디의 째즈,
후세에 평가될 때 이 째즈가 20세기 음악의 베토벤이 될까? 아니
면 무슨 지랄인지 도무지 알 수 없는, 음악에 귀가 뚫린 사람의 귀
마저 닫게 만드는 무조음악이나 요상한 실험적 현대음악이 20세기의
정통음악이 될까? 20세기 특수현상인 대중성의 멸시는 이러한 우
리의 명백한 판단마저 흐리게 만든다.

사실 이러한 관계는 연극과 영화의 관계에 대한 우리의 인식에도
동일하게 적용된다. 우리는 암암리 영화하면 천박한 것으로 생각하
고 연극하면 괜히 고상한 것으로 생각하기 쉽다. 우리 대학시절에
만 해도 한 집에 살면서 영화잘가는 나는 천박한 놈이고 연극잘가
는 내 조카는 고상한 놈처럼 보였다. 나는 여기서 지금 영화와 연
극의 우열을 가릴려는 것이 아니다. 단지 부당하게 인식되고 있는
가치관의 관점이 문제일 뿐이다. 이러한 부당한 가치관(unjustified
value system)은 전통의 축적이 불러일으키는 단순한 기억의 힘에

의한 것이다. 연극의 본격적 역사를 짧게 잡아 2000년 잡는다면 영화는 50년밖에 되지 않는다. 결국 영화는 2000 : 50의 불리한 인류의 기억의 조건과 싸워야 하는 것이다. 그러나 난 20세기를 접어들면서 연극은 이미 대중예술로서의 주도권을 영화에게 넘겼다고 본다. 이것은 19세기의 연극이 중산계급이 팽창한 서구에 있어서 사실적 무대기술의 발달과 더불어 매우 대중적인 멜로드라마(melodrama)로 발전되었던 그 소이연을 잘 상고해 보면 충분히 납득이 가는 것이다. 그러나 물론 "各有所長"이란 말이 있듯이, 연극의 생명은 그나름대로 20세기 대중문화 속에서도, 영화의 홍수 속에서도 죽지 않는다. 그것은 내 말대로 "몸극"이기 때문이며 또 많은 개념의 변천이 일어나고 있기 때문이다. 인간의 몸과 몸이 직접 만나는 "生氣의 場"이기 때문이다. 그러나 연극이 이러한 生氣의 場의 모든 특성을 극대화하지 못하고 영화적인 특성을 쫓아갈려고 한다면 머지 않아 흔적도 없이 사라져버려 인류학이 탐구하는 화석적 대상이 될지도 모른다. 그러나 무엇보다도 난 앉아서 사람 기다리는 것이 싫다. 그 시간에 내가 다니면서 사람을 찾는 편이 낫다. 그러한 능동적 대중매체로서는 역시 연극보다는 영화라는 형태가 내 『새춘향전』에 더 적합하다고 일단 판단한 것이다.

하감독은 지금도 내가 어떻게 해서 『새춘향전』에 손을 대게 되었는지 얼마나 기나긴 삶의 맥락이 닿아 있는지, 그리고 당시의 나의 정신적 상황이 어떤 것이었는지 잘 모른다. 물론 내가 그를 잘 모르듯이——. 나는 그를 우연한 기회에 만신 김금화씨의 중개로 나의 동양사상입문 토요특강에 초빙한 적이 있었다(1985. 9. 14). 그때 하감독은 『胎』를 찍을 준비를 하고 있었고 나는 그의 『땡볕』을 기분좋게 보고난 후였다. 나는 그를 만난 기념으로 다음과 같은 대련을 하나 지어 선사했다 : "曝陽無遮民續生, 亂政亡理文繼華"(저 뜨거운 땡볕에 가림이 없건만 민중은 삶을 이어가고, 저 어지러운 정치에 질서가 없건만 문화는 꽃을 피운다).

142

하명중은 고집스럽게 영화를 만들고 싶어했다. 그래서 그는 이미 고집스럽게 만든 두편의 영화가 흥행에 큰 재미를 보지 못했음에도 불구하고 또 형 하길종감독이 각본만 써 놓고 이루지 못한 『새야새야 파랑새야, 一名 泰仁戰爭』이라는 東學을 배경으로 한 영화를 만들고 싶어했다. 그러던 어느날 그 작품에 관련이 있는 해남의 김지하에게 전화를 걸었다. 김지하는 하명중이 어려서부터 형 형하고 따르던 사람이다. 바로 김지하와 하길종은 대학친구며 같이 문화활동을 한 사람이다. 그런데 김지하는 전화에다 대고 다음과 같은 말을 하는 것이었다.

"야! 지금 말야. 네가 정말 하고 싶은 작업을 할려면 김용옥이를 한번 붙잡어 봐. 내가 보기엔 그 친구밖에 없어. 쑤셔보면 뭔가 그럴 듯한게 나올 법해. 무조건 붙들고 늘어지라구. 내 말도 좀하구 말야."

하명중은 곧바로 나에게 전화를 걸었다. 그런데 귀신듣는데 떡소리한다는 식으로 난 나의 『새춘향면』을 영화로 만들고 싶었던 참이었다. 너무도 교묘한 너무도 뜻밖의 일치였던 것이다. 우리는 만났다. 그런데 하명중은 나에게 소리꾼의 이야기를 영화로 만들고 싶다고 했다. 그리고 지하형의 이야기를 했다. 나는 이때만 해도 내가 막상 씨나리오를 쓴다는 것에 대한 아무런 염두가 없었다. 그러나 일단 씨나리오를 쓰겠다는 합의에 도달했다. 나는 씨나리오를 쓸 줄 모른다고 했다. 그랬더니 하감독은 아무렇게나 마음내키는대로 쓰기만 하면 된다고 했다. 뒤는 생각치 말고 쓰라고 했다. 하감독은 나에게 자유를 주었고 위로를 주었다. 그런데 하감독이 내 내면의 속셈을 알리가 없었다. 『새춘향면』의 구상이 대강 끝나 있는 상태라는 것을 알리가 없었다. 그러나 난 처음부터 내 얘기를 꺼내기가 거북했다. 나는 판소리에 미쳐 있었고 판소리・산조 등에 대하여 악서고회모임을 통해 상세한 정보를 가지고 있기 때문에, 그리고 그 방면의 사람들과 깊은 인맥의 연을 가지고 있기 때문에 소리꾼 일대기를 영화로 만들어보는 것도 터무니없는 일은 아닐 것이라고 생각했다. 그리고 이미 KBS에서 송만갑의 일대기를 테레비 프로그램으로 제작한 적이 있다는 것을 일러주었다. 그래서 난 소리꾼의 일대기를 영화로 만들기 보단 내가 잘 아는 소리북의 명인 김명환의 일대기를 영화화하면 어떻겠냐고 의견을 제시했다. 금세기 판소리 명창들이 서로는 잘 몰라도 김명환의 북을 안 거친 사람은 없다. 김명환은 소리꾼들 자신보다도 소리꾼에 대한 이야기와 그들의 음악적 경지의 구조와 색깔을 더 잘 안다. 그리고 그들은 다 사라져버렸지만 김명환은 지금도 잠자리에 누워 옛 명창들의 황금시절의 그 아름다운 젊은 목소리를 그의 의식의 스크린 속에서 그대로 재생해 낼 수 있다. 송만갑의 우람찬 소리가 듣고 싶다. 어느 대목을 듣고 싶다. 바로 그 소리가 들린다. 임방울의 그 방울진 목소리가 듣고 싶다. 쑥대머리 그 대목을 듣고 싶다. 미세한 의식의 바람을 타고 바로 그 소리가 가까이 들린다. 그의 귀는 그 소리를 따라간다. 북채를 쥔 그의 손은 움직이기 시작한다. 나는 김명환의 이러한 의식세계를 누구보다도 더 잘 안다. 가자! 가자! 노량진으로! 나는 그날 저녁 하감독을 데리고 김명환선생댁을 찾았다. 그리고 아무 말씀드리지 않고 저녁밥만 얻어먹고 돌아왔다.

그러나 사실 소리꾼의 이야기건 북잽이의 이야기건 그것을 씨나리오화한다는 것이 나의 능력범위를 벗어나 있다는 것을 난 누구보다도 잘 안다. 나는 음악적 재능은 있지만 나는 음악적 상식이 없다. 생각보다 난 불우한 중·고시절을 보냈기 때문에 나의 예술적 재질을 살릴 수 있는 레슨을 받을 수 있는 돈이 없었다. 그 배우고 싶어하던 바이올린도 못 배웠고 피아노도 못 배웠다. 악기라곤 만질 줄 아는 것이 아무것도 없다. 국악도 듣는 귀는 발달했어도 판소리 한마당이라도 다 외울 그런 기회가 없었다. 소리꾼의 이야기를 영화화한다는 것은 곧 한국판 『아마데우스』를 만든다는 이야기다. 송만갑이나 김명환이나 결코 모짜르트에 뒤지는 인물이 아니기 때문에. 그런데 그들의 삶은 그들의 음악속에 담겨 있다. 아니! 그들의 삶이 바로 음악 그 자체다! 그렇다면 모든 영상이 바로 그들의 삶을 움직이고 있는 음악의 이해 위에서 그리고 그 음악의 틀속에서 조명되고 짜여져야 한다. 그런데 난 사실 그들의 음악을 그렇게 전문적으로는 알지 못한다. 오선보만 쳐다보고서도 연주되는 음악이 귀에 들리는 그런 재주가 없다. 음악만 듣고도 오선보가 머리에 떠오르는 그런 재주가 없다. 다시 말해서 음악이라는 시간의 흐름을 공간화 할 능력이 나에겐 없는 것이다. 그러한 공간화가 안 되는 머리로는 음악의 공간예술인 음악영화를 만들 수가 없다.

지금부터 공부를 해? 암 할 수도 있지. 음악작곡 공부하러 손쉬운 미국에나 좀 다녀올까? 1·2년의 외도를 집중적으로 할 수 있는 시간이 주어진다면 난 무엇이든지 해낼 수 있다. 작곡이고 그림이고 춤이고 어학이고 무엇이고 해낼 자신이 있다. 그런데 난 지금 시간이 없다. 『새춘향면』은 어디까지나 나의 기철학적 탐색의 맥락과 일치되는 선상에서 이루어지는 나의 예술행위다. 그러나 지금 난 내가 이미 가지고 있는 언어가 아닌 새로운 언어를 습득하려면 불연속적 집중적 시간이 필요하다. 그런데 문제는 무엇이 지금 나의 삶의 가치를 극대화시킬 수 있는 행위인가? 그것에 대한 "기철학적 계산"을 해야 한다. 난 역시 철학자다! 나의 철학이라는 본령을 떠날 수는 없다. 시작도 하지 않은 판에!

하감독은 미국을 잠깐 다녀오러 떠났다. 난 나의 은사 故 황 똥 메이 교수의 철학사상 국제심포지움에 참석하러 타이페이에 다녀왔다. 우리는 다시 만났다. 그때야 비로소 난 하감독에게 『새춘향면』의 구상을 이야기 할 수 있었다. 하감독은 미칠듯이 좋아했다. 바로 그거라고 했다. 꼭 만들어보자고 했다. 나는 우선 『아름다움과 추함』『철학강의』를 비롯한 내 책을 읽어달라고 요청했다. 나는 드디어 『새춘향면』의 붓을 옮기기 시작했다. 1987년 9월 2일 오후 3시의 일이었다. 그리고 『새춘향면』은 1987년 11월 10일 오후 2시 27분에 탈고되었다. 그동안에 난 일본에 다녀왔다(일본사상사 국제심포지움). 그러니까 막상 집필한 시간은 약 한달 남짓한 시간이었다.

나의 『새춘향면』은 사구이 아니나. 나에겐 역사란 것 그 자체가 기의 상징체계일 뿐이다. 『새춘향면』은 나의 "몸극론"의 실현태일 뿐이다. 그럼 "몸극론"이란 무엇인가?(이를 알기 위해선 이미 출간된 『아름다움과 추함』[통나무, 1987]을 꼭 참고해 주기 바란다).

나의 몸극론은 여태까지 "극"의 제양태의 분석이 그 존재론적 구조를 기준으로 삼았을 뿐, 그 생성론적 의미를 기준으로 삼지 않았다는 사실에 대한 반성으로부터 출발한다. 따라서 나의 몸극론에 있어선 극의 기하학적 구조인 플로트는 생성적 느낌을 파생시키기 위한 수단적 의미밖엔 없으며, 따라서 플로트는 극의 성격을 규정하는 기준이 될 수 없다. 따라서 플로트의 전개에 따른 희극과 비극의 규정은 있을 수 없으며, 희극과 비극은 내가 말하는 "생성론적 느낌" 속에 복합적으로 융합되는 것이다. 극의 기준은 어디까지나 극의 몸의 기와 그것을 보는 관객의 몸의 기의 동적 교감이 불러일으키는 느낌이며 이 느낌 속에는 희극과 비극의 구분이 있을 수 없다. 다시 말해서 희극적 느낌의 배면에는 비극적 느낌이 배어 있으며 비극적 느낌의 배면에는 희극적 느낌이 배어 있다는 뜻이다. 이것이 바로 동양인이 말하는 음양론의 본질이다. 그리고 인간의 느낌 그 자체가 희·비로만 양분될 수 없는 매우 복합적 유기체의 총체이다. 결국 이렇게 되면 모든 플로트의 순간은 그 순간이 파생시키는 동적 교감의 느낌으로 규정될 뿐이며, 이러한 생성론적 규정은 그 플로트가 이루어지는 모든 상황적 맥락이 중시가 되는 것이다. 여기에 바로 작가의 "해석"이 개재되는 것이다. 결국 건축학적으로 말하자면 설계도보다는 실제로 지은 집이 중요한 것이며, 언어로 치자면 랑그보다 빠홀이 중시되는 것이며, 음악으로 말하자면 악보(랑그)보다 실제로 연주되는 소리(빠홀)가 중요하다는 것이다. 그러나 물론 나의 기철학체계 속에선 그 양면이 철저하게 융합되어 있기 때문에 이분시켜 경중을 가릴 수는 없는 것이다.

따라서 나의 『새춘향면』은 그것이 과거 삶의 재현을 목표로 하는 것이 아니라 오늘 나의 의식의 역사적 상징태로서의 전개일 뿐이다. 이렇게 될 때 우리가 이해해야 할 가장 중요한 한 사실은 이러한 해석방식이 과거의 劇을 오늘의 주관적 입장에서 왜곡한다는 뜻이 아니라 오히려 바로 그 과거의 劇이 의미하고 있었던 상징성을 충실하게 오늘 속에서 재현한다는 뜻이 된다는 사실이다. 이것은 매우 중대한 **코페르니쿠스적 전환**을 의미하는 것이다. 다시 말해서 과거 영정조에 성립한 『춘향면』 자체가 그 당시의 사람들에게 있어서 사실의 체계로서 받아들여진 것이 아니라 그 당시의 사람들에게 철저하게 상징적 느낌의 체계로서 인식되고 있었다는 역사적 사실을 정확히 인식하여야 한다는 말이다. 변학도가 춘향이를 수청 안든다고 죽인다는 사실은 전혀 그 당시의 역사적 상황에서 불가능한 것이었다. 변학도는 종 3품의 지방관리로서 사람을 죽일 수 있는 형벌을 가할 권한이 전혀 없다. 丁若鏞이 지은 『牧民心書』의 刑典六條에도 지방수령이 집행할 수 있는 형량은 볼기 50개에 불과하며, 그 이상의 짓은 월권이라고 씌어져 있다. 사람을 죽이는 것은 반드시 중앙관서인 의금부의 재가를 받아야 한다. 따라서 춘향이를 학대하는 변사또의 행위는 모두가 픽션이다. 또 이도령이 상경하여 장원급제하자마자 암행어사가 되어 내려와서 변사또를 처벌한다는 사례도 역사적으로 전혀 불가능한 것이다. 옛날 과거제도라는 것은 매우 절차가 복잡한 긴 과정이며 문과(大科) 殿試에 狀元을 할려면 시간적으로 4년은 최소한 필요하다. 그리고 狀元이 되어도 從六品에 불과하며, 그러한 신출내기가 從三品인 府使를 치러 암행어사가 되어 급파되어 내려온다는 것은 현실적으로 불가능한 일이다. 그리고 또 춘향이가 몸종 향단이를 데리고 산다는 것도 있을 수 없는 픽션이며 월매와 같이 관적을 떠난 퇴기는 賤人일 뿐이며, 천인은 요새말로 노예이며, 노예는 조선사회에서 인간으로 대접되지 않았다. 인간이 아니기에 징세의 대상도 아니며 국가에 대한 의무도 없었다. 춘향이의 신분이란 천인 이상의 아무것도 아니다. 조선조사회에서 천인이란 독립호구를 형성할 수 없는 재산품목일 뿐이며, 매매의 대상이며, 또 조선조를 통하여 이들의 가격은 말 1필보다 훨씬 더 쌌다. 이러한 천인과 이도령의 사랑, 그리고 이 양인의 결혼이란 있을 수 없는 것이다. 따라서 이도령과 춘향이의 사랑자체가 철저한 픽션이라는 것이다.

그러나 더 중요한 것은 이 당시 사람들이 춘향이의 이야기가 철저히 픽션이라는 것을 잘 알면서 『춘향년』이라는 음악드라마를 관람하고 있었다는 사실이다. 다시 말해서 그러한 엄중한 실제상황이 있었기에 이러한 픽션은 픽션으로서 인식될 때 엄청난 상징적 파우어를 지니게 된다. 픽션이기 때문에 오히려 현실을 리드하고 비판하는 능력이 생긴다는 것이다. 따라서 『춘향면』의 강력성은 이러한 당시 상황에서 교감되고 있는 기의 상징적 파우어에 있는 것이지 지금 해골화(fossilized)된 춘향이와 이몽룡의 스토리가 아니다. 『춘향뎐』은 당시 상황에 있어선 이미 해피엔딩이냐 뭐냐 하는 희비극론의 차원을 훨씬 초월한 상징적 예술의 최고봉이었다. 그런데 더 더욱 한심은 것은 지금 『춘향뎐』을 바라보고 있는 동포들은 춘향이의 이야기가 성립하고 있는 바탕의 현실성을 완전히 망각하고 있음으로 오히려 그극을 잉태시킨 옛날 사람보다도 더 그것을 사실의 체계로서 곡해하며 바라보고 있다는 것이다. 과연 우리가 패티킴의 『이별』의 노래가사 속에서 길옥윤과의 이혼의 사실을 사실적으로 분석하고 있는가?

나의 몸극이 노리고 있는 것은 과거 영정조간의 『춘향뎐』이라는 예술과 관객 사이에 오가던 기의 느낌의 動態를 오늘의 예술과 관객 사이에 오가는 기의 느낌의 動態로 상응시키는 것이다. 이러한 기의 상응성의 효과를 노리기 위해서는 과거의 그 느낌을 발생시켰던 플로트가 오늘의 느낌의 動態에 맞도록 과감히 개혁되어야 하는 것이다. 그러나 그 개혁의 방향이 오늘의 주관에 의한 제멋대로의 왜곡이 아니라, 과거의 현실성(리알리티)을 살려내는 작업이 되어야 하는 것이다. 다시 말해서 과거에는 A라는 현실성의 바탕 위에서 B라는 상징성의 스토리가 성립함으로써 B라는 상징성의 힘이 있었다면, 그 힘을 오늘에 상응되는 것으로 살릴려면 그 B라는 상징성을 그대로 써 먹을 수가 없다. 왜냐하면 그 B라는 상징성은 어디까지나 A라는 현실성 속의 맥락 속에서만 의미를 갖는 상징성이었기 때문이다. 그러므로 오늘날 그 B의 상징성을 살리는 길은 그 B의 상징성을 당시 A의 현실성으로 역으로 환원시킴으로써 A라는 현실성이 없어진 C라는 오늘의 현실성 속에서 D라는 새로운 강력한 상징성을 창출할 수 있게 되는 것이다. 이러한 상징성과 현실성의 착종(錯綜)을 나는 "코페르니쿠스적 전환"이라고 표현한 것이다. 따라서 나의 『새춘향뎐』에 있어서는 이도령, 춘향이, 변사또 등의 모든 인물의 설정이 오히려 역사적으로 리얼한 인물들로 나타나고 그들의 대화나 행위의 체계가 원래 『춘향뎐』보다 더 그 『춘향뎐』을 낳게 한 현실적 상황에 충실하다. 이를 위하여 나는 치밀한

고증을 하였고 내가 가장 고증에 힘을 기울인 것은 조선조사회의
신분문제와 납세관계, 그리고 과거제도의 현실적 모습을 밝히는 일
이었다. 나는 이러한 작업이 오늘날의 격변하는 세태에 유의미한
것으로 만들기 위하여 나는 춘향과 몽룡의 사건이 발생한 역사적
시점을 약 100년을 늦추어 잡았다. 그러나 극중에서는 일체 이러한
문제에 대하여 특정한 시점을 밝히지 않았다. 어차피 나의 극은 나
의 "作"의 행위의 상징적 소산이기 때문에 특정한 역사성의 옷에
얽매일 필요가 없다고 판단되었기 때문이다. 내가 대강 방편적으로
설정한 시점은 1850년 전후 100년의 모든 역사적 상황을 시계적 시
간의 전후에 구애없이 마구 엮은 것이다. 왕은 인류 왕정의 통치자
중에서 가장 학식이 높았다고 말할 수 있는 정조를 모델로 삼았는
가 하면 서학·동학의 배경적 이야기들이 마구 돌출하게 되는 것이
다. 이러한 문제에 대한 구체적 논의는 회피하겠으나 상론할 필요
가 있는 것은 본 씨나리오의 각주에서 밝히겠다.

그러나 우리는 여기서 다음과 같은 질문을 해볼 수 있다. 김용옥!
너는 왜 하필이면 그 하고 많은 춘향전, 그다지도 흔해 빠진 춘향이
로 붙었는가? 한민족 역사 속에 어루동(『성종실록』 11년 10월 18일[甲
子]자 기록은 於乙宇同인데 乙은 받침의 표기임으로 정확한 이름은 얼우동,
그러나 음절의 연접현상으로 어루동이 된다. 어우동은 틀린 이름이다)보다
도 더 기발한 소재들이 많을텐데 왜 하필 누구나 다 아는, 한국영화
사에서 가장 많이 울겨먹은 그 소재로 또 붙는가? 사실 이장호감
독은 날 만나기 전, 내 원고를 보기 전까지도 내가 『춘향전』으로
씨나리오를 쓴다는 사실에 대해 심한 의구심을 품고 있었다. "춘향
이? 왜 김교수 같은 사람이 그렇게 멍청한 짓을 할까? 최근엔 춘
향이 가지고 테레비에서까지 별지랄 다해 놔서 다르게 만들어 볼
도리가 없을텐데……" 이브 감독은 이감녹이 내가 미역국 잡술 것
이 뻔하니까 좀 신중하게 생각하는 것이 좋을 것 같다는 이야기를
하더라는 말까지 전했다. 글쎄! 과연 『새춘향면』은 빤할 빤잘까?

나는 학교에서 나의 지도를 받겠다고 석·박사반으로 입학하는

학생들에게 주제를 선정해 주는 원칙을 하나 가지고 있다. 그들은 누구든지 처음엔 남들이 손을 대지 않은, 역사 속에서 다루어진 적이 없는 주제를 다루기를 원한다. 그들의 사고방식 속에는 새 것을 발굴함으로써 학계의 상식의 영역을 넓혀보겠다는 개척자적 사명감도 물론 있겠지만 더 큰 이유는 "유명한" 테마들은 이미 많은 사람들이 건드려 놓았기 때문에 그 기존의 자료를 섭렵하지 않을 수 없고 또 그 기존의 논문과 경쟁을 하지 않으면 안되는 난처함이 있기 때문이다. 그러나 나는 한결같이 나의 지도학생들에게 다음과 같이 훈계한다. "야 이놈들아, 죽으나 사나 주류로 붙어라! 처음부터 결가지로 샜다가는 결국 결가지 사상가밖엔 되지 못한다!"

孔子는 영원히 나의 孔子다. 칸트는 영원히 나의 칸트다. 아마도 세계적으로 임마누엘 칸트에 관한 논문이 10萬개가 있을지도 모른다. 孔子·老子도 마찬가지일 것이다. 그러나 칸트는 영원히 두번 다시 반복될 수 없는 "나"의 칸트다!

내가 춘향이로 붙은 이유는 바로 춘향이는 너무도 흔해 빠졌기에 누구나 알고 있기 때문에 오히려 그것이 가지는 상징성의 氣力이 강력하다는데 있다. 『춘향뎐』의 모든 캐릭터들이 함장하고 있는 의미의 면적은 몇 사람의 창작에 의하여 이루어진 것이 아니라 우리 민족 전체의 집단적 氣의 축적에 의하여 이루어진 광대한 것이다. 그러기 때문에 춘향이는 영원히 반복될 수 없는 우리 민족의 "오늘의 춘향이"인 것이다. 내가 기철학으로 나의 철학적 사명을 걸게 된 것도 우리 언어 속에 기라는 말이 너무도 흔해 빠졌기 때문이다. 나참 원, **기막혀서!** 누구든지 아는 기! 누구든지 매일 말하는 기! 그러면서 아무도 모르는 기! 그 기가 그리워, 그 기를 낳게 한 우주를 알고파서, 그 춘향이를 보고파서, 난 기철학으로 붙었고 춘향이로 붙었다.

『춘향전』처럼 우리 한국영화사에 마력을 지닌 이름은 없다. 우리 한국영화사는 춘향이와 더불어 시작하고 춘향이와 더불어 끝난다고 해도 조금도 과언이 아니다. 1923년 극영화의 효시로 하야카와(早川孤舟)감독이 『春香傳』을 만들어 한국영화사의 본격적 개시의 막을 올렸는가 하면, 1935년에는 『춘향전』이 한국 최초의 토키영화로 등장하였다. 京城영화촬영소에서 李基世 각본, 李明雨 감독으로 만든 것인데 출연에는 文藝峰, 韓一松, 金連實, 盧載信 그리고 제작비는 2천 4백원의 거액이 투자되었던 발성영화다. 한국 최초의 촬영기사였던 李弼雨는 『춘향전』으로 한국 최초의 發聲영화를 녹음하는 공로를 남긴 것이다.

우리가 앞서 논의한 6·25동란 이후 50년대 후반 한국영화의 중흥기도 바로 이 『春香傳』과 더불어 시작한다는 사실 또한 잊을 수가 없다. 바로 나운규와 쌍벽을 이루는 한국영화의 귀재, 『임자없는 나룻배』(32)의 작자로 우리에게 익숙한 명감독 李圭煥이 1955년 이민, 조미령, 노경희, 전택이의 출연으로 제작하여 국도극장 개봉에서 대힛트를 침으로써 한국영화 중흥기의 찬란한 이정표를 세웠던 것이다. 또 바로 한국영화의 중흥기가 클라이막스로 올라갔던 1961년, 유현목의 『오발탄』이 나왔던 바로 그 해, 최인규(崔寅奎)의 두 문하생인 신상옥과 홍성기(洪性麒)가 춘향이를 놓고 각기 자기 부인을 주연으로 내세워 O.K.목장의 결투보다도 더 거대한 세기적 결투극을 벌렸던 사실을 생생히 기억하고 있다. 이 싸움에서 홍성기—김지미 팀(『春香傳』)은 완패를 당하였고 『오발탄』이 상영중지되던 그 상황에서 신상옥—최은희의 『成春香』은 74일간의 최장기 흥행기록과 38만명이라는 당시 최고 관객동원 기록을 수립했다. 그리고 이 두 영화는 한국 최초의 총천연색 시네마스코프라는 새 시대적 의미를 지니며 사극영화 장르를 본격화시킨 영화이기도 하다. 1968년에도 金洙容감독이 『春香』으로 홍세미와 신성일을 등장시켰는가 하면 1971년에는 이성구감독이 국내에서 제작한 카메라에 의하여 최초로 70밀리 『春香傳』을 만들었다. 최근 76년 장미희가 『성춘향전』으로 데뷰했다는 사실도 이미 언급된 것이다. 외디프스의 신화가 서양의 드라마에서 반복되고 또 반복되어 나타나듯이 춘향이의 신화도 우리 역사 속에서 해석되고 또 해석될 수밖에 없는 운명을 지니고 있다고 할 수 있을 것이다.

1923	『춘향전』	早川孤舟감독
1935	『춘향전』	李明雨감독
1955	『춘향전』	李圭煥감독
1957	『대춘향전』	金 鄕감독
1958	『춘향전』	安鍾和감독
1961	『성춘향』	申相玉감독
1961	『춘향전』	洪性麒감독
1968	『춘향』	金洙容감독
1971	『춘향전』	李星究감독
1976	『성춘향전』	朴太遠감독

나의 『새춘향뎐』은 반드시 영화만을 위한 것은 아니다. 나는 이 작품이 가치가 있다고 판단되는 사람들에게 연극의 형태로도 또는 오페라의 형태로도 충분히 응용가능할 수 있다고 생각한다. 그리고 그러한 응용가능한 소재를 제공하는 것으로 족하다는 심정에서 다음의 씨나리오를 구성한 것이다. 마지막으로 나의 작품을 해석할 사람들을 위하여 나의 작품에 대하여 내가 중시한 세 가지 측면만 참고로 제시하고 이 긴 잔소리를 끝맺으려 한다.

첫째, 내가 이 작품에서 가장 중시한 것은 "대화"다. 어떤 들떨어진 평론가 양반인지 최근에 우리가 본 『작은 神의 아이들』(*Children of a Lesser god*, directed by Randa Haines, 1987)에 대하여 다음과 같이 말하고 있다 : "우리나라의 영화는 영화가 표현하는 것을 말로만 다 해결하려는 못된 싸구려 습관에 젖어 있다. 그런데 이 영화는 예술이나 인간의 표현에 말이 필요없다는 것을 과시하며 영상 그 자체로 주제를 전달하는 매우 위대한 명화다."

이것은 정말 웃기는 발언이다. 나는 『작은 神의 아이들』을 절대로 잘된 영화라고 생각하지 않는다. 그 영화가 애초부터 내밀었던 주제를 철저히 관철시키지 못한 실패작이다. 뿐만 아니라 말(대화)로 영화를 만들지 않았다는 이야기는 쌩거짓말인 것이다. 아니 손가락으로 말하는 것은 말이 아닌가. 벙어리언어는 언어가 아닌가? 더군다나 이 영화는 귀먹어리(벙어리)의 몸짓으로 끌어가는 것이 아니

152

라 계속 우리의 평상적 말(남주인공의 말)로 끌어가고 있다. 『男과 女』라면 몰라도 이 영화에 대하여 "언어가 없이도……" 운운하는 것은 어불성설이다.

나는 우리나라의 영화의 가장 거대한 결함이 현시점에 특히 그러하지만 진솔한 말, 함의있는 말의 결핍이라고 생각한다. 원래의 『춘향면』그 자체가 현실적인 대화의 체계가 아니다. 그것은 특히 "창" 즉 "판소리"라는 음악의 형식에 맞춘 운문의 체계이며 고도의 농축된 상징언어이다. 나는 이러한 상징언어가 오늘날 사람들의 대화방식에 전혀 의미를 지니지 않음으로 그것을 철저히 논리적인 현실적 대화로 환원시켰다. 영화예술이 꼭 그래야 된다는 것이 아니라 나의 『새춘향면』은 그러한 대화의 느낌을 중시하는 새로운 시도로서 꾸며 본 것이다. 한마디로 나는 『새춘향면』속에서 『춘향면』이라는 판소리의 상징성과 세익스피어의 『함렛』이 보여주고 있는 것과 같은 논리성, 즉 언어를 통하여 인간의 본질을 철저히 파고 들어가는 집요한 자세의 측면, 이 두 측면을 결합시켜 불려고 노력하였다. 나는 우리나라의 전통예술에 너무도 세익스피어적인 감성적 논리성의 위대함이 결여되어 있다고 판단되었기 때문에 그리한 면을 보충한다는 의미에서 매우 주지주의적인 냄새가 강한 드라마를 의도적으로 시도하였다. 바로 이점이 하감독에게 내가 설명을 해도 만족스러운 이해가 성립하지 않은 포인트였다. **난 대화를 양보할 수는 없다.** 영화에서는 대화란 영상으로 환원되어 처리되어야 한다는 얄팍하고 통념적인 영화관에서 탈피하는 그러한 특수한 영화를 나는 원한다.

두째, 나의 『새춘향면』은 반드시 판소리라는 전통음악의 제요소에 대한 깊은 이해의 바탕 위에서 해석되어야 한다. 나는 『춘향면』이 원래 소설이기에 앞서 판소리라는 사실을 한시도 망각하지 않았다. 따라서 나의 『새춘향면』은 판소리의 리듬구조, 그리고 판소리란 언어예술의 기악화인 "산조"의 리듬구조를 기본적인 흐름의 틀로 삼았다. 가야금 산조가 매우 느린 장단인 진양조에서 중머리, 중중머리, 자진머리, 휘머리로 점점 빠른 장단으로 발전해 나가는 그러한 구조를 그대로 모델로 삼았다. 따라서 나의 『새춘향면』의 영화화라는 시간예술은 이러한 흐름을 중시해야 할 것이다. 판소리나 산조의 시간성이 궁중아악같이 원융적 순환구조를 가지고 있는 것이 아니라 직선적 발전구조를 가지고 있는 것은 민중의 미래지향적인 아포칼립틱(묵시적)한 시간관을 나타내고 있다. 다시 말해서 역시 판소리나 산조는 철저히 민중 속에서 민중의 삶의 방식과 더불어 변천해 온 예술이라는 것을 알 수 있다. 궁중음악이 왕조의 이데올로기적(윤리적) 제약 속에서 사계절의 순환구조를 "大樂必易, 大禮必簡"의 실천적 논리를 빌어 매우 정련된 형태로 표현해 간 것과는 대조적이다.[20] 다시 말해서 산조의 시간관 속에는 우리 민중의 삶의 템포의 축적이 역사적 단층을 가지고 나타난다. 즉 느린 삶에서 빠른 삶으로 변천해간 그들의 감성인식체계가 한시간의(정확한 연주시간 : 김죽파류는 55분, 함동정월류는 47분) 산조라는 공간 속에 밀집축약되어 들어있는 것이다. 이것은 마치 한국여인의 웃저고리의 기장이 긴 데서 점점 짧은 데로 변천해 간 역사적 과정과도 일치하는 것이다. 의상의 변화도 나의 기철학체계내에선 동일한 맥락에서 탐구되어진다. 의상의 변화도 시간의 템포감각의 공간적 표출이라는 각도에서 고찰될 수 있다는 것이다. 산조의 시간은 결국 반만년의 우리삶의 시간이다. 나는 그러한 시간의 의미를 『새춘향면』속에 농축시켜 담아올려고 노력하였다. 따라서 초장에는 대화가 길고 장면의 변화가 적다. 말장으로 달려갈수록 대화가 짧아지고 대화의 의미는 농축되면서 그 느낌의 농도가 강화된다. 그러면서 장면이 빨리빨리 바뀌게 되는 것이다. 그럼으로써 마지막 클라이막스에서 모든 느낌이 농축되어 폭발함으로써 희비를 초월한다. 그리고 우리는 새 빛을 바라보며 새 시대를 예언하게 되는 것이다. 마지막 모두의 죽음은 절망이 아닌 것이다. 그것은 산조의 클라이막스인 것이다. 나의 몸 속엔 오늘 우리의 역사를 지배한 자나 그 지배에

---

20) 趙在善박사의 탁월한 논문 "覺弊熙文의 分析研究"를 참고 할 것. 본 논문은 한국아악 특히 종묘제례악의 한 전형을 매우 치밀한 태도로 그리고 고도의 이론을 가지고 분석해 들어가고 있다. 『藝術敎育과 創造』(서울예술전문대학, 한국예술문화연구소, 1987), 181∼217쪽.

항거한 자나 모두 죽음으로써만 새 역사가 탄생될 수 있다는 의식이 도사려 있다. 지금 우리 역사의 전환점을 바라보고 있는 지금, 내일을 모르는 지금, 오늘 이 역사의 갈망을 오늘 여기에 담아 증언하려고 하였다.

마지막으로 해석자의 표현의 다양성과 파격성, 그리고 해석이 창출하는 "느낌의 극대화" 등등의 문제를 들 수 있겠지만 이런 문제는 이미 충분히 거론된 문제임으로 재론치 않겠다. 단지 해석자의 느낌구조 자체가 작가의 느낌구조에 상응하는 어떤 다양성과 파격성을 구비하지 않는다면 궁극적으로 나의 작품의 해석 그 자체가 불가능할 것이다. 이 작품 속에 깔려 있는 한국문화사와 사상사의 모든 매트릭스(matrix)는 앞으로 나의 저작 속에서 차분히 풀어나갈 것이다.

이제 더 이상 잔소리하지 말자! 이 작품을 쓰고 있었던 두 달 동안 나는 내가 몰랐던 엄청난 새로운 세계를 발견하였다. 혹자는 "이 우주는 세계의 집합"이라는 나의 발언을 기억하고 있을지 모른다. 나는 내가 몰랐던 새로운 "세계," 그리고 그 세계와 관련된 많은 사람들의 고뇌를 몸소 느낄 수 있었다. 그러나 나는 정말 괴로웠다. 나의 한계를 처절하게 느꼈기 때문이다. 이제 나는 내 본령의 세계로 돌아갈려는 채비를 채리고 있다. 내 서재방문에는 콩쯔, 라오쯔, 멍쯔, 장쯔, 퇴계, 율곡, 고봉, 다산이 줄줄이 기다리고 있다. 난 이들을 외면할 수 없다. 그리고 아직 나에게는 이들에 대한 매력이 춘향이 매력보다는 강하다. "고전번역"이란 지루하고 아무도 돌보지 않는 작업, 내가 꼭 해야만 할 이 광채 아니나는 작업 속에 나의 청춘을 불사르고 싶다. 그리고 이 "고전번역"에서 얻어지는 개념의 새옷들을 가지고 나의 기철학이란 집을 차근차근 지어나갈 것이다.

나는 나의 『새춘향뎐』이 어떻게 해석될지, 그것이 과연 가치있는 것인지 지금으로선 알 길이 없다. 단지 이 미친 시대에 어느 미친 놈이 자기의 생각을 자기의 삶을 둘러싸고 있는 세계와 소통해 보고 싶은 애절한 바람 속에서 『새춘향뎐』이란 미친짓도 시도했다 라는 실록의 한 구절로 만족할 것이다. 나는 이제 길다면 길다 할 방황을 끝내고 복교할 희망을 품고 있다. 내년 봄 새 학기엔 안암의 초롱초롱한 눈동자들을 다시 만나기를 희망하고 있다. 그리고 나는 소리없이 새로운 기철학의 틀을 마련해 갈 것이다.

요즘 난 괴이한 습관이 하나 생겼다. 캄캄한 밤중에 바다가 보고파서 인천 월미도로 달려간다. 그리고 곰마저 왕서방이 되겠다고 다 떠나버린 지금 외로움에 난 외친다. 월미도 앞바다의 출렁이는 물결을 향해——. "난 저 바다만 있으면 산다."

일천구백팔십칠년 십이월 일일
오후 네시 십분
봉원재에서 탈고

저 푸른 하늘을 향해 포효하는
호랑이의 서름으로,
이 순간 독자들과 함께 탈고의
기쁨을 나누고 싶다.

도올 지은

새 춘 향 뎐

이 작품의 동기 · 성격 · 목적

『새춘향면』은 사극(史劇)이 아니다. 과거사실의 기술이 아니라 오늘 나의 의식 속에서 구성한 과거일 뿐이다. 나의 『새춘향면』은 내가 『아름다움과 추함』이란 미학저술에서 표방한 **"몸극론"** 의 영상예술적 표현이다. 따라서 이 작품을 영상화하는 과정에서 가장 중요시 되어야 할 것은 영상의 복합기능이 그것을 보고 있는 사람들에게 불러 일으키는 느낌의 반응체계이다. 다시 말해서 역사적 사실의 재현이나 나의 각본의 충실한 전사보다는 나의 각본이 노리고자 하는 의미맥락을 따라 관중의 느낌을 어떻게 극대화시킬 수 있는가라는 점을 항상 염두에 두고 나의 작품이 "해석"되어야 한다는 것이다. 그리고 나의 모든 말장난이 결국 기(氣)의 상징체계(the symbolic system of *ki*[*ch'i*])라는 점이 이해되어야 하며 단순한 사실적 인과성이라는 측면에서 이해되어서는 안된다. 결국 나의 몸극론은 나의 기철학적 우주관과 인간관으로 귀결되고 있다. 영상은 기의 무형태와 유형태의 통합이다. 영상예술도 결국 현존적 인간의 느낌속에서 일어나고 있는 상징적 역동성일 뿐이다. (Motion picture is the concrescence of the formal and non-formal *ki*[*ch'i*]. Cinema art ultimately is nothing but the symbolic dynamism in creative feelings.)

나오는 사람들

成春香 (18세 기준, 이지적이며 모진 느낌을 주면서 쎅시해야 한다.)

李夢龍 (25세 기준, 반항적이며 따뜻한 느낌을 주면서 포용적 인물.)

卞學徒 (33세 기준, 전통적 이미지와 아주 달라야 한다. 우선 젊고 이지적이다. 냉철하고 냉혹하다. 차고 말없으며 자조적이다.)

月 梅 (춘향의 엄마)

李長春 (이몽룡의 아버지)

尹 氏 (이몽룡의 어머니)

王 (文科小科때 나오는 임금과 大科때 나오는 임금은 동일한 인물, 賢君의 像.)

金元亨 (全州 監營 觀察使)

이몽룡의 남원친구들 (과거준비하고 있는 鄕校의 학생들)

춘향이의 남원친구들 (기녀신분)

司 射 (投壺놀이의 사회자)

幇 子 (방자, 지방관아의 잡직을 맡던 종, 이 극에선 방자의 역할은 거의 없다. 房子라고도 쓰는데 흔히 잘못 생각하듯 향단이와 같은 고유명사가 아님을 주의할 것.)

唱榜官

大科급제자 33명

160

進士 100명
生員 100명
天童
廣大
才人
遊街장면의 행상들
이도령의 同年 (同榜 합격자. 특히 榜眼과 探花. 그리고 이들은
　　　　　　　　　　　남한산성위에서 나오는 同年들과 동일 인물들.)
남원 관아의 시종(문지기)
변사또 남원부의 吏房 및 六房吏胥들
座首·左別監·右別監·風憲·約正
호구조사장면의 鄕吏, 농부, 아낙네
광한루 생일잔치에 출연하는 장엄한 국악팀, 무용팀, 좌수와 별감
순천부의 군중
朴千伊(順天府使)
전주감영의 근신들
명륜당의 議政 1인, 讀券官 2인, 對讀官 3인 館學官 3인, 그리고 擧子들
禮曹 正郎
奉禮郎
춘향이가 갇혀 있는 옥의 옥문지기
당골 巫堂
시킴굿에 참여한 마을사람들
굿판의 악사들

場[1] 1. 남원골로 들어가는 박석티 고개

　실제의 모습이 아니라 웅장한 산세 사이로 나 있는 내리막길이어야 한다. 쏘련영화들이 곧잘 시베리아의 거대한 평원과 웅장한 산세를 그려 슬라보필리즘(愛슬라보민족주의)을 나타내듯이 이 극도 첫장면부터 숭고한 우리의 "따님"을 그려내야 한다. 壯而不秀한 지리산의 산세를 이용함도 좋을 것이다.

　사또[2] 부임하는 긴 행렬. 변사또는 가마 속에 타고 있다. 계절은 화창한 봄철. 吏房·隨陪·刑吏·通引·及唱·邏卒이 擁衛하고 간다. 배경음악은 "수제천"(壽齊天)류의 느린 정악풍으로 작곡된 곡. 이지적으로 말끔하게 생긴 사또 변학도는 아무말 없이 세죽발 밖으로 경치를 바라보며 사색에 잠기는 고요한 모습을 하고 있다. 밖의 들판에는 노란 꽃들이 널려 있다. 의복은 堂下官 從三品에 맞는 紗帽冠帶.[3] 절대로 밀화패영(密花貝纓, 염주같이 턱 밑으로 늘어진 것)이 달린 전립(戰笠)을 쓴 군복을 사또에게 입히지 말라.[4] 그리고 이 영화에 쓰이는 모든 의복은 절대로 폴리에스텔이 들어간

---

1) 나의 "場"의 개념은 보통 씨나리오의 "씬"(scene)개념과는 出入이 있다. 씬이란 화면의 최소단위라 할 수 있는 쇼트(shot) 혹은 커트(cut)의 집합이라고 말한다면, 나의 "場"의 개념은 이러한 씬과 동일할 수도 있지만, 여러 씬들의 집합일 수도 있다. 나의 場은 콘티(continuity, 촬영대본)의 보다 거시적 단위이며, 작가의 의식의 흐름의 단위라고 할 수 있다. 시퀜스(sequence)개념에 더 가깝다.
2) 지방 수령(守令)의 총칭. 使道에서 그 발음이 변천.
3) 『經國大典』에 의하면 府使는 從三品이다.
4) 20세기 한국 사극영화들이 원래 문관인 사또에게 한결같이 무관들의 군복을 입히고 있는데 이것이 그게 밀못된 것이다. 조선조는 문반우위의 정치체제였기 때문에 지방관(문관)이 보통 지방의 병력을 지휘하는 무관직까지도 겸임하는 경우가 많아 이러한 무복을 입은 사또의 인상착의가 조선조말기에 특수한 상황에서 일반화되어 있었을 수는 있으나 이것을 의례 수령의 의복인냥 생각하는 것은 치밀한 고증이 결여된 그릇된 인상에서 오는 것이다. 바로 조선조말기에 전라도에서 수군절도사의 직을 겸임한 나의 친할아버지 사진을 보더라도 그런 전립을 쓴 모습이 아니다. 시정되어야 마땅하다. 군복을 입히지 말라!

163

번질번질한 천을 쓰지 말라. 자연염료로 물들인 순수한 목면이 되어야 하며, 천박한 원색의 현란함이 아닌 세련된 은은한 질감이 드는 색깔로 모두 입혀라. 음악이 한 단락지을 때 행렬의 정지를 명령한다.

변학도(나이 33세 기준) : 게 멈추어라. 춘색이 완연쿠나. 남원부를 접어들었으니 내가 다스릴 이 남원골 흙냄새나 한번 맡어 보자꾸나.

　　　(발을 걷어 올리면서 손가락질)

　　저기 피어 있는 저 민들레꽃을 꺾어 오너라.

　　　(흰 무명도포 입고 갓을 쓴, 교자 앞에 가던 시종이 들판으로 나아가는 장면이 한 쇼트. 다시 가마속으로 확대되며 쇼트가 바뀐다. 변학도는 민들레꽃을 코밑에 갖다 댄다. 서서히 손을 내린다. 그리고 저멀리 엄지 검지 사이에 있는 민들레꽃을 뚫어지게 쳐다본다. 이때 음악의 효과는 가야금산조 진양조 초엽의 깊은 우조가락. 화면에 손가락이 확대되면서 민들레꽃은 주먹 속에서 확 응켜진다.

　　이때, 바로 이때 음악의 효과가 갑자기 바뀌면서 화면에 민들레꽃잎이 나부끼며 떨어진다. 민들레꽃잎들은 움직였다 멈추었다 하는 불연속적 고속도촬영의 모습으로 떨어지면서 화면은 생명이 없는 흑색화면으로 바뀐다. 이 화면은 잔인한 변학도의 성격과 비극적인 결말을 총체적으로 상징하는 매우 중요한 화면이다.)

場 2. 거대한 나무밑, 시간의 그네

　　꽃잎이 떨어지는 정적 장면과 대비를 이루며 춘향이는 거대한 나무밑에서 세차게 길게 늘어진 밧줄의 그네를 뛴다. 여기서는 음악이 빠른 장단으로 바뀐다. 가야금산조의 자진머리・휘머리 계열의 휘몰아 가는 가락. 가야금 독주음악을 써라. 춘향이의 그네는 무한

소로 작아지다가 무한대로 커진다. 영상처리가 사실성과 추상성이 복합되어야 한다. 매우 싸이케델릭한 빠른 몽타쥬의 장난도 좋을 것이다. 그네뛰는 모습을 단조롭지 않게 여러각도에서 여러기법으로 처리한다. 그네는 과거라는 시간과 현재라는 시간을 자유롭게 왕래하는 이 작품의 성격, 그리고 역사적 사실성과 현재적 상징성을 융합하는 이 작품의 특성을 나타내고 있다. 나는 이 장면을 생각하면서 한 소년농부가 소를 타고 연을 띄우고 있는 광활한 生氣的 空間을 묘사한 치 빠이스(齊白石)의 그림을 연상하고 있다. 이러한 춘향이 그네의 동적장면을 배경으로 깔고 다음과 같은 문자의 쇼트들이 연속적으로 나간다. 다음의 말들은 전자타이프(워드프로세서)에 의하여 빠르게 쳐지어 나타나는 식으로 처리해도 좋을 것이다.

인간의 모든 진리는 나의 몸에 구현되어 있다.

—기철학의 제 1 원리—

All human truth is embodied in my Body.

—The First Principle of the *Ki(Ch'i)* Philosophy—

〈한 쇼트〉

나의 몸은 기의 유기적 단위이며 느낌의 체계이다.

My Body is an organic unity of *Ki*, and it is the system of Feeling.

〈한 쇼트〉

나의 예술은 몸의 예술이다.

My art is the art of *Mom* (Body).

(한 쇼트)

번역이란 느낌의 상응성을 창출하는 기철학적 행위이다.

Translation is the hermeneutical act of *Ki* to create the correspondence of feelings.

(한 쇼트)

원작   김   용   옥

(한 쇼트)

감독   ○   ○   ○

(한 쇼트)

(장중하고 느린 가야금 산조가락이 들어있는 오케스트라 음악으로 바뀐다.)

새 춘 향 뎐

("새춘향뎐"은 무게있게 보이는 누런 한지위에 써나가는 실제 과정이 묘사되어도 좋다. 사람모습없이 붓컨 손만 움직인다. 붓의 진행방향은 왼쪽에서 오른쪽으로.)

166

場 3. 광활한 봄빛의 대초원, 이몽룡 말달리다

우리 민족의 역사가 이루어지는 땅(터전)의 광활함을 보여줘라. 끝없는 지평선, 제주도의 대평원에서 찍어라.

이몽룡은 대초원을 말을 세차게 휘몰아 달린다. 이때 음악은 없이 말발굽소리가 우람차게 긴장감을 주면서 나온다. 몸을 옆으로 굽혀 과녁을 향해 활줄을 당긴다. 활을 쏘다가 낙마한다. 초원위에 딩군다. 풀숲 사이로 한가한 초원의 모습이 펼쳐지고 이몽룡이 선비옷차림으로 딩굴어 있다. 이때 멀리서 춘향이 다가온다(환상적 처리. 전후 인과없이). 딩굴어 떨어져 있는 이몽룡위로 장옷으로 얼굴을 가린 춘향이가 다가선다. 두루누운 모습으로 하늘을 쳐다보는 이몽룡. 춘향이 얼굴, 하늘을 가리며 가린 장옷이 벗겨지며 아름다운 얼굴을 드러낸다. 춘향이가 먼저 입을 연다.

춘향이 : 선비께옵서 어이 이렇게 격렬한 운동을…… 몸 상하신데는 없으신지요. (걱정하고 수줍어하는 얼굴.)

이몽룡 : (몸을 툭툭 털고 일어나 앉아 먼곳을 바라보며) 선비니까 마땅히 이런 **수신**공부를 해야하지 않겠오. 예로부터 선비의 수신이란 육예(六藝)를 몸에 익히는 것이니, 예(禮)·악(樂)·사(射)·어(御)·서(書)·수(數)라, 활쏘고 말타는 것은 선비가 되기 위해서는 빼놓을 수 없는 공부요. 요즈음 선비란 녀석들은 문약(文弱)해빠져 육경(六經)의 참뜻을 헤아리지 못하고 리(理)다 기(氣)다 선학(先學)의 폐습만 답습하고 있으니 한심스러울 뿐이요. 도대체 지금 세상이 어떻게 변하고 있는데……

춘향이 : 지당하신 말씀이오나 너무 거침이 없으십니다. 말씀을 조심하시옵소서.

이몽룡 : 하―하―(호탕하게 웃으며) 고맙소. 보아하니 품격있는 집

안의 규수같은데 소저는 뉘시요.

춘향이 : 본관은 창녕성씨(昌寧成氏)로 이름은 봄내음새 춘향이라
하옵니다. 저는 문벌귀족의 자녀가 못되옵고 퇴기월매의
딸로서 집에서 여공(女工)만을 익히고 있는 비천한 몸이
옵니다. 하도 갑갑하여 그네타러 나왔다가 그만…… 사
태가 심상찮은 것 같싸와…… 선비께옵서는………

이몽룡 : 허허 ! 명불허전(名不虛傳)이라, 내 어찌 남원의 가인
춘향이를 모르겠오. 가무와 문장이 출중키로 천하에 이
름이 높은 소저를…… 소저 비록 천기의 소생이라고는
하나 부친 성대묵(成大默)은 을유년 식년시 대과(大科)
전시(殿試)에서 장원으로 급제하고 기축(己丑)년에 전라
우도암행어사로 시폐를 광정하는데 크게 공헌한 바 있고
갑오년에는 서장관(書狀官)5)으로 청나라에 다녀와서 북학
(北學)의 기운을 크게 일으킨 당대의 선각자가 아니겠오.
나도 일찌기 부친의 문집 『대묵집』(大默集)을 읽고 그
잡저(雜著)에서 서양의 문물에 관하여 크게 깨달은 바
있오이다.

춘향이 : 그런 말씀 마옵소서. 비록 아비가 전라도 관찰사까지6)

─────────
5) 외국에 보내는 使臣을 따라 보내던 임시벼슬. 正使・副使와 아울러 三使의 하나
에 드는데 정사・부사보다는 지위가 얕지만 行臺御史를 겸하고 있었다. 별칭 行
臺(감찰관)라고도 하고 준말로 그냥 書狀이라고도 한다.

6) 관찰사(觀察使)란 지방직 즉 外官職의 실제적 최고의 벼슬이다. 道의 首職으로
서 從二品이며 民政・軍政・財政을 통괄하며 관하의 수령(守令)을 지휘감독한
다. 관찰사가 있는 곳이 監營이며, 관찰사를 보통 감사(監司)라고 한다. 관찰사
의 감독하의 수령은 牧使(正三)・大都護府尹(正三)・都護府使(從三)・郡守(從
四)・縣令(從五)・縣監(從六)이 있다. 실제로 우리 극의 무대가 되고 있는 전라
도를 살펴보면 監營의 관찰사는 全州에, 府尹이 全州에, 牧使는 羅州・濟州・光
州 3處에, 都護府使는 南原・長興・順天・潭陽 4處에, 郡守는 寶城・金山・古
阜・靈岩・靈光・珍島・泰安・淳昌・錦山・金堤・礪山 12處에, 縣令은 昌平・龍
潭・臨陂・萬頃・金溝・綾城 6處에, 縣監은 光陽・龍安・咸悅・扶安・咸平・康
津・玉果・高山・泰仁・沃溝・南平・興德・井邑・高敞・茂長・務安・求禮・谷
城・長城・珍原・雲峯・任實・長水・鎭安・茂朱・同福・和順・興陽・海南・大
靜・旌義 31處에 있다. 그러니까 南原府使는 꽤 높은 벼슬이다. 관찰사의 별명
으로는 道伯・道臣・方伯이 있다. 관찰사와 그 이하 벼슬을 합쳐 보통 방백수령
(方伯守令)이라고 하는 것이다

168

지낸 인물이라고는 하지만, 노비는 어미신분을 따를 뿐이오니 어이 아비를 아비라 말할 수 있아오리까.[7] 어미가 대비(代婢) 넣어 기적(妓籍)에서 풀려났다고는 하지만 이땅에서 어이천인의 신분을 벗어날 수 있아오리까.

이도령 : 제도란 사람이 사람을 위하여 만든 방편인데 지금은 오히려 그것이 사람을 누르기만 하고 있으니 싹한 일이요. 그러나 아무리 제도가 사람을 억압한다해도 사람이 어찌 사람이 아닐 수 있겠오. 우리 초면에 그런 얘길랑 거둡시다. 때마침 시구하나 떠오르는데 대구(對句)나 하나 지어보구려.

場 4. 춘향이 그네뛰다

이몽룡 : (펄펄 나르는 그네를 위로 쳐다보면서, 仰角의 롱 쇼트, 화면이 회전한다) **낙마앙천백접미라**(이때 한문은 자막으로 나간다),

> 落馬仰天白蝶迷 (자막)[8]

말에 떨어져 하늘을 우러러보니 흰 나비가 길을 잃었네.

---

7) 조선조는 엄격한 신분으로 인간의 가치가 규정되어 있는 신분 사회였다. 말기에 내려올 수록 신분의 분화가 심하다. 기생의 신분에 관하여는 내가 조사해본 바로는 명확한 규정이 없다. 官妓의 경우, 妓籍을 가지고 활약하고 있는 기간동안에는 中人대접을 받았다. 그러나 妓籍에서 빠져 나온 月梅같은 退妓의 경우 그것은 따져볼 것도 없이 賤民이다. 賤民의 경우, "奴婢從母法"이라는 엄격한 규정이 있어서 婢의 소생은 그 父의 신분의 여하를 막론하고 노비가 되어야 했다. 이러한 母系신분상속은 노비의 신분이 세습을 영속화시키기에 식설한 상지였다.

8) 이 작품의 쓰인 한시나 한문의 대부분은 나 김용옥의 창작이다. 이것은 여기 이 실존적 김용옥이 그대로 조선조에 옮겨 살아도, 이몽룡이 보다는 더 높은 학식(한학)의 소유자라는 것을 말해준다. 이것은 나를 자랑하기 위함이 아니라 현실적으로 앞으로의 신진작가들의 경지가 얼마든지 그러한 문제쯤은 극복한 차원에서 이루어질 수 있다는 것을 보여주기 위함이다. 고전을 모르면서 어찌 고전의 세계로 이루어진 사극의 세계를 헤매겠다는 것인가? 셰익스피어도 일차적으로 자기고전의 세계에 밝았던 사람이다. 도대체 자기 고전에 대한 필로로지(어학)의 극복

춘향이 : (그네를 뛰면서 푸른 하늘을 배경으로──매우 활발한 동적 장면, 클로즈 쇼트) **비천부지선동소**요,

> 飛韉俯地仙童笑 (자막)

그네를 날려 땅을 굽어보니 선동이 미소짓네.
　　(이때 둘다 같이 깔깍대고 웃는다──매우 천진스러운 웃음소리)

이몽룡 : 그대같은 소저에게 동자 소리듣기 처음이오.

춘향이 : 시심(詩心)에 어디 장유(長幼)가 있아오리까(새침하게).

이몽룡 : 하하하하‥‥‥‥(우람차게 웃는다).

場 5. 누각위 쌍쌍파티

　　원래의 『춘향뎐』에는 너무도 주인공들의 삶 즉 그들에 맞는 리얼한 생활상이 그려져 있질 않다. 여기서는 그러한 삶의 모습을 회복하기 위하여 남원에서 시험공부하고 있는 젊은 유생들(鄕校에 다니거나 他書院에서 공부하고 있는 학생들)의 놀이를 등장시켰다. 그리고 이들의 대화속에서 이 극이 이루어지고 있는 전체적 분위기, 특히 가치적 측면을 은근히 조명한다. 이 승경도놀이의 장면은 대화 중심인데, 여기에 나오는 대화들은 오히려 변화가 적은 장면으로 의도적으로 지루하게 그리고 무게있게 끌어나가야 한다. 가야금산조의 앞머리와 같이 음과 음사이의 넓은 공간, 즉 농현의 울림이 느리게 반향하는 모습을 모델로 삼고 있다. 선비들의 언어도 그러한 느린 리듬의 효과로 처리되어야 한다. 장소는 河回마을 屛山書院에 있는 晩對樓와 같은 樓閣위. 처음에 화면에 누렇고 두툼한 창호지위에 그린 승경도(陞卿圖)만 가득 나온다.[9] 그리고 패

─────────────

없이 문학활동이 이루어질 수 없다는 것을 단언해둠과 동시에 그러한 필로로지의 극복은 몇년간 열심히 공부하면 될 일이라는 것을 말해둔다. 왜 도대체 공부를 안하고 천박한 말장난으로만 때우려는가? 반성을 촉구한다. 그리고 이 영화에서 모든 한문은 자막으로 표시해 주어야 한다.

9) 陞卿圖는 조선조의 유생들사이에서 매우 흔했던 놀이인데 지금의 윷과 같은 원

를 옮기는 손만 보이고 윗목 굴리는 소리만 따리리릭 따리리릭하고
들릴 뿐이다. 등장인물은 선비 5명, 기녀 5명, 그리고 삼현육각의
반주자들이 구석에 앉아 있다.

선비A : 걸이다! 걸어가자. 문과급제도 못해브고 문사(文仕)[10]
로 빠지겠구먼.

선비B : 아니 무슨 소리를 하고 있는 게야. 모가 나오면 오히려
숨은선비, 은사(隱士)가 아닌가? 문과(文科)로 빠져야
겨우 한림(翰林)인데, 문사면 더 높은 의정부(議政府)의
사인(舍人)이요, 은사로 빠지면 더 더 더 높은 이조참의
(吏曹參議)로 막바로 올라갈 수 있지 않아? 예로부터 높
은 벼슬 바라보고 공부하는 놈보단 숨은 선비를 더 쳤단
말야. 그게 우리유학의 본 정신일쎄.

선비C : 웃기는 소리하지 말게! 아니 은사면 끝끝내 은사로 남
아야지, 숨어 있는체하고 더 높은 벼슬바라는데 그게 무
슨 은사야! 우리나라 사림(士林)이라는 것도 은사를 가
장하고 정규적인 식년시도 안거치고 정계로 나가는데 문
제가 있어. 청류(淸流)다 탁류(濁流)다 하는 알목도 결
국 다 서로 눈가리고 아옹일쎄.[11] 명예로운 고립을 지키

리이지만 패말이 매우 복잡한 관직표로 되어 있다. 매칸마다 올라가는 방법과
벌칙이 적혀 있다. 패말이 "初"로 시작하여 "致仕仍退"로 되어 있다. 중앙직에
서 지방직으로 빠지면 중앙직으로 다시 올라오기가 힘들게 짜여져 있다. 이러
한 놀이를 통하여 유생들은 조선조의 관직의 이름을 외울 수 있었고 또 관직에
대한 상식을 늘릴 수 있었을 것이다. "從政之圖 我朝官錄"이라고 제목이 붙어
있다. 나는 이 승경도를 캠브릿지(하바드대학 소재지)에 살 때 그곳의 유지며
한국의 국보급 골동품을 많이 소장하고 있는 그레고리 헨더슨(Gregory Hender-
son, *Korea: The Politics of the Vortex* [Cambridge: Harvard University
Press, 1968]의 저자, 자유당시대 미대사관 문정관)씨 집에서 처음 보았다. 그
리고 전품에 너무도 무기한 니끼 신의 모습에 충격을 받았다. 이 승경보산은 혼
양민속박물관에 소장되어 있다. 고려대학 민족문화연구소에서 나온 『韓國民俗
大觀』(1982), 제 4권, 308쪽에 그 그림이 실려있다.
10) 관명이 아니라 승경도에 있는 한칸의 이름. 다음에 이어지는 이야기도 모두 승
경도의 규칙상의 이야기들이다.
11) 청류는 정규적 시험을 거쳐 올라온 관리, 탁류는 비공식적 케이스, 천거등에 의
하여 올라온 관리를 말한다. 중국이나 한국이나 역사를 통해 항상 이 문제는 관
료사회의 알목의 큰 소지였다.

는 처사로 남기란 역시 어려운 일이야. 불출문호지천하(不出門戶知天下)가고 문밖을 나가지 않아도 세상이 다 보이는 선비로서 고독하게 산다는 것처럼 어려운 일은 없을걸세.

이몽룡 : 요렇게 빤히 몇개 안되는 관직을 놓고 그많은 양반님네들이 서로 잡술려고 눈에 불을 키고 있으니 당쟁이 안일어날 수 있겠나? 당쟁이란 숙청일쎄. 숙청이란게 무언가? 돌아가면서 해쳐먹자는 게지 뭔가.

선비D : (윷목이 마루위에서 구르는 쵤이 나오고 다시 승경도로 옮아간다) 아이쿠 홍패가 이조정랑(吏曹正郞)자리를 잡수셨구만. 이젠 죽었다.

선비A : 아니 낭관(郞官)이래야 정 5 품에 불과한데 뭘그래.

선비B : 아니 이녀석 넌 향시(鄕試)를 준비한다는 놈이 그래 낭관이 얼마나 쎈지도 모르고 있었니? 고관대작의 인사행정이 모두 낭관손에 달려있단 말야. 이조정랑은 말야 관직에 천거되는 사람이 자기마음에 들지않으면 임금님께 올라가는 명단에서 빼버릴 권리가 있어. 아니 그뿐인가? 전임될 때는 후임자를 자기자신이 자천하는 전주권(銓注權)마저 가지고 있었거든. 그러니 낭관에 사람이 한번 잘못들면 어찌 해볼 도리가 없는게야.

선비C : 이조정랑자리는 비록 당하관 중에서도 낮은 품위에 속하지만 그 자리에 누가 앉냐~는 것은 장안의 관심사야. 정랑자리를 확보하는 붕당이 결국 관권을 장악하게 되는 것이니까. 아니 거 을해년 동서분당(東西分黨)도 낭관자리 가지고 김효원이 심의겸대감하고 싸운데서 벌어진 일 아닌가?

이도령 : 이조의 낭관에게 천망거부권을 준 것은 원래 고관들의 정실인사를 막자는데 그 뜻이 있었지. 패기있고 물들지 않은 젊은 인물로 하여금 관권의 균형을 재보도록 한거겠지. 그런데 날이 지날수록 젊은 놈들부터 썩어버리는데 어떻게 공평을 바라보겠나. 도대체 출사하여 관직을

맡게 되면 붕당에 속하지 않을 수가 있냔말야. 자리는 몇개 안되지. 서로 쳐먹을려는 놈은 많지. 쌈박질이 안 일어날 수 있겠어. 우리도 과거공부한다는게 결국 이런 썩은 물에 한다리 끼자는 거지 무엇인가?

선비C : 아니 자네는 신해년 초시(初試)까지 합격해 놓고 뒤 사승자박하는 이야기를 하고 있어. [12]

---

12) 이쯤에서 과거제도에 대한 개략적 설명이 필요할 것같다. 앞의 序說에서 언급한 바와 같이 이 『새춘향뎐』의 묘미는 『춘향뎐』의 상징성을 그 상징성을 잉태시킨 현실성으로 환원시킨데 있으며 그러한 현실성의 핵심은 과거제도에 대한 진실한 이해다. 과거제도를 이해하지 않고서는 이 극을 이해할 수 없다. 우리는 과거제도에 대한 너무도 피상적 단순한 견해만 가지고 있는데 이러한 견해의 오류가 대강 『춘향뎐』의 그릇된 인상에서 막연히 생긴 것이라는 점을 감안할 때 나의 『새춘향뎐』의 의미는 큰 것이다. 조선조의 과거제도는 오늘날 우리가 체험하고 있는 "고등고시"와 동일한 맥락을 지니고 있는 제도로서 오늘의 "고등고시"보다 훨씬 복잡하고 종류가 다양하다. 우선 정규적인 시험을 식년시(式年試)라 하고 비정규적인 시험을 통칭하여 별시(別試)라고 한다. 여기서는 우선 정규적인 식년시에 한하여 이야기 하겠으며 식년시도 文科·武科·雜科중, 文科에 한하여 논하겠다.

文科는 우선 小科와 大科로 나뉘는데 小科를 生進試 혹은 監試·司馬試라고도 하고 大科를 그냥 文科 또는 東堂試라고도 한다. 小科는 요새 말로하면 "일차시험"이고 大科가 "본시험"이 된다고 생각하면 된다. 그리고 小科는 生員試와 進士試의 두 科가 있는데 生員試는 五經義와 四書疑 二篇으로 試取하는 철학시험이고 進士試는 賦一篇과 古詩·銘·箴중 一篇으로 試取하는 문학시험이다. 적성에 따라 선택할 수 있으며 두과 모두 본시험인 文科大科에 응시할 자격이 있으며 大科에서는 生·進의 구분이 없다. 그리고 小科와 大科가 모두 初試와 會試(覆試라고도 함)의 2次로 나뉘어져 있으며 大科의 경우 覆試 다음에 殿試가 하나 더 추가된다. 실제적인 최종 합격은 大科覆試이지만, 大科覆試급제자 33人의 등급을 매기는 시험은 임금님이 親臨하시는 데서 이루어지는 것으로 그것을 殿試라 했다. 여기서 최종적인 狀元이 탄생되는 것이다. 그러니까 정규시험코스를 거치자면 다섯번의 시험지옥을 거쳐야만 하는 것이다. 法典에서 "以子午卯酉年 設行"이라고 하고 있는데 이는 정규 식년시가 子·卯·午·酉의 해에 이루어진다는 뜻이니 3년에 한번이 되고 이해를 式年이라고 부른다. 小科大科의 覆試와 殿試는 式年의 3·4월에 치르지만 小科大科의 初試는 式年의 전해인 寅·巳·申·亥의 해 8월에 실시하였다. 그러니까 小科初試부터 大科殿試까지 낙방없이 스트레이트로 진행해도 꼭 5년이 소요되는 것이다. 그리고 가장 엘리트코스인 성균관코스는(요새로 치면 서울법대 코스?) 생원·진사시험에 합격한 사람이 성균관에 입학하는 코스인데, 성균관에 입학하여 明倫堂양옆의 東齋·西齋의 기숙사에 살게 되며 엄격한 규율의 생활을 거친다. 물론 모든 경비는 국비다. 매일 아침·저녁 進士食堂의 식사에 두번 다 출석하여 정간(井間) 到記(출석부)에 성명을 기입하고 화압(花押)을 찍으면 圓點 1點을 획득하게 되는데 이것이 300點이 되어야 비로소 文科初試에 응시할 자격이 생기는 것이다. 캠브릿지나 옥스퍼드의 칼레지의 기숙사생활에서도 식사할 때는 반드시 정장을 해야하고

이도령 : 지금 이 썩은 세상에서 과거급제하여 출세한다는 것이 민폐만 가중시키는 사욕을 채우는 길이라는 것을 모를 놈이 어디있겠어. 양심이 살아 있다면 말일쎄. 우리의 삶은 모순이야. 모순투성이란 말야. 가지 말아야 할길을 가고 있으니——.

이도령옆 기생 : 인생은 부운이라(판소리조로 쭉 뽑는다), 애이그 선비님들은 행동은 없으시면서 왜 이리 구설만 분분하시옵니까. 쇤네들처럼 구설없이 살아가는 것도 좀 배우사이다. 명옥(明玉)아~ 빨리 윷목이나 굴려라. 굴려라 굴려！
(윷목이 두루루 굴러 다 엎어지면서 모가 나온다. 이 동안에 중간중간 이도령과 춘향이의 연정의 눈길이 소리없이 마주치면서 심각하고 침중한 분위기가 깔린다.)

선비A : 어어라！ 청패는 다 기어올라왔다가 지방직으로 빠지잖아.

그 식사규칙이 가장 엄한 것과 비교하면 동서문화가 결국 같은 교육이론 위에 서있다는 것을 알 수 있다. 이것은 모두 내가 말하는 "몸철학"의 교육관에서 온 것이다. 과거제도를 간단히 도식으로 표기하면 다음과 같다.

科	別		初　　　試	會(覆)試	殿　試
文科	小科	生員試	鄕　試(500)　(700) 漢城試(200)	生　員 (100)	
		進士試	鄕　試(500)　(700) 漢城試(200)	進　士 (100)	
大　科		成均館	(上齋生) 生員(100) 進士(120)　圓點 升補生　300 (下齋生)	鄕　試(150) 館　試(50) 漢城試(40) (240)	及第(33)　及第(33)

과거제도연구에 도움을 준 문헌은 『經國大典』「禮典」외로, 歷史學會篇, 『科擧』(서울 : 一潮閣, 1985)가 도움이 되었고, 그 외로도 많은 참고서가 있으나 나에게 가장 큰 도움이 된 글은 曺佐鎬의 "學制와 科擧制," 국사편찬위원회편 『한국사』(탐구당, 1984) 제10권 兩班官僚國家의 社會構造의 113~183쪽이었다. 관심있는 자의 일독을 권한다. 그러니까 본문에서 이몽룡은 式年전해인 辛亥년에 전주에서 열린 鄕試初試에 이미 합격했다는 것을 뜻하고 나머지 4명은 초시도 합격못한 초시를 준비하고 있는 어린 초년병들이다.

선비B : 외관직(外官職)으로 한번 빠지면 경직(京職)으로 올라오기란 여간 어려운 일이 아닐쎄.

선비C : 암~ 요즘같은 안동김씨 세도판엔 외직으로 한번 빠지면 토반(土班) 행세할 밑천이나 부지런히 긁는 것이 상책이지.

이도령 : 지방민을 다스리는 수령이란 모두 중앙에서 파견되어 내려오는 관(官)[13] 일 뿐이니 그럴 수밖에 없잖은가. 중앙에서 내려오는 관은 지방에 토착적 뿌리가 없으니까 재직 동안 실컷 해쳐먹고 도망가면 그뿐이고,[14] 뜻있는 선비 관도 결국 지방세력인 향리에 얹혀 놀뿐, 아전·서리새끼들의 부패의 벽을 뚫을 길이 없단말야. 정약용선생의 『목민심서』(牧民心書)란 책도 결국 중앙에서 내려온 목민관이 지방의 아전·서리새끼들에게 어떻게 속지 않고 다스릴 수 있느냐는 묘방을 구한 책이지만 별 수 있나. 종기가 곪을대로 곪았는데 터지는 것을 기다릴 뿐이지 무슨 묘방이 있겠나. 제도 그자체가 잘못됐는데——. 정약용선생도 문제의 근본을 제대로 보지 못했단말야. 딱한 일이지——.

선비D(용수) : 아니 자넨 사또의 아들이 어찌 그런 말을 마구 내뱉을 수 있나? 전국의 땅이 모두 왕토요 전국민이 모두 왕의 신민인데 그럼 지방관을 중앙에서 임명치 않고 무슨 딴 대책이 있을 수 있겠나?

---

13) 중앙에서 파견되어 내려오는 뷰로크라트를 관(官)이라 하고, 지방에 토착적 뿌리를 두고 있는 뷰로크라트로서 갈리지 않는 세력을 리(吏)라고 한다. 이들을 합쳐서 우리는 보통 "관리"라고 부른다. "리"는 대개 중인(中人)이다. 官과 吏의 대립, 특히 吏의 부패와 거기에 얹혀서 놀아나는 官의 문제는 조선사회의 가장 고질적 병폐며 오늘날 대한민국 공무원사회에까지 척결되지 않고 있는 뿌리 깊은 암적요소다. 그리고 더더욱 웃기는 일은 조선조사회는 이 지방의 吏(鄕吏)들에게 아무런 봉급도 지급하지 않았으니 이것은 적당히 부패해서 적당히 해쳐 먹고 살라는 뜻이다. 양반(官)의 이익을 대변할 뿐인 정약용은 이러한 제도적 문제에 대하여서는 『牧民心書』에서 일언반구도 말하지 않았다. 정약용도 내 판단으로는 이러한 측면에서 한심스러운 사상가일 뿐이다.

14) 바로 원래의 『춘향뎐』은 변사또의 이러한 측면을 고발하고 있다.

이도령 : 용수! 자넨 똑똑하니까 서학(西學)에 관한 책도 좀 들
여다보게. 중국에서 유입된 서양문물에 관한 책들도 참
고가 될 것이구만. 다 취할 것은 없지만 생각해 볼 것이
있어. 우리는 지금 꿈꾸고 있단 말야!

이도령옆 기생 : 아이 도련님,[15] 너무 심각한 말씀만 하지 마세요.
도련님 아버님 본관사또께서 이 고을에 부임하신 후론
황구첨정(黃口簽丁)이나 백골징포(白骨徵布)등 무리한
군포징발이 없어지고 환곡(還穀)의 이자가 낮아져서 모
두 칭송이 자자합니다.[16]

---

15) 지금은 보통 결혼하지 않은 시동생의 존칭으로 "도련님"을 쓰지만 옛날에는 "도
령"의 일반존칭으로 "도련님"을 썼다. 도령은 원래 불교용어인 도려(闍黎) 도리
(闍梨)에서 유래한 것으로 지체있는 총각을 일컫는 말이다. 도령의 존칭은 "도
령님"이 아니고 "도련님"이 됨을 주의하라. 『춘향뎐』古本에는 "도련임"으로 표
기 된 것이 많다.

16) 조선조는 지금 대한민국과 같이 국민개병제이다. 그런데 재미있는 사실은 국민
개병의 정규군이 없는 국가다. 그렇게 많은 직업군인을 부담으로 안고 있을 필
요가 없다. 그러니까 군대는 없고 병역의무만 있는 셈이다. 결국 전통사회에서
는 農·兵이 완전히 분리되지 않았다는 것을 의미한다. 병역의무는 16세부터 60세
까지의 丁男에 모두 해당되는데 이들의 軍役이란 결국 身役이고, 이 身役은 收布
代役(布를 받고 役의무를 면제해 주고 다른 사람을 雇立한다)의 형태가 정착되
어 결국 일종의 세금이 되었다. 이것이 바로 軍布라는 것인데 軍布라는 것은 조
선땅에서 사는 16세 60세사이의 男子라는 이유로, 그야말로 아무 이유없이 존재
한다는 이유만으로 돈을 내야하는 비러먹을 세금이다. 곧 人頭稅인 것이다. 인
두세는 정남 1명에 대하여 布 2필(쌀 12말)이었으니 그 부담은 막중한 것이었다.
한집에 남자 3이면 일년에 무조건 布 6필을 내야한다. 얼마나 터무니 없는 짓인
가? 1750년(英祖 26년)에 채택된 均役法의 실시로 이 2필의 軍布는 1필로 반감
되었으나 이것은 완전히 가외의 세금일 뿐아니라 타 세금이 부가되었음으로 부담
은 여전히 큰 것이었다. 布 1필의 평균환율은 米 6斗에 해당됨으로 그것은 단위
경작면적(1結)에 대한 田稅 4斗보다도 높은 액수다. 그리고 가장 악질적인 것은
양반에게는 軍布를 징수하지 않았다는 사실이다. 또 노비는 국민이 아니므로 軍
役의 의무가 없다. 그러니 良民만 죽어나는 것이다. 소위 쌍놈(常民)들만 들볶
이는 것이다. 良民인 농민들은 경작지를 버리고 유망 또는 도망해 버리는 경우
가 허다하여 지방의 軍籍은 虛籍이 되어버리고 관청의 帳籍상의 정남의 수는 실
제수보다 많은 것이 상례였다. 軍布의 징수를 책임졌던 지방관은 그의 책임량
을 다하기 위해 갖은 수단과 방법을 가리지 않았는데 黃口簽丁이란 유아를 丁男
으로 간주하여 軍布를 물리는 것, 白骨徵布는 사망자를 丁男으로 간주하여 軍布
를 징수하는 것이다. 모두 악랄한 향리들의 수법이다. 還穀이란 지방수령이 봄철
춘궁기에 官穀을 대출하여 주고 추수 이후에 이자붙여 회수하는 일종의 진휼책
(賑恤策)으로 시작된 것인데 이것은 결국 국가가 국민에게 고리대금업을 해먹는
꼴이 되어 지방향리들이 버라벨 명목으로 농민에게 강제적으로 뜯어먹는 가장
악랄한 구실을 제공한 제도가 되었다. 환곡의 이자는 원래 中央에 호송하는 것이

176

이도령 : 우리같은 남인들이 뭐 별 볼일 있겠나. 민심의 수습이란 이미 쉬운 일이 아닐걸세. 모두 미봉책에 불과할 뿐이야. 도처에서 민란의 소식은 들려오는데…… 에이~ 해골이 복잡해진다. 때려치자, 때려쳐.

기생B : 선비님네 좋은 생각이 있아옵니다. 앉아서 입방아 찧는 놀이 마시고 서서하는 투호(投壺) 놀이나 하시지요.

선비A : 어~ 그 좋은 생각이다. 투호로 벌주나 실컷 멕이고 마셔보자. 자~ 그럼 사사(司射)를 정해야지.[17]

사사(선비D) : 주인은 동편, 빈객은 서편에 자리하시오(의례적인 목소리로 엄숙하게). 그리고 모두 남면하시오.[18]

(화살을 던지는 장면, 깔깔거리는 장면이 엇갈리며 연속된다.)

사 사 : 수를 세시요(옆에 놓인 화살을 두개씩 세어 나가면서 마루위에 늘어 놓는다).

승자는 술을 뜨시요.(술을 항아리에서 뜨는 동작.)

패자는 무릎을 꿇고 벌작을 마시요.

(이도령은 승자앞에서 무릎을 꿇고 잔을 높게 올려 들어 "사관"[賜灌]이라고 크고 엄숙하게 소리를 하고 벌주를 꿀걱꿀걱 들여 마신다.

이 동작이 끝나고 승자는 다시 주인 앞에서 무릎을 꿇고 잔을 높게 들어 "경양"[敬養]이라고 크게 소리하고 이긴자로서 술을 마신다.[19]

이런식으로 게임 한세트를 儀式的으로 보여주고 이도령이 계

아니라 지방관아의 경비에 충당하는 것이었기 때문에 지방관리들이 사리사욕을 채우는 가장 무난한 방법이었으니, 농민을 가장 직접적으로 괴롭힌 것은 바로 이 還上(환곡)과 軍布였던 것이다. 이 드라마는 바로 이 환곡과 군포문제를 중심으로 임신부의 백성의 생활상이 그려지고 있고 플로트가 전개되게 되는 것이다.

17) 『禮記』卷第十九, 第四十篇이 바로 「投壺」로 투호놀이에 관한 것이다. 나는 조선조의 투호놀이의 실상을 소상하게 알길이 없어 투호놀이의 민속도와 『禮記』의 내용을 참고하여 다음의 놀이방식을 구성하였다. 司射는 이 놀이의 사회자이며 재판관이다. 우리나라에선 주로 궁중에서 많이 한 놀이인데 나는 이것이 원래 민간의 선비놀이었음으로 여기에 쓴 것이다.

18) 주인과 빈객이 모두 남쪽으로 향하여 서서 앞에 놓인 병에 살을 던져 넣는다.

19) 當飮者皆跪奉觴曰, 賜灌。勝者跪曰, 敬養。『禮記』「投壺」.

속 술을 들이키는 장면이 나오고 술이 취하면서 굿거리장단의 풍
물음악이 나오면서 분위기가 싹 바뀐다. 술취하는 장면 이전까
지는 매우 엄숙한 선비들의 의례적 분위기로 끌다가 갑자기 흥
겹게 바뀌면서 자리깔은 초원위에서 춤판이 벌어진다. 누각위
에서 내려온 것이다.)

場 6. 초원위 한데 어울린 신나는 춤판

삼현육각의 반주가 있어도 좋다. 신나게 선비 5명과 기녀 5명이
어울려 춤을 춘다.

이도령 :   어어 취한다.

（이도령은 얼큰하게 취하여 상기한 모습을 하고 있다. 여럿
이 어울려 춤추다 춘향이와 춤사위가 멋있게 맞어 들어간다.
여기서 춘향이의 춤사위는 우리 고전무용의 정수를 보여주는
정말 아름다운 춤으로 표현되어야 한다. 우주를 휘감는 원형
의 감싸는 동작. 춘향이의 얼굴 표정은 모든 것을 말한다. 두
사람의 사랑의 해후의 진지함이 표현되어야 한다. 이도령이
마구 춤출 때 나중엔 음악이 없어지면서 모든 것은 싸이런트,
動中靜! 이몽룡은 춘향이의 나부끼는 소매를 배경으로 움직
이면서 독백을 시작한다.)

에이 비러먹을 세상, 희망이 없어. 술이나 실컷 처먹
고 쓰러졌으면 좋겠구만. 너무 캄캄해. 빛이 보이질 않
찮아. 아~ 저기 빛이 보이는군. 저 퇴기딸년 춘향이 얼
굴에서말야──. 저 애는 뭘 안다고 저렇게 도도하지,
왜 저렇게 말이 없지. 너 춘향이! 넌 도대체 뭐냐. 왜
내 삶에 나타나 날 괴롭혀. 에이! 물러가라!

（춤사위가 거칠어지면서 팔을 확 휘젓는 동작이 나타나고 이
도령은 카메라 쪽을 향해 확 덮으면서 풀밭위로 쓰러진다. 일

굴이 확 클로즈엎.)

場7. 전형적 文房四友로 꾸며진 선비방

담박하고 깨끗한 느낌을 주는 방이어야 한다. 벽과 천정을 색깔
없는 고상한 한지로 모두 도배한 방이어야 한다. 옥색이 비치는 무
명옷을 입고 앉아 있는 이도령. 발이 드리웠고 그 툇마루엔 방자가
앉아 있다.

이도령 : (『大學』을 書案위에 펼쳐놓고 읽고 있다.) 대학지도(大學之
道)는 **재명명덕**(在明明德)하며 **재신민**(在新民)하며 **재지
어지선**(在止於至善)이니라. 큰배움의 길은 밝은 덕을 밝
힘애이시며 民을 새롭게함애이시며 지극한 선에 지함애
있나니라(전통적으로 우리가 읊는 방식, 멜로디로 낭랑하게 읊
어라). [20]

방 자 : 아 돼렌님. 돼렌님은 시부(詩賦)에 능하신께 진사과로
올라가셔야 할 것이요, 이. 아니 웬 경서(經書)만 그렇게
반복하신다요. 지겹지도 않으시요. 그만해도 진사과는
찰싹 갯엿처럼 붙어 버릴 것인디, 잉. [21]

---

20) 여기 실린 『大學』의 우리말 번역은 純祖二十年(1820)刊行된 庚辰新刊內閣藏版
『四書諺解』의 諺文을 참고한 것이다. 내가 임의로 한 것이 아니다. 그래서 "밝
힘애이시며"와 같이 됐다. 원문은 "붉킴애이시며"로 되어 있다.

21) 앞서 말한대로 生員科와 進士科는 지금 行試에도 과목이 나뉘어 있는 것과 같이
科擧 一次試驗(小科)내의 과목이다. 사실 "科擧"란 말의 "科"字가 바로 이 科目
을 의미하는 것이다. 우리가 서양의 "science"를 "科學"으로 번역한 것도 바로
"科目으로 나뉘어진 배움" 즉 전통적인 通才的 배움에 대하여 分科된 배움이란
뜻으로 "科學"이란 말이 성립한 것이다. 生員·進士 兩科는 擧子(거자, 응시
자)가 선택할 수 있으며 兩科가 시험날자가 다르기 때문에 모두 응시하는 것도
가능하다. 이 科別은 大科에서는 없어지지만 결국 生員출신, 進士출신이란 렛델
은 관료생활평생에 붙어다닌다. 조선왕조는 국책적으로 초기부터 철학적 이념
(유교윤리적 이데올로기)을 강화하기 위하여 철학(四書五經)시험인 生員科를 높
이었지만 "꽁생원"이란 우리의 일상언어가 말해 주듯이 生員출신들은 대부분 딱
딱하고 답답하며 행정에 융통성이 없을뿐아니라 행정관료로서 필요한 문장력이

이도령 : 아니 이놈아, 진사과가 생원과보다 더 어려운 줄을 모르
느냐. 그리고 경학에 바탕이 없는 사장(詞章)은 실속없
는 말장난일 뿐, 허세허풍만 키우는 꼴이니라. 네가 뭘
안다고 옆에서 훈수냐.

방 자 : 아니 서당개 삼년이면 풍월을 읊는다고 하지않습디어.
돼렌님 마음이 뒤숭숭한갑네요, 잉. 독경소리가 왜 히말
데기가 없오? 잠깨시라구 『고금소총』(古今笑叢)이나 기
꼬을께라우. 22)

부족했다. 이에 반하면 詩‧賦로 뽑는 문학시험인 進士科를 거친 進士출신들은
보다 로만틱하고 활달한 성격에다가 문장력이 뛰어나 이성적 냉철함은 生員신
에 뒤질지 몰라도 행정관료로서 필요한 사장에 밝았다. 따라서 進士출신들이
자연히 官界에서 더 화려한 세력을 형성하게 되었고 때문에 조선조를 통하여 生
員보다는 進士를 더 알아주었고 進士科의 인기가 擧子들간에 더 높았다. 그리고
지방의 擧子들은 대부분 이 進士가 되는 것으로 최종목표를 삼은 사람들이 대부
분이었다.

22) 나는 평소 우리나라의 전래문학책중에서 『古今笑叢』을 가장 위대한 우리민족유
산의 하나로 생각해 왔다. 나는 중학교 3학년에 趙靈巖씨가 번역한 『古今笑叢』을
읽고, 남들이 이것을 포르노책으로 읽고 있을 때, 그러한 전율을 느꼈다. 지금
한국문학사의 연구가 아직도 좁은 이데올로기의 틀을 벗어나지 못하고 있다는 사
실도 이러한 측면에서 재고반성되어야 할 것이다. 『古今笑叢』을 아직도 포르노문
학(pornography)의 한류 아니면 기껏해야 골계문학(humor literature)의 한 장르
로 처리하고 있는 것은 우리나라 문학계의 단견을 단적으로 나타내는 것이다. 기
실 『古今笑叢』은 고유명사가 아니다. "옛과 지금의 우스운 이야기들의 모음"이란
일반명사일 뿐이며 그것은 고유명사적 제명을 가진 보다 작은 책들의 모음이다.
현존하는 『古今笑叢』에는 십대기서(十大奇書)라고 하는 徐居正의 『太平閑話』, 宋
世琳의 『禦眠楯』, 成汝學의 『續禦眠楯』, 姜希孟의 『村談解頤』, 洪萬重의 『蒬葉志
諧』, 副墨子의 『破睡錄』, 張漢宗의 『禦睡新話』, 작자미상의 『醒睡稗說』, 『攪睡襪
史』, 『奇聞』이 수록되어 있다. 그리고 이 십대기서 자체가 각각 단편적 이야기들
의 모음으로 구성되어 있는데 이 이야기들은 대개 편저자의 창작이라기 보다는 당
대 조선조사회에 유행하던 고하층 민담을 망라한 것이다. 『고금소총』은 특수문학
장르로서 천시되어야 할 것이 아니라 조선조 전체 사회생활상의 실상을 파악할 수
있는 역사자료로서 다각적 시각에서 분석되어야 한다. 아마도 그 재치와 생동감
은 어느 漢籍도 미칠 수 없을 것이며 살아있는 우리선조들의 실제모습을 실감있
게 느끼게 하는 것이다. 그리고 "잠을 막는 방패"(禦眠楯), "잠깨게 만드는 기록"
(破睡錄), "잠못이루게 만드는 여러 역사이야기"(攪睡襪史), "턱 빠지도록 웃기는
마을 이야기"(村談解頤)등등의 제목이 말해주듯이 이 책들은 儒生들이 시험공부
하는 동안에 졸리는 經書 읽다가 잠깨기 위해서 읽는 책이기도 했던 것이다. 이
것을 읽는 동안 죽침이 다시 빳빳하게 서면 또다시 공부하곤 했을 것이다. 우리
가 시험공부한다고 밤샘할 때면 의례 동네 만화집에서 만화빌려다 봤듯이. 그러
니 조선조의 유생들은 경서보다도 古今笑叢류의 책을 더 읽었을지도 모른다.
그만큼 이책은 그들의 삶의 감정과 더 밀착되어 있었다는 증거이기도 하다. 나

180

　　　　(방자는 방뎅이에 깔고 있던 책을 툭툭 쳐낸다.)

이도령 : 아이놈, 그건 또 어디서 났느냐.

방　자 : (싱긋 웃으며) 아랫마을 김선비가 밤이면 꺼내놓고 읽어 주는디 그렇게 재미있을 수가 없지라우. 돼련님, 졸리신 모양인디 한 수 읊어 드릴께라우. 이 속에도 문장이 엄청 깊당께요, 잉.

이도령 : (고개를 끄덕인다.)

방　자 : 옛날에 한 선비가 몸집이 으찌나 작았던지 겨우 사람모냥새만 갖췄을 뿐인디, 도시 파리새끼맨치로 쬐깐허다요, 잉. 이 선비가 장가를 갔는디 잉 신부는 몸집이 겁나게 커가꼬 잉, 아~ 서방 쬐까난 꼬라지보고 속으로 얼마나 시패봤던지, 지애비가 첫날밤 동침할려고 가까이 옹깨, 얼마나 같잖았것소, 잉. 신부가 콧방귀를 꿔면서 "차하물야(此何物也), 아이 요게 뭣이랑가"하고 소매를 잡아 요강속에 던져 부렀으라우. 요강속에 좁쌀겨가 떠 있응깨 신랑이 그 욱에 앉아 시를 읊어대는디

춘수선 여천상좌요

> 春水船如天上坐　(자막)

봄 물결우의 배띄우니 천상에 앉은 것 같도다~ 했드라우.

쪼까 있다가 신부가 오짐을 그 구녕으로 좍~ 좍~ 쏟아 내는디, 아이 그 오짐을 쳐다보면서 또 시를 읊어댔지 않것소 잉.

비류직하 삼천척이요

는 그러한 이유로 이 장면에서 『古今笑叢』의 이야기를 삽입시켰다. 다음에 방자가 하는 이야기는 唐詩를 가지고 우스운 이야기로 꾸며 그 효과를 자아낸 겻인데 『攪睡襍史』에 나오는 "投夫溺缸"(남편을 던져 요강에 빠트림)의 고사이다. 그리고 이 이야기를 어떠한 형태로 화면에 처리할른지는 나의 생각이 미칠 수 없고 감독의 역량에 맡긴다. 앞서 말한바 대로 방자는 고유명사가 아니라 지방관아의 잡역의 일반명사이므로 이 극에서는 방자역의 고유한 의미는 전혀 없다. 따라서 이 장면의 삽입외로 방자에 의미를 주는 어떠한 장면도 있을 수 없다.

의시은하 낙구천이라

> 飛流直下三千尺
> 疑是銀河落九天 (자막)

날라 떨어지는 폭포수는 삼천척이요 은하수가 구천에서
떨어지는 것이 아닌가 하노라.

헌즉, 신부가 오짐을 다 싸고 놋쇠요강 뚜껑을 탁 덮응
께 쨍그랑 소리가 나더라요. 신랑이 그 깝깜한 속에서
다시 시한수를 읊어대는디,

고소성외 한산사에
야반종성 도객선이라

> 姑蘇城外寒山寺
> 夜半鍾聲到客船 (자막)

고소성밖 한산사에
한밤중 종소리가 뱃전에 들리노라～ 하드라요.

이도령 : (깔깔 웃으며) 엣기 이놈, 물러가거라. 너하고 있단 공부
다 하겠다.

　　　　(방자 사라진다.)

이도령 : (『대학』 위로 다시 시선을 옮긴다. 다시 조용한 분위기. 책을
아무리 집중해서 들여다 보아도 책위의 문자형상이 아롱지어 춘
향이 얼굴로 드러날 뿐이다. 춘향이 모습을 지울려고 또 지울
려고 하다가 못견디고 일어나 선비도포입고 학춤을 추기 시작
한다. 여기서 우리나라 양산학춤의 격조높은 품위를 마음껏 과
시해야 한다. [23] 학춤장면이 도포자락 구겨지는 소리만 들리는
정적과 미묘한 움직임 속에 고독한 느낌으로 멋들어지게 이루

---

23) 나는 명무전(名舞展)에서 김덕명씨가 추는 양산·동래학춤을 보고 우리나라의
춤으로서 꼭 전세계에 과시하고 싶은 명무라고 생각했다. 덧배기 장단에 맞추어
추는 이춤은 학의 깨끗함에 비유된 선비의 고결한 모습을 상징하는 것으로 학모
양을 만들어 추는 궁중무용과는 그 격이 소양지차를 이룬다. 도포자락과 갓의 선
율로 만들어가는 몸의 율동은 動과 靜의 음양이 매우 아름답게 안배되어 있다.
그 품격으로 따지자면 우리나라의 어느 민속춤도 따라가기 힘든 그 무엇이 있다.
이런 장면은 김덕명씨의 지도를 받아야 할 것이라고 생각된다.

어 지다가 춤모습이 이지러지기 시작한다. 아무리 춤을 만들어
불려고 애써도 춤이 이루어지질 않는다. 학이 제작을 찾지못
해 애쓰는 모습. 이도령은 드디어 문을 열고 어둠속을 헤쳐나간
다. 미친듯이 실성한 듯이 달려간다. 어둠속으로.

場 8. 춘향이와 이몽룡의 야우(夜遇)

　초생달이 떠있는 밤, 뚝방 위. 계절은 봄. 화면 한 쪽에 춘향이
가 나와 있고(클로즈 쇼트에서 롱 쇼트로) 이도령이 그쪽으로 막 뛰
어간다. 모든 장면이 그러하듯이 "스토리의 인과관계"는 중시될 필
요가 없다. 그런 것은 이미 역사를 통하여 한국인의 의식속에 축적
되어 있기 때문에 그러한 인과를 나타내기 위하여 화면을 소비하는
낭비는 해서는 안된다. 생략할 수 있는 것을 최대한 생략함으로써
강렬한 상징성을 부각시킨다. 춘향과 몽룡은 이러한 상징적 화면구
성속에서 극적으로 만나게 되는 것이다. 그리고 나는 이 장면을 구
성하는데 있어서, 즉 『춘향뎐』의 상징성을 현실성으로 환원시키는
작업에 있어서 가장 고민한 것은 전통적 춘향과 몽룡의 사랑의 관
계의 성립이 "심각성이 결여된 히야카시(희롱)" 정도의 느낌밖엔
들지 않는다는 것이다. 역시 양반사회에 있어서 양반의 입장에서
춘향이라는 처녀기생을 "따먹는" 느낌밖에는 들지 않는다는 것이
다. 나는 이러한 측면을 지양하려고 노력하였다. 따라서 이몽룡은
자신의 현실을 부정, 초극하려는 진지한 자세가 우러나오는 모습으
로 그려져야 한다. 이점이 바로 감독이 주의해야할 점이다. 춘향이
는 장옷으로 상체를 가리고 얼굴만 내놓고 있고 이도령은 썩썩하게
상기된 얼굴(홍안의 미소년의 느낌), 춘향이 앞에 와서 장엄하게
우뚝 멈춘다.

이도령 :　소저(우람차게 부른다)!
춘향이 :　도련님(비정적으로 마주 부른다)! 이 밤중에 어인 일이 시
　　　　　　오니이까?(애타는 심정이 표현된 얼굴.)
이도령 :　몰라서 묻소. 이지러진 저달 모습이 너무도 서글퍼서 달

려왔오. 소저(힘차게)!

춘향이 : 소인의 마음은 이지러진 저 모습대로 하염없이 저 은하를 흘러갈 뿐이오니이다.

이도령 : 내가 돛대를 달고 삿대를 저으리다.

춘향이 : 도련님. 쉰네들은 돛대도 아니달고 삿대도 없이 가기만 잘 가옵니다.

이도령 : 아니되오. 내버려 둘 수 없오. 아니되오. 갈 곳이 있오. 내 길을 잡으리다.

춘향이 : 스스로 그러한 대로 내버려 두옵소서. 만지면 만질수록 거친 풍파만 이옵니다. 모두 익사할 뿐이옵니다.

이도령 : 빠져 죽어도 좋소. 갈데까지 가봅시다. 내 품에 던지시요, 그대의 삶을, 그대의 그 몸뚱아리를.

춘향이 : 아니되옵니다. 아니되옵니다. 소인은 천기의 딸이옵니다. 어찌 제 분수를 모르겠옵니까? 천한 것은 사람이 아닌온데, 어찌 사람께서 사람이 아닌 천기와 인연을 맺으려 하시나이까?

이도령 : 만물에 제각기 태극의 리(理)가 있다고 했는데,

萬物各有太極之理 (자막)

어찌 만물의 영장인 인간에게 리(理)가 없을 수 있겠오. 인간의 리란 인의예지(仁義禮智)를 구비한 것, 인간이라면 모두 인의예지를 아는 법이요. 아방(我邦)의 성리학(性理學)이 리(理)를 주(主)로 삼는다면 인간은 양반 쌍놈(班賤)을 불문하고 평등이오.

춘향이 : 그런 말씀 마옵소서. 리란 사람잡는 허울입니다. 인의예지(仁義禮智)의 리(理)란 양반만 가지고 있는 것이 아닙니까? 쌍것들이 어찌 인의예지의 리를 알겠읍니까? 곤장에 맞아 죽는 것은 동정이나 받지요, 리에 맞아 죽는 것은 보이지도 않습니다. 양반님네 리를 말하면 말할수록 이 사회의 위선은 깊어지고 쉰네들의 가슴은 멍들 뿐이

웁니다. 양반의 자식이 외방(外方)에 나와 삭첩하였단 말이나면 족보에서 이름빼고 사당참알도 할 수 없고 과거응시도 할 수 없다는 것은 우리 두 사람이 누구보다 더 잘 알고 있지 않습니까? 절망입니다. 절망입니다. 어찌 파멸을 자초하시려 하옵니까?

이도령 : 미치겠구려! 미치겠구려! 이 가슴을 답답하게만 하는구려. 어이 사람이 사람을 위해서 만든 것이 사람을 죽일 수 있단 말이요. 아니 족보·사당 무서워서 사랑도 못한단 말이요?

춘향이 : 사람은 사람사이에서만 살 뿐입니다. 어찌 인간세를 떠나 살 수 있겠읍니까? 어찌 양반네께서 족보·사당없이 사랑을 하실 수 있단 말입니까? 쉰네는 정실이 아니면 도련님 품에 들 수 없어요. 도련님은 저를 정실로 맞아들일 길이 없지요. 쉰네 가슴만 아픕니다. 어서 발길을 돌리세요. 쉰네는 소복입고 땅내음새 풍기는 쌍놈신랑이랑 조용하고 행복하게 삽니다. 살펴 주옵소서.

이도령 : 소저. 내말 좀 듣소! 그대 세태를 탄하는 것은 좋소. 양반의 죄가 어찌 끝이 있겠오. 허나 이 우주는 기(氣)요! 인간세(人間世)도 기요! 기는 잠시도 쉬지않고 변하게 마련이요. 리는 기를 따라갈 뿐, 기를 지배할 순 없오. 나는 리로 기를 죽이는 도학(道學)은 믿지 않소. 기는 우리의 느낌이요 진실이요. 난 퇴계 율곡 운운하는 병신새끼들을 모두 증오하오. 소저! 왜 사랑을 위해 족보를 불사를 수 없겠오?

춘향이 : 도련님 족보 불사른다고 양반족보 다 없어집니까? 관아에 있는 기적히나 불사를 수 없는 판에 어찌 그리 일이 쉽겠읍니까?

이도령 : 한 맺힌 소리 그만하오. 마음의 문을 어서 열어요.

춘향이 : (울면서 슬프게 끌어가라) 문이란 문은 꼭꼭 닫혀있지요. 이 가슴의 한이 어찌 저홀로의 한이오리까? 중생의 한이요 엄마가슴 맺힌 한입니다. 도련님은 이 한을 못푸세

요. 제발⋯⋯(비통). 사랑은 증오의 씨를 낳을 뿐이옵
니다. 생각을 거두시옵소서. 괴로와요. 괴롭습니다.

이도령 : 소저(힘차게 비극적으로 부른다). 소저 !

(하면서 춘향이를 껴안으려고 한다. 춘향이 몸부림치면서 돌
아 선다. 비통과 눈물로 얼룩진 얼굴을 한 춘향이 어둠 **속**을
헤쳐가며 허둥지둥 달려갈때, 그때 다음 가사가 구슬픈 계면
조의 판소리로 불러진다. 중머리장단.)

사랑 사랑 내사랑아 !
어이 내 사랑을 모를까
사랑하는 이 사랑할 수 없다하니
용기가 없음일까
사랑을 모름일까
사람을 모름일까

이도령 : (어둠속으로 발길을 돌리며 괴로운 표정으로 독백을 계속한다.
매우 서구의 드라마적인 냄새가 나는 부분.)

이 칠흑같은 어둠 텅빈 하늘이여 !
내 가슴에 구멍을 뚫어놓고
어이 찬바람만 불어대는고
저기 쪽빛치마 노란저고리
내 몸뚱이 휘어감아
흙덩어리 지었는데
터질듯한 이내가슴
태허의 회오리속에
사라지고 또 사라지고
이 흙덩이
울분만 쌓이고 쌓여
저주의 파멸만 깊어가누나
흩어지지마오 사라지지마오
그대 쪽빛치마 노란저고리——

(감격적으로 울분의 주먹을 불끈 쥐고 허공을 향해 괴롭게 울
고 또 운다. 大自然을 향한 大人의 울음.)

186

가자! 가자! 난 이대로 돌아갈 수 없어. 춘향아!

(허공의 밝은 달을 향해 부르는 "춘향아" 소리가 메아리친다.
이도령은 춘향이 집쪽으로 방향을 바꾸어 어둠속을 달려간다.
빠른 음악.)

場9. 춘향이 집, 춘향이 방, 초합(初合)

이 시퀀스에는 대화가 하나도 없다. 연출자가 가장 주의해야 할
점은 여기 모든 장면은 반드시 우리 국악인들이 그들의 음악에서
느끼는 세계에 대한 깊은 이해를 토대로 구성해야 한다는 것이다.
특히 "가야금산조"라는 우리 민족 예술의 정화(精華)가 과시하고
있는 모든 아름다움을 그 자체의 맛이 나도록 표현해 주어야 한다.
이것은 우리 민족 문화의 심층구조(deep structure)를 세계만방에
과시한다는 뜻도 될 것이다. 그리고 춘향이 역은 반드시 가야금을
탈 줄 아는 배우가 해야 할 것이다. 가야금을 탈 줄 아는 여자는 몸
냄새가 다르기 때문이다. 산조라는 음악의 언어를 통한 두 사랑하
는 남녀의 엑스태틱한 융합, 바로 그 융합을 통해 우리는 우리예술
의 고매한 정취를 흠상한다.

춘향이는 방에서 발을 드리우고 매우 구슬프고 느린 진양조로 산
조 앞대가리를 타고 있다. 함동정월 혹은 김죽파 성금연 기타 산조
의 앞머리. 농현의 깊은 울림의 맛이 나와야 한다. 느낌은 초가을
의 쌀쌀하고 소조한 분위기. 첫장면은 춘향이 집 담너머에서 이도령
이 춘향의 가야금소리를 듣는 것으로 시작한다. 그리고 다음의 시
퀀스로 장면들이 진행한다.

1. 이도령이 월장한다.

2. 이도령이 춘향방문 앞에 선다.

3. 춘향이 아랑곳없이 가야금에 심취하여 자기의 슬픈 심정을 표현
   하는데만 열중한다.

4. 이도령은 방에 들어서서 가야금 앞에 놓여 있는 북채를 잡고 북을

두드리기 시작한다.

5. 이때부터 가야금과 북채의 음양조화의 대화가 시작된다. 느린 진양부터 ──→중머리 ──→중중머리 ──→자진머리 ──→휘머리로, 느린가락에서 빠른가락으로 변해가는 산조의 모습을 군데군데 잘라서 보여준다. 특히 빠른 장단에서 더 많은 교감의 장면을 벼여줘라. 그리고 군데군데 그 음악이 나타내고 있는 장면을 인서트컬으로 삽입시켜 가면서 긴장감을 고조시키는 몽타쥬수법으로 끌고가라. 예를 들면 1) 막 청상과부가 된 슬픈 모습의 여인이 살던 마을을 떠나며 산모퉁이를 돌아갈 때 애타게 뒤돌아 보는 모습, 2) 비가 죽죽내려 처마끝에 낙수물이 떨어지는 모습, 細雨·暴雨의 빗방울 떨어지는 모습과 가야금음악소리가 같이 대비를 이룬다, 3) 선비들이 누각이나 대청마루에서 장기바둑이나 두면서 한가히 쉬고 있는 모습, 4) 여러 선비가 같이 말달리는 모습, 특히 말발굽의 모습과 소리 그리고 울리는 가야금의 모습과 소리를 평행동작으로 컬백시키면서 특수 분위기를 자아낸다. 말발굽이 빨라지면 가야금소리도 빨라지고 말발굽이 느리면 가야금소리도 느리가고 그러다가 또 다른 형태로 빨라지고 하면서 춘향(가야금)과 이도령(북)의 음악적 대화는 환타스틱하고 싸이케델릭(psychedelic)한 合一의 경지로 나아간다. 둘이는 마침내 환상적 융합(ecstatic union)에 도달한다. 서로 얼싸 껴안는 장면. 그 다음부터 속옷 또는 나체의 러브썬이 음악장면의 진행과 엇갈려도 좋을 것이다. 나체썬은 베낄려면 철저하게 베껴라! 옛날사람이라고 빨개벗고 재미보는 재미를 몰랐을까보냐? 조선조말기의 춘화를 연상하면 쉽게 이해갈 것이다. 러브썬은 철저히 21세기적으로 찍어라! 인간은 어차피 세기에 관계없이 인간이니까. 알몸의 선율의 미학(실루엩으로 선만 나타낸다)을 최대한으로 살려라. 내가 말하는 "따님"의 선율을 나타내는 헨리 무어(Henry Moore)의 조각처럼. 그리고 이 나체는 場 37의 나체와 정반대의 대조를 이룬다.

6. 둘이서 음악의 대화가 무르익어갈 때 그리고 두사람의 나체 러브썬이 나올 때, 옆방에서 월매의 두루누어 있는 모습이 나온다. 노련한 기생 그리고 가야금음악의 버츄오소(virtuoso)인 월매는 북소리에 맞추어 손가락으로 벼개옆구리(福자 새긴 곳)에다 손장구를 친다. 참참안 감회가 서리는 심정의 얼굴(클로즈엎). 두사람의 러

브가 이루어질 때쯤 월매는 소리없이 눈물을 주루루 떨어뜨린다. 회한, 기쁨, 운명, 체념.

場 10. 춘향이 방, 섹스후.

춘향이와 이몽룡이 섹스를 끝낸 후 푹 퍼져서 두루누어 있다. 춘향이 이몽룡 품속에 알몸으로 안겨 있다.

이도령 : 사랑이 무엇일까? 인간은 인간이 만든 굴레속을 굴러갈 뿐일까? 사랑의 종말은 죽음뿐일까?

춘향이 : 두려워요. (몸을 뒤척이며 부드럽게 조용하게 몽룡을 껴안으며) 찬바람 불어오는 저 어둠의 계곡이여! 저를 밀치지 말아요. 예전에 미쳐 몰랐어요.
   (강력한 키스씬으로 들어가라! 현대적 감각의 강력한 키스!)

場 11. 아버지 이장춘의 방, 실책

아버지와 어머니 윤씨가 아랫목 보료위에 앉아 있다. 이몽룡이 부복(절)하고 무릎꿇고 앉아 고개를 떨구고 있다. 계절이 겨울로 바뀌었다.

아버지 : 너 요즘 왜 그리 자세가 산만한고. 올해 식년시 복시에서 진사합격 해야만 한다는 것을 잊었느냐? 내 본시 사상이 자유로운 사람이라 네게 출사의 부담을 안주려고 했지마는 네나이 이미 스물중반을 넘었는데 기방출입이나 일삼는 풍류객이 되어 쓰겠느냐? 우리 남인의 기세가 날로 꺽여 내 운세도 몇년을 바라볼 수 없어. 피어가는 운세가 아니요 시드는 운세인데 너야말로 가문을 진작시

켜야 할 사람이 아닌가?

어머니 윤씨 : 몽룡아! 넌 5대독자 종손이야. 어찌 이날까지 혼담도 거부하고 시정잡배와 어울려 방탕키만 하느냐? 정신좀 차려라.

몽 룡 : 예로부터 배움이란 자기를 위한 배움이 아니겠읍니까?

爲 己 之 學 (자막)

자기되기를 버리고 또 다시 무엇이 될 수 있겠읍니까? 수신·제가·치국·평천하의 길에 어긋남이 없이 생각하고 행동하고 있아오니 과히 괘념치 마시옵소서.

어머니 : 너는 말이 앞설뿐 지혜가 모자른다. 이 어미 비록 배운 것은 없지만 한평생 느껴 얻은 것은 너의 좁은 소견과 비견할 바가 아니야. (여기서 톤이 단호하게 꾸짖는 어조로 바뀐다.) 너 요즘 퇴기 월매집 출입을 안방드나들 듯하고 학업에 태만할 뿐만 아니라 월매딸 춘향이와 백년가약을 맺었다는 망칙한 소문이 파다한데 그게 무슨 요상한 짓인고.

이몽룡 : 내 자식을 내몸과 같이 아끼시는 어머님이시라면 남의 자식 또한 귀한 줄을 아셔야 하옵니다. 춘향이는 예의범절과 문장이 어느 양반규수에게도 손색이 없는 뛰어난 규수이옵니다.

어머니 : 입닥쳐라. 추기급인(推己及人)의 도(道)도 내가 있고 타인이지 내가 망하는데 어찌 남을 생각하란 말이냐. 우리집이 뉘집이라고… 어떻게 지켜온 집안인데……네이놈! 춘향이 같은 천기는 우리집에 들일 수 없다. 원 생각만 해도 치가 떨리는구나. 아니 천기가 내집 당상(堂上)엘 오른단 말이냐? 첩으로도 들일 수 없거늘. 너는 미혼이 아니냐, 아니 그래 정실로 들이겠다는게냐?

이몽룡 : 서학은 천주앞에 사람이 모두 평등하다는 것을 가르칩니다. 동학도 사람이 곧 하늘이라고 가르칩니다. 사람이 곧 하늘이므로, 사람이 사람섬기기를 하늘섬기는 것과

　　　　　　같이 해야한다고 가르칩니다. 이 모든 생각은 새시대의
　　　　　　도래를 예언하는 거역할 수 없는 물결이옵니다. 밝은 덕
　　　　　　을 밝히고 백성을 새롭게 하는 대학지도(大學之道)를 실
　　　　　　천하는 학인으로서 어찌 다가오는 미래의 빛을 보지 못
　　　　　　할 수 있으리오리까?

아버지 :　너는 이단(異端)에 물들어 정통(正統)의 깊은 뜻을 헤아
　　　　　　리지 못하고 있느니라. 온고이지신(溫故而知新)이란 말
　　　　　　도 있거늘 어찌 새것만 알고 옛것은 버리기만 한단 말인
　　　　　　가? 그래 천주쟁이 말대로 인간에 귀천이 없다고 하자!
　　　　　　인간에 귀천이 없음은 이미 공자님도 맹자님도 누차하신
　　　　　　말씀이요, 『예기』(禮記)「예운편」(禮運篇)에도 “대동”(大
　　　　　　同)을 말하고 있으니 그것은 큰 평등을 말한 것이 아닌
　　　　　　가? 천주쟁이들은 사람이 죽어도 영혼은 살아 천당·지
　　　　　　옥으로 간다고 가르치는데 이것은 신불멸(神不滅)을 외친
　　　　　　땡중들의 윤회설보다 더 저속한 이야기가 아닌가? 사람
　　　　　　의 구원은 사람밖에 할 수 없다는 것이 우리 유학의 수신
　　　　　　(修身)의 근본뜻이어늘 어이 천당·지옥으로 살아있는
　　　　　　인간을 미혹할 수 있겠느냐? 평등이란 현실속에서 밖엔
　　　　　　이루어질 수 없는게야. 그럼 곧 불평등한 현실을 떠날
　　　　　　수는 없는거지. 문제는 이상에 있는게 아니라 항상 현실
　　　　　　에 있어. 너는 이단에 미혹되어 현실을 보지못하고 있단
　　　　　　말야. 너의 이상을 어떻게 실현할 수 있는가를 생각해야
　　　　　　지. 이상의 현실적 실현이란 항상 시간이 걸려. 이상만
　　　　　　을 앞세워 현실을 자기맘대로 하겠다는 것도 또한 독단
　　　　　　이요, 시대에 역행하는 일이야.

이몽룡 :　아버님 어머님께옵서는 저의 이 벙어리냉가슴이 무엇을
　　　　　　말하려고 하는지 알지 못하십니다.

어머니 :　네 이놈. 입다물지 못할까? 정녕 어른말을 그렇게 모두
　　　　　　뒤받아야 한단 말이냐? 언제 그렇게 나쁜 버릇을 디렸
　　　　　　느냐?

이몽룡 :　(엎드려 푹숙인채 말못하고)………

아버지 :　내 네뜻을 이미 헤아린바 있느니라. 그러나 젊은 혈기로
　　　　큰 뜻을 그르칠 수는 없느니라. 계집은 있는게 계집인데
　　　　왜 하필 퇴기의 소생을 아내로 들일려 하느냐? 지금 삼
　　　　정(三政)이 문란하여[24] 도처에 민란이 발발하고 천주다
　　　　동학이다 혹세무민하는 미신이 발호하고 관리는 사리사
　　　　욕에만 눈이 어두워 가렴주구만을 일삼고 있는터에 선비
　　　　다운 선비가 한번 크게 기운을 진작할 때가 아니겠느냐?
　　　　시대가 영웅을 만든다는 말이 있듯이 너야말로 한번 청
　　　　운의 뜻을 크게 펴서 이 스러져가는 조선민족의 기맥(氣
　　　　脈)을 바로잡아야 할 인물이 아닌가? 큰일을 하려면 사
　　　　소한 일로 약점이 잡혀서는 안돼. 내 말을 하지 안으려
　　　　고 했다만 나를 모함하는 자들이 네가 춘향이와 놀아난
　　　　다는 것을 나의 실행으로 전주감영에 고발했어. 감찰사
　　　　김원형대감이[25] 오늘 나에게 주의하라는 전갈을 보내왔
　　　　어. 이 나라에선 풍기문란죄는 대죄가 될 수 있어. 김대
　　　　감이나 나나 지금 궁지에 몰려있는 남인들이 아니냐?
　　　　신유사옥(辛酉邪獄)이래 우리가 줄곧 몰려 있는 형편은
　　　　네가 잘 아는게 아니냐? 김대감이 감사로 있으면서 나
　　　　를 감싸주어서 이 자리나마 부지하고 있는 게지, 그렇지

────────────

24) 三政이란 조선조말기에 국가재정의 기반을 형성하는 세가지 稅金源을 의미하는
　데, 田政・軍政・還穀이 곧 그것이다. 田政이란 왕에게 토지를 빌려 쓴 댓가로
　지불하는 토지사용세이며, 軍政이란 왕국에 존재하는 죄로 지불하는 병역의무세
　며, 還穀이란 국가가 국민을 착취하는 고리대금이자이다. 이중에서도 말기로 갈
　수록 환곡의 의존도와 부패가 날로 심해갔다. 이러한 현상은 조선조 관료제도의
　제도적 모순에서 기인하는 것으로 관료가 진정한 의미에서의 기능적 관료가 아
　니라 신분적 특권을 의미하는 귀족이 되어 버림으로써 완전히 비생산적 계급이
　되었고, 또한 모든 국가 재정의 유통방식이 확대재생산이 전혀 이루어지지 않는
　물물교환경제에 의존함으로써 자연스럽게 발생할 수 있는 상업제급의 발흥을 원
　천적으로 봉쇄한데서 오는 재정적 궁핍의 결과로 "삼정의 문란"이라는 현상이
　생길 수밖에 없었던 것이다. 그리고 이것은 곧 조선조의 최대강점이었던 관료
　제 중앙집권제의 부패를 의미하는 것이었으니 조선조의 멸망은 "삼정의 문란"으
　로써 구조적으로 결정된 것이었다.

25) 대감(大監)이란 원래 엄격하게는 正二品이상의 官員을 높여서 부르는 말이다.
　觀察使(監司)는 從二品임으로 원칙을 따르자면 대감이라 부를 수 없다. 그러나
　조선조 말기에는 이러한 존칭이 점점 느슨하게 보편화되는 경향을 보였음으로
　감사를 대감이라 부르는 것은 이상하지는 않다.

않으면 서리의 횡포마저 막을 수가 없어. 이런 난국에
넌 도대체 무슨짓을 하고 있는지 알고 있느냐?

이도령 : ………

아버지 : 권위의 부정을 위해선 권위를 빌리는 수밖엔 없어. 체제
의 변화를 위해선 체제와 타협할 수밖에 없어. 권위와
체제에 굴복하라는 게 아냐. 권위와 체제를 움직일 수 있
는 힘을 배양하라는 뜻이다. 노자(老子)의 말에도 **숙능
탁이정지서청**이라했어,

> 孰能濁以靜之徐清 (자막)

누가 능히 스스로 흙탕물이 되어 그물을 맑게 **할 수** 있
느냐 말이다! 나 홀로 맑기는 쉽지. 그러나 흙탕물에 섞
여 그 흙탕물마저 맑게 만들기는 어려워. 큰 인물이란 탁
류(濁流)속에서 청류(清流)를 만들어내는 인물이야. 넌
아직 힘이 부족해. 피기도 전에 꺾일수야 있나. 우리는
힘을 길러야 한다. 알겠느냐?

이몽룡 : (무릎꿇고 몸을 숙여 응답할뿐 말하지 않는다)………

아버지 : 내일 서울로 떠나거라. 서울 아현동 작은아버지댁에 머
물며[26] 마지막 복습을 하고 응시토록 해라. 소과복시(覆
試)는 이월 갑신(甲申)일에 있을 모양이다. 진사시 감시
초장(監試初場)은 갑신일에 있고 생원시 감시종장은 하
루 지난 후 병무(丙戌)일에 있을게다.[27] 진사시에 자신
이 없으면 생원시에도 응시토록 해라. 그리고 진사에 입
격(入格)하면 성균관에 진학하여 대과 준비를 하도록 해
라. 알겠느냐?

---

26) 『춘향뎐』의 古本에는 몽룡이 아버지가 숙종대왕 즉위초에 서울 三淸洞에서 살던
양반으로 되어 있다. 나는 삼청동을 내가 살고 있는 봉원재 넘어 동네인 아현동
으로 바꿔버렸다. 아현동도 서울에선 매우 오래된 지명임으로 그렇게 한 것이
다.

27) 小科는 初試 • 覆試를 막론하고 먼저 進士試를 거행하고 하루 지난뒤 生員試를
거행했다. 이때문에 進士試를 監試初場, 生員試를 監試終場이라고 불렀다. 한사
람이 두시험에 응시할 수 있었다. 『한국사』(국사편찬위원회, 1984), 제10권, 12
6쪽.

이몽룡 :　네. 분부대로 명심하겠읍니다. 심려마시옵소서.
　　　　　(부모님께 큰절하고 조심스럽게 물러 나온다.)

場 12. 춘향이집 뒷뜰, 춘향이와 이몽룡의 첫째이별

　　이몽룡과 춘향이는 겨울 밤, 흰눈이 깔린 정원에서 겨울달을 보면서 거닐고 있다. 봄이 생장하는 양의 시작을 의미한다면 겨울은 쇠멸하는 음의 끝을 의미함으로 이별의 장면에 더 적합하다. 정원에는 고목이 서너개 우뚝 서 있다.

이도령 :　왜 이렇게 불안하지? 저 고목의 유령이 나를 휘감아 질식시킬 것 같애. 못견디겠어. 하늘이여 무너져라 ! 땅이여 꺼져라 !
춘향이 :　왜 이리 도련님답지 않으셔요. 무너지는 하늘이라도 치켜올려야지요. 왜 그렇게 허약하세요.
이도령 :　나는 날이 밝으면 한양으로 떠나야하오.
춘향이 :　알고 있었읍니다. 진사과 복시(覆試)를 보러 올라가시는 것 아닙니까 ?
이도령 :　나는 더 이상 과거를 보고 싶지 않소. 더 이상 썩은 제도에 물들고 싶지 않소. 그대와 더불어 소복입고 검은머리 되어 숨은 처사(處士)로 살고 싶소. 무인(戊寅)년에 이미 성균관 사성 이형하가 과거의 팔폐를 지적하지 않았오.[28] 수종협책이라, 책을 시험장에 가지고 들어가지를

---

28) 순조 18년(1818) 5월 成均館 司成 李瀅夏는 과거의 8가지 폐단을 지적하였다. 이 8가지 폐단을 없애는 방법으로 과거시험을 직접 面試로 할 것을 상소하였다. 科場八弊는 借述借作(남의 글을 빌어 쓰는 일, 표절), 隨從挾册(책을 시험장에 가지고 들어가는 일, 칸닝구), 入門踏躝(시험장에 아무나 들어가는 일, 대리시험), 呈劵紛遝(시험지를 바꿔 내는 일, 바꿔치기), 外場書入(밖에서 써 내는 일), 赫蹄公行(시험문제를 미리 알아내는 일), 吏卒換面出入(이졸이 바꾸어 다니는 일), 字軸恣意幻弄(試劵을 농간하는 일)이다. 이 상소를 계기로 科場抹弊節目이 나오게 되었다. 우리는 지난날의 모습을 너무 낭만적으로 바라봐서는 안된다. 어디까지나 보편적 인간의 삶이 이루어지는 마당으로서의 역사의 실상에 눈을 떠

않나, 입문유린이라, 시험장에 딴놈이 대리로 들어가고, 정권분답이라, 시험지를 바꿔내고, 자축자의환롱이라, 시권을 농간하는 일이 비일비재하단말이요. 그 상소때문에 과장구폐절목이 나왔다고는 하나 과장의 폐단은 여전하단 말이요. 사기와 농간이 사대부사회를 지배하고 있을 뿐이요. 우리에겐 지금 공정한 기준이 없오.

춘향이 : 말폐때문에 대본을 그르칠 수야 없지요.

이도령 : 말폐에 휘말려 대본을 움직일 수 없을 땐 가장 현명한 선택이란 타협하지 않는 길 뿐이요. 정말 난 서울올라가기 싫소.

춘향이 : 과거만이 우리를 구원하는 길은 아니겠지만 그래도 다른 방도가 없지 않습니까? 도전하고 또 도전해야지요. 허지만 도련님! 전 이대로 도련님 곁에 있고 싶습니다. 도련님이 장원의 깃발을 날리면 날릴수록 쉰네와는 멀어져 갈 뿐이옵니다. 평천하의 대업에 골몰하실텐데 어찌 천기에게 애틋한 마음을 계속 주실 수 있겠옵니까? 웬지 두려워요. 도련님!

이도령 : 두려워마오. 나는 그대를 아내로 맞이하겠오. 나는 이 사회의 윤리의 허구를 깨야겠오. 식자들이 논리로 구성해놓는 세계를 사랑의 실천을 통해 깨어버리겠오. 나에게 생동하는 것이라곤 그대라는 기(氣)밖엔 없오. 여보! 춘향이! 그대는 나의 아내! 맹세하리다! 저달에 맹세하리다!

야 한다. 科場은 지금과 같이 엄격한 통제행정이 있을 수 없었음으로, 그리고 과거입시장에 입시생이 몰릴 때는 수만명까지도 몰리는 지경이었음으로, 아수라장이요 개판이었다. 이런 상황에 칸닝구나 시험부정은 비일비재한 것이었고 양반관료의 부패상은 말할 수가 없는 것이었다. 이로써 조선주말기에 오면 괴기의 권위기 멀이지세 뇌는데 과거의 권위의 실추는 곧 왕권과 양반관료의 권위의 실추를 의미하는 것임은 말할 나위도 없다. 지금 행시•사시의 권위가 날로 개똥이 되어 있듯이. 행시합격해봐야 착취군정의 하수인밖엔 되지않고 사시합격해봐야 민주경찰에 능욕당하는 학생들 감옥에나 처박는 망나니(옛날 사형장에서 목치던 사람을 부르던 말) 밖엔 되지 않으니 그럴 수밖에 더 있겠는가? 과거를 낭만적으로 바라보는 것은 과거의 왜곡에 그치는 것이 아니라 오늘의 문제를 정확히 파악못하게 만든다는데 더 큰 문제가 있는 것이다.

춘향이 : 왜 하필 기울고 차는 저달에 맹세합니까?

이몽룡 : 저 달은 기울고 찰지라도 변하지 않소. 저달의 기(氣)는 변하는 속에서 영원하오. 기울고 찰지라도 저 달은 저 ☚ 이요. 氣는 생명이요! 이 생명 다할때까지, 아니 이 생명 대기로 흩어진다 할지라도 내 사랑 어찌 변하겠오. 사랑은 실천이요 행동이요. 양명(陽明)은 지행합일(知行合一)을 말했지만, 지와 행은 합일되어야 할 것이 아니요. 지와 행이 본시 따로 있는 것이 아니니까. 합일을 말한 양명조차 지속에 행을 넣어버렸을 뿐이요. 하물며 영남의 도학이란 행이없는 지를 말하고 있을뿐, 더 말할 것도 없오. 나는 오로지 사랑의 실천으로 진리를 보이겠오. 사모하오. 변하지 않는 마음을 지키시오. 시험만 보고 내려오리다.

춘향이 : 도련님………(애틋하게).

場 13. 춘향이 방

춘향이와 이도령은 이불속에 같이 누워있다. 속옷은 입고 있다.

춘향이 : (새벽 닭이 운다) 안계실 동안 도련님이 보고파서 어쩌지요. 박석티에 올라서서 발만 동동 구르다가 망부석이 되면 어쩌지요.

이도령 : 마음을 굳게 가지시오. 내마음 어이 변할 수 있겠오.
　　　　(둘이서 새끼손가락을 걸면서 맹세한다.)

춘향이 : 만인이 보는 앞에서 도련님을 꼭 껴안고파요. 떳떳치 못한 이 신세가 한스러워요.

이도령 : 내 과장(科場)에 올라간다고 그대로부터 멀어지는 것이 아니요. 나에겐 타협과 배반이란 있을 수 없오. 현실을 변혁시키기 위한 힘을 기르자니 어쩔 수 없었을 뿐이오.

종손으로서 아버님 말씀을 여기까지 거역할 수는 없었오. 그러나 분명 새시대가 와요. 저 청자빛 새벽노을을 보시오. 저 먼동이 트는 저 새시대를 봐요. 춘향이와 내가 모든 탈을 벗어버리고 같이 뛰놀 수 있는 한마당이 온단 말이요. 우리는 그 새벽이 오도록 만들어야 한단 말이요.

(이때 남자창으로 걸죽하고 힘있게 다음 가사의 판소리가 나온다.)

사랑사랑	내사랑아
헤질수없는	사람들아
저먼동을	바라봐라
지난암흑	다개인다
푸른물결	저태양아

(이 창이 나올 때 그 배경에는 태양이 솟는 동해바다 새벽의 광경이 나온다. 그리고 이 광경은 다음의 장면과 오버랩된다. 즉 미래를 상징하는 붉은 태양과 과거를 상징하는 왕권의 권좌의 용마루가 대조를 이루면서 겹치게 되는 것이다.)

場 14. 근정전 어전, 창방의(唱榜儀)[29]

　　이 창방의 장면과 다음에 연이어지는 유가(遊街) 장면은 아마도
이 영화에서 가장 거창한 대목일 것이며 과거에 우리가 보았던 『벤
허』와 같은 사극영화의 스케일을 연상케 해야 할 것이다. 가급적인
한 많은 인원이 동원되어야 하고 웅장한 스케일의 세트가 실제로
건축되어야 한다. 이 장면은 가급적인 한 화려해야 하지만 가장 중
시해야 할 점은 건물과 의상의 색감이다. 절대로 번들번들하는 뺑
끼색깔이나 폴리에스텔 계열의 싸구려 의상이 풍기는 구역질나는 질

---

29) 唱榜儀라는 것은 放榜儀라고도 하는데 放榜(합격자 발표)이 있고난 후에 어전에
서 베풀어지는 의식이다. 『春香傳』 古本에 "金榜의 이름을 불려 御酒 三杯 권하
신 후 狀元及第 揮場이라, 新來의 進退나올 적에 머리에는 御賜花요 몸에는 鶯
衫이라, 허리에는 鶴帶로다. 三日 遊街한 연후에……"라고 한 것도 바로 이 창방
의를 말한 것이다. 封彌官이 榜을 써서 발표한 후에(掛榜) 창방의가 열리는데,
대소의 東西班과 侍臣이 侍立하고 신급제의 父母親戚들이 참관하는 가운데 열린
다. 呼名에 따라 文科급제는 오른편, 武科급제는 왼편에 정렬하여 국왕에게 四
拜禮를 올린 뒤 紅牌·帽花·蓋·酒果 등을 下賜받는 의식인 것이다. 또 조정은
領議政을 押宴官, 戶曹·禮曹·兵曹의 判書 등을 赴宴官으로 하여 殿庭에서 신
급제자에게 祝賀宴을 베풀어 주는데 이를 恩榮宴이라 한다. 이 은영연은 堂上에
押宴官·赴宴官·文武科試官 등이 앉고, 堂上에 이르는 階段을 중심으로 동쪽에
文科급제, 서쪽에 武科급제가 갑·을·병과의 순으로 앉으며 樂工의 奏樂가운데
妓生들이 술을 권하고 優人들이 여러가지 재주를 보여주는 흥겨운 연회였다. 나
는 이 연회는 너무 번거로울 것 같아 주제의 단일성을 위하여 나의 극에서 생략
하였다. 그리고 이 창방의는 문과대과 급제 33인, 그리고 소과의 진사과 급제
100인, 생원과 급제 100인에 대하여 모두 같은 날에 한자리에서 베푸는 것을 원
칙으로 하고 있는 단체의식임으로 이제 겨우 말단공무 임시험인 신사과에 장원으
로 급제한 이몽룡이가 개별적으로 왕을 접견할 기회는 주어지지 않는다. 그러나
나는 이 의식을 육사졸업생들이 한명씩 일일이 직접 대통령에게 졸업장을 받는
것과 같은 방식으로 바꾸었다. 따라서 단체로 정렬하여 국왕에게 四拜하는 것이
아니라 그 예식을 개별화 시켰다. 그런 과정중의 한 장면으로 이몽룡의 창방이
이루어지고 있는 것이다. 이몽룡과 왕을 여기서 한번 대면시켜야 할 필요성이
있기 때문이었다. 이점 감독이 주의해야 한다. 내가 만들고 있는 것은 사극이
아니다. 역사적 상황의 모든 가능성의 구성일 뿐이다.

감이 눈에 띄어서는 안된다. 의상은 싸구려 광목이나 옥양목을 물
감들여 쓸지언정 제발 비단흉내 낸다고 나이롱천을 쓰지는 말라!
요즈음 한국 여자들의 한복 색감의 타락은 한국현대문명의 타락상
의 극치라고 해도 과언이 아닐 것이다. 그리고 제발 그 구역질나
는 위조금박무늬도 쓰지 말아라! 섬세하고 담박한 아름다움을 숭
상할 줄 알았던 우리민족의 혼을 회복해야 할 것이다. 담장 하나
도 그렇게 마구 쌓은 것이 아닌데(석회의 두께까지) 요즈음 고궁보
수해놓은 것보면 정말 가관이다. 도대체 문화재관리가 무슨 관리인
지, 우리민족전체의 문화수준과 관련된 문제라서 도무지 어디서부
터 말을 시작해야 할지 아연하기만 하다. 고전적 아취의 회복에 있
어서 가히 선두주자라고 할 수 있는 뿌리깊은나무사의 한창기사장
에게 이 자리를 빌어 찬사와 격려를 보내고 싶다.

새벽태양이 솟는 모습이 오버랩되면서 근정전의 웅장한 용마루 개
왓장 모습이 드러난다. 국왕이 어좌(御座)에 앉아 있고 시신(侍臣)
과 백관(百官)이 시립하고 있다. 그리고 대과급제자 33인, 그리고
구경이 허락된 부모친지들이 전정(殿庭)에 시립하고 있고 또 궁중
악사들도 모두 앉아 있다. 이때 창방관이 호명(呼名)한다.

창방관 : 진사장원 이—몽—룡 ——
          (儀式的으로 크게 부른다)

          (이몽룡이 진사장원의 의상을 입고 돌계단 밑으로 가서
          국왕께 4번 절한다[四拜禮]. 그리고 白牌를 받고 술잔을
          받는다. 그리고 옆에 있는 관세대에 술잔을 씻는다. 侍臣
          이 따라 주는 술을 왕을 향해 치켜올리고 마신다. 바로
          이 때 이몽룡과 국왕 사이에 모종의 알 수 없는 야릇한
          눈길의 기가 통하는 장면이 나와야 한다. 이 드라마에선
          몽룡과 왕은 두번 만난다. 이 때의 눈길은 아무런 인과적
          필연성은 없지만 두번 만날 때의 운명적 대결을 상징하는
          첫눈길이다. 모든 것을 표정으로 말하게 하라. 白牌란 白
          紙半幅에 다음과 같이 쓴 敎旨를 말하는 것이다.)

教旨[30]

幼學李夢龍進士一等

第一人入格者

咸豐二年閏二月初八日

---

30) 教旨란 임금의 傳旨로서 요새말로 하면 공무원 임명장이나 발령장 같은 것이다. 교지는 웬만한 양반 집에는 흔하게 내려오는 것이므로 쉽게 구해 볼 수 있을 것이다. 나의 증조부와 조부의 교지도 큰집에 많이 보관되어 있는데 여기 선보인 이몽룡의 교지는 연세대학교박물관 소장품인 洪允升의 進士入格교지(乾隆三十年閏二月初八日자)를 모델로 한 것이다(연대박물관 등록번호 86-69). 세로가 77cm, 가로가 55.5cm에 大寶가 찍힌 것이다. 발령일 표기에 중국의 연호를 쓰고 있는 것이 눈에 걸리지만 나도 그냥 원모습대로 중국의 연호를 썼다. 서울대학 졸업장에 예수기(西紀)가 써 있는 것이나 昭和연호가 쓰여져 있는 셈이나 다 매한가지 일 것이다. 요즘 대학생들은 "분단조국"이라는 우리역사의 뼈아픈 실상을 끊임없이 상기시키는 좋은 연호를 쓰고 있다. 조선조의 중국의존병은 좀 심했던 것 같다. 성균관의 명륜당(明倫堂)이라는 거대한 현판도 일개 중국사신인 朱之蕃이란 놈이 쓴 것이다(萬曆丙午). 조선조의 최고학부 간판이 明나라 졸개사신의 글씨로 쓰여져 있다는 이 한심한 사실이 과연 무엇을 의미하는가? 우리나라를 다스린 수많은 인재들이 길려진 그 학당의 현판, 공부하며 매일 쳐다봤을 그 현판이 졸개 짱꼴라 새끼의 것인 것이다. 그러나 대한민국 육군사관학교 교정에 설립자로서 알도못할 코큰 군인아저씨 동상이 딱 버티고 있는 것을 생각하면 더욱 아연실색하여 할 말을 잃어 버리고 만다.

場 15. 광화문 종로 시가행진(遊街)

　　아마도 이 장면의 구성이 이 영화에서 가장 돈이 많이 드는 어려운 부분일 것이다. 앞에 대과급제자 33인, 그리고 그 뒤에 진사급제자 100명, 그 뒤에 생원급제자 100명이 모두 말을 타고 웅장한 말발굽소리를 내며 무리지어 광화문을 나온다. 이몽룡은 대과급제자 33인 뒷줄 진사입격자 그룹의 맨 앞줄에 있다. 광화문도 쎄멘콩구리냄새가 나거나 국민학교 습자시간에 본 듯한 한글 현판이 붙어 있거나 해서는 안될 것이다. 이 시가행진은 광화문을 나와 종로를 거쳐 동대문인 興仁之門으로 빠져나가는 코스를 취한다. 종로는 경희궁(慶熙宮)과 東大門을 일직선으로 잇고 있는데 鍾樓(지금 화신앞 종각)를 중간지점으로 하고 있다. 鍾樓西街를 雲從街라고 하는데 속칭 "생선전"이라고 한다. 그러니까 지금 옛 서울고등학교자리인 경희궁의 정문인 興化門이 종로의 시작이 되는데 군데 군데 청계천과 합해지는 지류가 북에서 남으로 흐르는 지점에는 다리들이 있다. 청계본류와 종로가 만나는 첫지점에 松橋가 있고 그 다음에 惠政橋가 있고 鍾樓가 나오고, 파고다공원 못미쳐 또 鐵物橋가 있다. 梨峴을 지나 二橋(두다리, 蓮花坊을 지나 흐른다) 그리고 初橋(첫다리, 보성고등학교 혜화동로타리를 지나 문예회관 앞으로 흐르던 냇갈이 종로와 만나는 지점의 다리)를 지나면 동대문에 이르게 된다. 경복궁의 光化門에서 빤듯이 남으로 내려오는 대로는 松橋와 惠政橋 사이로 만나는데, 그 길의 양옆에는 조선조의 주요관청들이 웅장한 모습으로 나란히 서 있다. 광화문에서 남면하여 우측으로 그러니까 정부종합청사·세종문화회관 쪽에는 친위대 역할을 겸하는 최고의 법사인 義禁府(조선조말기까지도 보통 옛이름을 따라 巡軍府라고 불렀다)로 시작하여 禮曹, 中樞府, 司憲府, 兵曹, 刑曹, 工曹가 있고, 좌측으로 그러니까 미대사관에서 교보까지에는 議政府, 吏曹, 京兆(漢城府, 서울시청), 戶曹가 나란히 자리잡고 있었다. 이 영화는 이 광화문앞 옛서울의 모습을 모두 재현시켜야 한다. 그러니까 遊街행렬은 광화문에서부터 시작하여 교보빌딩 있는데서 기억자로 꺾어가지고는 鍾樓쪽을 향해 雲從街를 지나가는데 이 양옆에는 어전시장이 자리잡고 있다. 옛날에 왕궁에서 쓰던 모든 물건을 貢納하던 상점들이다. 惠政橋로부터 昌德宮입구에 이르기까지 좌우행랑(行廊) 8백여칸에 이른다. 여기에는 縜廛(緞絹류 상점), 綿布廛, 魚物廛(마른 물고기 상점), 紙廛, 苧布廛(모시와 황모시 상점), 烟草廛(담배가게, 문방구), 生鮮廛(생선가게), 米廛(쌀 가게), 雜穀廛, 諭器廛(놋그릇가게, 바리전), 衣廛(남녀옷가게), 綿子廛(솜가게), 履廛(신발가게), 樺皮廛(물감·중국수입 과일가게), 茵席廛(책상·걸상가게), 京鹽廛(소금가게), 鬆髢廛(부인네 머리장식가게), 鐵物廛, 匙箸廛(숫갈·젓갈가게), 菜蔬廛(채소가게), 鷄廛(통닭가게), 生雉廛(꿩가게), 鷄卵廛(달걀가게), 猪廛(돼지고기가게), 懸房(쇠고기가게, 고기를 걸어 놓고 팔았기에 붙은 이름), 書籍舖(책방), 漆木器廛, 藥局 등이 있었다(이상은 『東國輿地備考』第二卷 漢城府에 의거함). 이 모든 상점의 모습이 재현되어야 한다. 바로 왜놈들에 의하여 처참하게 망가진 우리 서울의 아름다운 옛모습을 세계만방에 과시하는 장면이 되어야 할 것이다. 부질없이 낭비하는 국가홍보비로, 내 예술 위험하다고 가위질할 생각말고, 이런 영화만드는 보조나 해주었으면 좋겠다. 서울시도 협조해주면 좋겠고——. 내 예술세계속에는 참다운 민주사회의 시민의식과 우리민족의 아름다움에 대한 예찬이 들어있기 때문이다. 홍보영화 천편보다 이런 비판적 안목을 가진 예술영화 한 편을 제대로 만드는 것이야말로 진정한 홍보가치가 있을 것이다. 석두어른들께서 내말 알아들으실 없지만 어느 곳에나 유지는 계실터이므로 한마디 사족으로 붙여둔다.

이몽룡패들이 말타고 光化門 앞을 지나는 웅장한 모습이 나오고 이를 구경하러 온 사람들이 요즈음 선거유세장처럼 벅적벅적하다. 어용상점市廛의 좌우행랑 앞에서 한성부의 성민들 특히 행상들이 웅성거리고 있다. 말탄 급제자들을 天童이 前導하고 樂手가 음악을 울리고 廣大가 춤을 추고 才人이 雜戱를 부리면서 종로통을 지나간다.

다음의 행상들의 대화가 나오는 중간 중간에 遊街의 장면을 커트인시켜도 좋을 것이고, 또 이 거대한 유가장면을 이용하여 그 당시의 세태를 풍자하는 모습을 집어넣어도 좋을 것이다. 예를 들면 어린아이가 유가길에 모르고 뛰어 들었는데도 말행렬이 그냥 강행하기 때문에 치어죽을뻔한 아이를 달려가 끄집어 내는 장면이라든가…….

행상A : 요번 진사장원은 인물이 썩 잘났어.

행상B : 아 거 남원부사 이장춘의 아들이라는데, 거자(擧子)들간에 꽤 명망이 있는 인물이라잖아.

행상C : 그럼 남인이냐? 남인이 무슨 힘을 쓰겠어.

행상B : 아 그래두 남인이 좀 득세를 해야 돼. 그래도 남인 중엔 뜻이 있는 인물들이 많아.

행상C : 거 헷소리말아. 남인이든 북인이든 노론이든 소론이든 우리하곤 상관없는 게야. 권세만 한번 손에 쥐고 나면 다 변절한다구. 아니, 누가 우리 상인들이 당하는 고통을 말해줘. 권세바라보는 놈들은 다 그놈이 그놈이라구.

행상A : 이젠 과거도 한물 갔어. 아니 진사가 되봐야 성균관에 들어가야 되고, 성균관에서 원점(圓點) 300점을 따야 겨우 대과응시자격이 생기는데, 대과 초시·복시·전시 다 거쳐서 그 어려운 장원급제해본들 겨우 종6품일세. 게다가 과거급제해본들 요즘같이 부패한 세상에는 관직 받기란 하늘에서 별따기보다 더 어려운 일야. 누가 후배들한테 관직을 내봐야지. 실직(實職)없이 작위만 가지고 있는 선달(先達)녀석들 꼬락서니는 우리 행상만도 못해. 뭐 저런 피라미새끼들한테 기대를 거나.

　　　(이때 우루루 말이 들어닥치면서 행상들이 좌우로 밀려나고 장면이 말위에 탄 세명의 급제자로 바뀐다. 1등은 狀元이라 하고 2등은 榜眼이라하고 3등은 探花라고 부른다. 이도령은 가운데 장원자리, 그 좌에 2등 방안, 그 우에 3등 탐화가 말타고 간다.)

방안 : 우리는 동방(同榜)합격자들이니 이제 동년(同年)일세. [31]

---

31) 동년이란 요새말로 "동기생"의 의미인데 유대감이 강했다. 그리고 장원을 존대하여 장원이라고만 부르고 이름을 부르지 않았다. 장원이 눈에 뜨이면 즉시 쫓아가서 拜하되 揖하지 않았다. 나란히 서서 걷거나 앉는 일이 없으며 성균관에서는 장원을 상좌에 앉히는 것이 禮俗이었다. 同年은 우의가 두터운 형제처럼 지냈기 때문에 동년의 아들은 아버지의 동년을 만나면 아무리 나이가 적더라도 아버지에게 하는 동일한 예우를 해야만 했다. 또 동년은 춘추로 榜會를 열었다. 『한국사』 제10권, 132~3쪽.

죽을 때까지 형제처럼 우의를 돈독히 해야 하네. 또 봄 가을로 방회(榜會)를 열어 서로간의 어려운 사정도 격려 해야 할 걸세. 자네가 장원이니 상좌일세. 책임이 무거워.

탐화 : 우린 곧 성균관에 입학하면 만나게 될테니까 그때 방회 조직을 면밀히 검토해야 할 걸세. 타동년들의 전철만 답 습할 순 없잖아. 뜻있는 일을 해야지.

몽룡 : 여보게, 난 성균관에 입학할 생각이 없네.

방안 : 아니 그게 무슨 소리야.

몽룡 : 자네들은 성균관에 입학하여 소임을 다 하게. 난 지방에 내려가서 할 일이 있어.

방안 : 몽룡이 자네는 서울사람야. 왜이래 ! 서울이야말로 자네 같은 인물이 필요해. 왜 갓돌려구 그래.

몽룡 : 내 뜻은 더 깊은데 있어. 난 지금 서울 지방을 가리는게 아냐. 지금 삼남(三南)지방[32]의 백성의 현실은 말할 수가 없어. 임인(壬寅)년 아편전쟁에서 중국이 양귀신들한테 무릎 꿇은 뒤로 민심이 크게 흔들리고 있어. 그야말로 하 늘이 무너지는 기우(杞憂)가[33] 현실화 한거야. 그렇게도 오랜 역사를 통해 믿어왔던 대륙의 중원이 함락되었다는 것은 그들이 딛고 셨던 땅이 무너진 셈이야.[34] 그들은 방

---

32) "삼남이 풍년이면 천하는 굶주리지 않는다"라는 속담이 있듯이 우리나라의 농 업경제의 기반은 삼남이다. 삼남이란 전라(남북)도, 경상(남북)도, 충청(남북) 도를 말하는 것이다. 조선조말기에는 이 三南이 모두 피폐해졌다.

33) "기우"란 杞나라 사람의 근심이란 뜻으로『列子』에 나오는 고사. 『列子』「天瑞 篇」에 나오는 고사인데 하늘과 땅이 무너지면 어떻게 살까 하고 걱정해서 식음 을 전폐하고 있는 杞國사람의 이야기. 杞國은 河南省杞縣에 있었다. "杞國有人 憂天地崩墜, 身亡所寄, 廢寢食者。" 뒤로 연결되는 이야기는 매우 재미있고 학 문적 가치가 있는 이야기다. 이와같이 우리 일상언어의 한마디 한마디가 어원 적 함의가 크다는 것을 새삼 알아야 할 것이다.

34) 조선민중에게 순 아편전쟁의 쇼크와 동학의 발생은 밀접히 관련되어 있다. 어 떻게 해서 崔濟愚 개인의 도통(道通)이 그다지도 거대한 세력으로 발전할 수 있 었나는 것은 당시의 사회심리를 분석하지 않으면 이해가 되지 않는 것이다. 오 늘날 우리 남한사람의 대부분이 미군철수하면 당장 내일로 땅이 꺼지는 것처럼 생각하는 것과 동일한 멘탈리티가 당시에 현실화 되었던 것이고, 오늘날 논현 성당 강단상에 나타난 예수귀신 쳐다보러 몇만이 몰리는 짓거리와 똑같은 맥락 에서 분석해봐야 할 것이다.

황하고 있어. 어제까지 때려잡을 놈처럼 생각하던 양코배기 신부새끼들하고 서학쟁이들까지도 이젠 두려워하고 있단 말야. 그 뿐인가? 서학에 대해 주체를 내세웠다는 동학 조차도 뇌화부동하는 백성의 심리에 호소할 뿐 구국의 포괄적 이념을 제시하고 있질 못하네. 기근과 기아에 허덕이는 이 나라는 지금 뿌리부터 썩어있네. 이 뿌리에 기대 벼슬 한자리 해 본들 지금 이 긴박한 문제해결에 큰 도움이 안돼. 아버님의 지엄하신 분부가 있어 진사응시는 했네만 이제 성균관 들어가는 일일랑 포기하고 민심의 소재를 정확히 파악하는 새공부를 좀 해야겠네. 그렇다고 자네들 걷는 길을 부정하는 것은 아냐. 자네들은 체제속에서 열심히 뛰게. 나는 체제밖에서 뛰겠어. 우리는 분명히 만날걸세. 그때는 무엇인가 좀 해볼 수 있겠지.

    (표정을 바꾸면서)

그리고 난 남원에 두고온 애인이 있네. 난 사랑하는 사람곁으로 가야겠어.

탐화 : 춘향이 얘기는 나도 친구통해 들었어. 그렇지만 자넨 어쩔셈이야. 도대체, 대의와 명분을 위해서 살아야 할 선비가 기생에 넋을 잃고 산림에 묻힐 생각하는 것은 도피야, 방종이란 말야. 자네 방종 때문에 자네 춘부장께서 몰리고 있다는 소식마저 들었는데……

몽룡 : 인간의 희로애락을 저버린 혁명이란 있을 수 없네. 사단(四端)도 결국 칠정(七情)이 발하여 상황에 들어맞은 것에 불과하다는 고봉선생의 깊은 뜻을 좀 새롭게 헤아릴 필요가 있어.

> 所謂七情者, 雖若涉乎氣者, 而理亦
> 自在其中。其發而中節者, 乃天命之
> 性・本然之體, 而與孟子所謂四端者
> 同實而異名者也。奇高峰,

(자막)[35]

---

35) 이 자막은 물론 관객들이 이해하는 것을 전제로 한 것이 아니다. 그러나 조선

어떻게 인간에 대한 사랑이 없이 사회의 구원이 있을
수 있나. 혁명이란 바로 천인을 나와 동등한 사람으로 사
랑할 줄 아는데서 출발하는 것일세. 양반과 쌍놈의 신분
을 전제로 한 인의예지의 성리학은 다 헛거야. 이제 곧
그러한 신분은 무너질 걸쎄. 난 춘향이를 아내로 맞아야
돼. 어떠한 압력에도 굴할 수 없단 말야! 춘향이——
(이 웅장한 馬上의 장면은 다음에 연결되는 춘향이의 애타는
모습과 오버랩되면서 사라진다.)

場 16. 춘향이 세레나데

춘향이 집에서 달빛아래 사랑의 노래를 부른다. 춘향이 자신이
판소리로 부른다. 다음 가사는 丁貞烈판 춘향가에 있는 그대로인데
이 가사에 새로운 멜로디를 작곡해서 붙였으면 한다. 판소리맛이
그대로 나는 전통 창법에 배경음악은 서양음악을 써라. 중머리장단.

춘향이 : 갈가부다 갈가부네, 도련님 찾아 갈가부다. 어이하여 못
오신고. 바람도 쉬어넘고 구름도 쉬어넘는 해동청(海東
靑)보라매, 모두 쉬어넘는 동설령(冬雪嶺)고개, 님이 오
셨다하면 나는 쉬지않고 넘으련마는, 야속하신 도련님은
가시더니 영영잇고 일장수서(一張手書) 돈절허네. 하늘

조 理氣論爭의 가장 핵심적인 구절이므로 여기에 써놓는다. 그 뜻을 풀면 : "회
로애락과 같은 인간의 감정은 비록 기의 소산인 것 같지만 리도 또한 그 중에
있는 것이다. 감정이 발하여 그 발한 상황에 조화를 이루게 되면 그것이 곧 하
늘이 명한 본성이요 본래 그러한 몸바탕(본질)이 되는 것이다. 그러니까 이러
한 조화된 감정이야말로 맹자가 말한 理的인 四端과 이름만 다를 뿐 실제로는
같을 것이다." 이것은 조선고 主氣論者들의 대표적 입장이며 이몽룡은 이러한
主氣論의 맥락을 타고 있다. 그러나 나의 氣哲學은 조선조의 主氣論을 한차원
능가하는 것이므로 이몽룡이 高峰을 두둔한다해서 그것이 곧 나 김용옥의 입장
이라고 생각하는 것은 오판이다. 나의 氣哲學의 세계는 이 드라마의 표현이
나타내고 있는 것 보다는 훨씬 더 광범위하고 헤아릴 수 없이 깊은 세계다. 高
峰의 인용구절은 『高峰集』「四七理氣往復書」중 "高峰答退溪論四端七情書," 第
一節속에 있는 것이다.

의 직녀성은 은하수가 막혔어도 일년일도(一年一渡) 보
건마는 우리 도련님은 무슨물이 맥혔기에 가시더니 못오
신고.

場 17. 남원官衙, 이도령 아버지 李長春의 파직

　　전주감찰사 김원형대감이 전주감영에서부터 남원 이도령아버지
이장춘이 살고 있는 관아에까지 행차한 장면이다. 이 장면에서 옛
날 지방관아의 전형으로서의 남원관아의 모습을 전체적으로 보여줄
필요가 있다. 관아앞에는 반드시 홍살문(紅箭門)이 있어야 하고 그
안에 누문(樓門) 삼문(三門)이 있어야 한다. 양옆으로 하마장이 있
다. 삼문입구에서 관아를 거쳐 내당(內堂)까지의 담으로 막힌 긴 공
간의 모습이 신비롭게 촬영되어야 한다. 저녁 어둑어둑 땅거미가
내릴 때 밥짓는 연기가 고요한 내정 공기의 허리를 감싸면서 신비로
운 선율을 지어가고 있다. 사람이 지나가면서 연기가 휘젓어 진다.
　　관아의 대문앞에 김원형대감의 가마와 시종들의 행렬이 멈춘다. 하
마장 앞에서 말을 매는 시종우두머리가 관아의 문지기에게 이른다.

시종: 　전주감영 나으리 행차시다. 어서 부사어른에게 여쭈어
　　　　라.
관아의 양문지기: 　(합창으로) 전주 감사나으리 행차시오(길게).

　　　　　　　(내정은 분주하게 움직이기 시작한다. 내정에서 이몽룡 아
　　　　　　　버지가 흰 바지저고리에 탈관한 모습으로 마루에서 급히 내려
　　　　　　　와 신을 신고 관아대문까지 막 뛰어 나온다. 감사는 대문안
　　　　　　　으로 팔자걸음 걸으며 들어가 부사를 얼싸안는다. 격식없이
　　　　　　　친근한 모습. 영남에서는 사람들이 접견할 때 매우 까다롭게
　　　　　　　격식을 차리는 편이지만 호남에서는 그런 격식이 별로 없는
　　　　　　　편이다.)

사또: 　아니 사전 연락도 아니주시고 이렇게 친림(親監)하시니

208

어인 일이시오니까. 어서 안으로 드십시요.

감사 : 오랫만이오이다. 이리 늦게 소란피워 미안하오. 전주에서 잠깐이면 내려올 줄 알았는데 한나절이 꼬박 걸리는구려. 임실(任實)지나 두만천(斗滿川)을 건느는데 고생 좀 했오이다.[36] 그건 그렇고 건강은 어떠시요.

사또 : 덕분에 잘 지내고 있읍니다.

(안방으로 들어가 아랫목 보료자리를 감사에게 내드린다. 그리곤 침묵의 시간이 흐른다. 굳어지는 표정, 엄숙하고 침울한 분위기.)

감사 : 어려운 일이 있으나 기쁜 일이 있으나 우린 서로 동고동락하는 사이 아니겠오.

사또 : 길(吉)치 못한 일이 있으신 것 같사온데 서슴치말고 말씀하시옵소서. 대의를 위하여 떳떳이 살아 온 이몸이온데 무엇이 두려울게 있겠읍니까?

감사 : 서글퍼마오. 사헌부(司憲府) 대사헌(大司憲) 윤정이(尹正頤)가 나에게 직접 친서를 보냈오.[37] 사또를 어명으로 봉고파출(封庫罷黜)[38]하라는 내용이요(청천벽력과 같은 소식에 대한 음악적 효과).

사또 : ……(무릎 꿇고 고개를 떨어뜨리고 입을 다문채 침통하게).

감사 : 최선을 다 해봤지만 내 힘으론 어쩔 수가 없구료. 이 더러운 세상꼴 보기싫어 나도 관복을 벗을까하오.

사또 : (눈물을 떨구며 고개숙인채) 감사어른, 그런 말씀 마십시요. 감사어른이라도 이 고을을 지켜 주셔야 하읍니다.

감사 : 아니 그래 죄목이 뭔줄아오. 몽룡이가 춘향이란 천기와 사랑에 빠져 음사를 일삼고 조종(祖宗)의 질서를 어지럽

---

36) 김정호의 『대동여지도』를 참고 했다.

37) 사헌부(司憲府)는 司諫院 그리고 刑曹와 함께 三省중의 하나인데, 관원에 대한 추국은 이 三省에서 담당하였다. 지방관리의 행정상의 비행을 조사하고 그 책임을 물어 풍기·풍속을 바로잡는 일은 사헌부 소속이었다. 사헌부 우두머리인 대사헌은 從二品이며 전주감사와 같은 위계이다. 그러므로 여기선 김원형은 윤정이에게 존칭을 붙이지 않는다.

38) 봉고(封庫)라는 말은 지방수령을 파면시킬 때 그 관가의 창고를 봉해 잠그는데서 생긴 말이다. 수령의 봉고파출은 방백인 監司의 권한속에 들어 있다.

히는 강상죄(綱常罪)를 범하는 것을 아비로서 방조했을 뿐 아니라, 민심을 얻는다는 구실로 천민과 결탁하여 국가재원인 군포를 거의 징납하지 않고 있다는 것이요. 정말 한심하오. 바른 일을 바르게 하는 것을 그르다고 추국(推鞫)해야만 하는 긴찰나 내 입장이 부끄러울 뿐이요. 사헌부에서 몽룡이 일을 알 턱이 없는데…… 우리를 거세할려는 배후조종세력이 조직적으로 작용하고 있는 것 같소. 이 남원고을에도 밀고하는 자들이 숨어있단 말요. 요즈음은 암행어사마저 지방의 썩은 방백수령과 결탁하여 타락하는 마당이니 민심의 실태를 중앙이 알 길이 없오.[39] 더구나 지방관의 억울한 사정이란 호소할 길이 없오. 사또에겐 다행이 파직 이외로 아무런 형량이 내려지지 않았으니 서울의 본가에 가서 쉬시면서 형세를 살피고 재기를 기다리시요. 사또 파직 전에 몽룡이가 진사정원을 하였으니 이부사댁은 그래도 희망이 있지 않소. 몽룡이는 그릇이 큰 인물이요. 너무 나무라지 마시요.

사또 : 제 나이 이미 오순을 넘었는데 무슨 재기를 기다리겠읍니까? 여기까지 걸어온 것만으로도 하늘에 감사할 뿐입니다. 몽룡이마저 기존의 체제와 타협하지 않으려고만 저렇게 발버둥이니 우리 집안은 이제 기울어만 갈듯 합니다. 가운도 가운이지만 종묘사직의 운명이 더 걱정스럽습니다. 후임은 결정되었답니까?

감사 : 이번에 부임하여 내려오는 인물은 젊은이로 영의정 김사영대감의 사위요. 안동김씨 세력을 업고 있오. 그 이름은 변학도(卞學徒)라 하오.[40] (마지막 이름에 대한 극적인 그리고 운명적인 음악효과.)

---

39) 암행어사제도에 관하여 내가 참고한 논문은 張潤植, "朝鮮の李朝時代に於ける暗行御史制度の研究," 『法學論叢』(昭和 29), 第二十二卷, 第一號, 80~96쪽 그리고 第二十二卷, 第二號, 262~273쪽 그리고 第二十二卷, 第三號, 386~397쪽. 조선조의 암행어사제도에 관하여 알 수 있는 매우 개괄적인 좋은 논문이다.

40) 우리는 여기서 원『춘향뎐』에 나오는 사람들의 "이름"을 한번 생각해 볼 필요가 있다. 우리는 "이름"이 가지는 존재론적이고 우주론적, 그러면서도 발생론적인 의미, 다시 말해서 내가 말하는 기철학적 의미구조에 대해 너무도 무지하다. 몽

양인들이 이 이름을 중시하고 이름하나 가지고 방대한 철학체계(성명철학)를 구축한 이유, 그 기철학적 포괄적 의미에 관하여 너무 직관력이 결여되어 있다. "이름"에 관한 철학적 논의는 나중에 나의 기철학의 체계적논술에서 하기로 하고 우선『춘향뎐』의 가장 핵심적 이름인 春香・夢龍・學徒 세 이름에 대한 세심한 고찰을 해야 할 것이다. 우리는 지금 한자의 세계 즉 한문의 세계에 살고 있질 않다. 그래서 한자로 이루어진 모든 의미체계가 직접적으로(해설없이) 전달이 되지 않는다. 그러나『춘향뎐』은 바로 한문이 통용되고 한문적 의미체계가 삶 그 자체를 지배하던 시대에 탄생된 작품이라는 점을 반드시 고려해야 한다. 내가 『춘향뎐』에 손을 댈 수 있었던 것은 바로 나 자신이 나의 기철학적 해석학작업을 통해 한문의 세계의 의미구조에 어느 정도 밝았던 사람이기 때문에 가능했던 것이다. 따라서 春香・夢龍・學徒라는 이름의 의미는 당시 조선조사람들에게는 명백히 인식되었던 것이었다. 한자가 바로 표음문자가 아니라 표의문자라는 것을 생각할 때 이름을 통해 주어지는 캐릭터의 의미구조의 결정은 참으로 극 전체의 결정적 제기를 지속적으로 던져주는 것이다.

春香이란 봄 춘이요 향기 향이다. 봄은 春夏秋冬 사계절에 있어서 木氣에 해당되며 우주의 치솟는 힘(rising force)을 상징하며 생성의 시작이다. 그것은 氣의 日新的 發現의 端初的 제기이며 그 제기는 사계절을 통해 지속적으로 작용한다. 春香은 바로 이 봄이란 木의 陽처럼 계속 솟아오르는 새로운 힘, 즉 민중의 힘을 대변하는 것이다. 『춘향뎐』의 저자에게는 春香이란 캐릭터 속에 분명 그러한 의식을 담고 있다. 새시대의 새로운 물결, 양반과도 사랑할 수 있는 새로운 민중의 힘이다. 새시대의 상징이다.

그에 비하면 몽룡이란, 물론『춘향뎐』앞머리에 이도령 엄마가 태몽으로 용의 꿈을 꾸었기 때문에 그렇게 이름지었다고 말하고 있지만, 보다 더 깊은 상징적 의미는 바로 한국인의 의식구조속에 자리잡고 있는 "용"의 이미지의 의미체계와 관련되어 있다. 용은 제왕의 상이며 모든 것을 종합한다. 용은 모든 것의 통합체이며 한곳으로 치우치지 아니한다. 용은 성공이며 승리다. 그리고 "용두사미"란 말도 있듯이 용은 항상 첫째의 의미가 있다. 바로 용의 이미지는 과거에 "장원합격하여 금의환향 하는 이도령"의 이미지를 상징하고 있다. 용의 모습으로 민중에게 나타나서 그들을 구원해 주는 메시야적 의미를 담고 있다. (그렇다고 이러한 나의 명제를 어떤 골빈 예수쟁이 학자가 떠들듯이 예수 영향받아서 조선조 카톨릭쟁이가 쓴 문학작품이라고 말하는 오류와 혼동해서는 안된다. 피상적 영향운운 하기에 앞서 인간의 예술에는 항상 보편적 구조가 숨어 있다는 사실을 깨달어야 한다. 도대체 人性의 보편성을 이해못하는 촌스러운 학설에 귀를 버릴 필요까지는 없을 것이다.)

상기의 두 이름에 비하여 가장 재미있고 문제가 있는 이름은 바로 學徒이다. 변학도란 흉악무도한 사또의 이미지에 얹혀진 이름은 매우 지적인 고상한 이름이다. 학도(學徒)란 바로 "배움의 무리"란 뜻이니, 요새말로 엘리트요 지식인이요 식자요 지성인이요, 당시말로 유자이요 유생이요 양반이요 사대부다! 여기서 우리는 얼마나 이『춘향뎐』의 저자가 당대의 세태에 대한 예리한 비판을 던지고 있는가를 알아야 한다. "배움의 무리"란 모두 변학도 같은 놈들이다. 그저 민중을 착취하고 춘향이의 정조마저 유린하는 놈들이다. 도대체 너희들이 지금 이 사회를 구원하기 위하여 하는 일이 무엇인가? 변학도라는 이름속엔 바로 이러한 세태에 대한 빈정과 풍자, 냉소(sarcasm)가 깃들어 있는 것이다.

學徒! 學徒! 그 저주스러운 이름이여! 오늘 이 순간까지도 이 역사를 갉아 먹고 있는 그 이름이여! 그러나 1900년대 개화기 때 기우는 국운을 걱정했

場 18.　별리(別離)

　　춘향이 집. 이도령과 춘향이의 이별 장면. 이제 둘이선 살아서는
다시 만나지 못한다. 이 점을 염두에 두면서 그 마지막 장면의 의
미가 살도록 감독은 연출해 주어야 한다.

몽룡:　절망이오.

춘향:　부처님 말씀에 인생에 팔고(八苦)가 있다 하였읍니다. 애
　　　　별리고(愛別離苦)가 그중 하나지요. 사랑하는 정(情)은
　　　　반드시 헤어지는 고(苦)를 동반한다 하였읍니다.

몽룡:　왜 이리 차겁소. 내가 지금 불설(佛說)을 몰라 이리 애타
　　　　는 줄 아오. 절망속에도 희망은 있오. 우리는 결코 헤어

던 우리 할아버지들, 신학문에 눈뜨기 시작했던 할머니들, 새로 연 학당에 남
몰래 다녔던 학도들은 다음과 같은 창가(노래)를 불렀다.

　　　　학도야 학도야 청년학도야
　　　　벽상의 괘종을 들어보시요
　　　　한소리 두소리 가고못오니
　　　　인생의 백년가기 走馬같도다

　　　　청산속에 묻힌옥도
　　　　갈아야만 광채나고
　　　　낙낙장송 큰나무도
　　　　깎아야만 동량되네

　　　　소년은 이로하고 학난성하니
　　　　一寸의 광음인들 불가경이라
　　　　一日은 한번지고 難再晨이라
　　　　成年은 한번가고 不重來하니
　　　　池塘에 春草夢이 未覺하여서
　　　　階前에 梧葉들이 已秋聲이라

　　　　공부하는 청년들아
　　　　너희직분 잇지마라
　　　　새벽달은 넘어가고
　　　　봉창속에 해빗친다

　　나는 나의 『새춘향뎐』속에서 바로 이 세 이름이 함장하는 집단무의식적 의미
를 21세기적으로 재현해 보려는 거대한 음모를 실현했던 것이다.

지는 것이 아니요.

춘향 : 아닙니다. 우리는 헤어져야 합니다. 다시는 돌아오지 못
할 다리를 건너야 하지요(비통하게). 사랑은 만물을 살려
야지요. 그런데 그것이 모든 것을 죽이기만 하는데 어찌
사랑입니까? 저 때문에 도련님 집안에 파멸이 왔읍니다.
비록 한번도 뵙지 못했지만 아버님 어머님께옵선 이 소
녀를 얼마나 저주하시겠읍니까? 어찌 저보고 그 저주를
계속 받으라 하시옵니까? 도련님! 정신차리십시요. 우
린 희망이 없어요. 우리의 사랑은 죄악을 낳을 뿐입니
다. 우리의 입김이 닿는 곳은 모두 죽음뿐입니다. 어서
절 잊고 떠나십시요. 이 비천한 계집에 연연할 것이 무
엇이오니이까?

몽룡 : 사랑이 비록 파멸을 가져온다 할지라도 사랑은 지켜야
하오. 음도 양의 지속일뿐 파멸도 사랑의 지속일뿐이요.
사랑의 지속은 생명을 잉태시키고야 말 것이요. 죽음도
사랑속에선 부활하오. 절망이란 있을 수 없오(절규한다).
난 그대를 아내로 맞이하고야 말 것이요. 그대는 나의
아내요.

춘향 : 도련님! 제발 절 잊어버리세요.

　　　(무릎 꿇고 도련님의 다리에 매달려 처절하게 울부짖는다.)

음이 양을 낳듯, 죽음이 생명을 다시 잉태할지라도 우
리삶은 파멸을 감당하기엔 너무도 짧습니다. 파멸을 감
당하기엔 너무도 현실은 가혹합니다. 왜 이러세요, 도련
님! 이 살점 한오라기마다 스미는 도련님말씀, 쇤네 어
찌 잊을 수 있겠읍니까? 더 이상 절 괴롭히지 마세요.

몽룡 : 춘향이── 지면 안돼! 이젠 이 현실도 끝장난단 말야.
이젠 조선조 오백년도 더 이상 못버틴다구. 자기파멸의
길만 있을 뿐야. 우리는 그 파멸의 불길속에 휩싸여 재
가 되고 말아버릴순 없오. 혁명이 있을뿐야! 힘을 잃지
말라구. 이 이상 더 자기를 학대하지 말아.

춘향 :   아니에요. 우리는 생각을 잘못 한 것이지요. 당신이나
       나나 거대한 괴물에게 쫓기고 있는 생쥐새끼일 뿐이에요.
       춘향이 운명은 이제부터 시작니랍니다. (여기서 톤이 자
       조적으로 냉철하게 급변한다.) 그 하고 많은 사연들의 한 이
       야기가 이제부터 시작이지요. 저의 엄마 사연도 그랬어
       요. 요즈음 유행하는 여사당패 자탄가(自嘆歌)나 한번
       불러 볼까요. [41]

               한산세모시로 잔주름 곱게곱게 지아입고
               韓山之細毛施兮，製衣裳而衣之兮。 (자막)

               안산청룡으로 사당질가세
               安城之靑龍兮，社堂爲業去兮。 (자막)

               이내손은 문꼴인가 이놈도잡고 저놈도잡네
               儂之手兮，門扇之鐶兮，此漢彼漢俱摻執兮。 (자막)

               이내입은 술잔인가 이놈도빨고 저놈도빠네
               儂之口兮，酒巡之盃兮，此漢彼漢俱親接兮。 (자막)

               이내배는 나루밴가 이놈도타고 저놈도타네
               儂之腹兮，津渡之船兮，此漢彼漢俱搭乘兮。 (자막)

           (춘향이가 단가로 부르는데 맞추어 한문자막이 나간다.)

---

41) 이 女社堂自歎歌는 李能和의 『朝鮮解語花史』(京城：東洋書院, 1926), 144쪽에
   있는 것을 옮긴 것이다. 이것은 이조말기에 실제로 유행했던 노래였음을 알 수
   있고 또 우리시대 캠프송으로 잘 불렸던 "영자의 아랫배는 한강변에 나룻배냐
   이놈도 올라타고 저놈도 올라타고……"와 같은 노래(손목으로 시작하여 입술,
   젖가슴, 아랫배, 보지로 내려간다)가 우리시대에 지어진 것이 아니라 조선조 천
   민의 한을 담은 전통의 맥락을 타고 있다는 놀라운 사실을 새롭게 발견하게 되
   는 것이다.

214

이놈빨고 저놈빨고 이놈타고 저놈타는 사당갈보 몸둥이나 도련님 애지중지 고귀하신 몸둥이나 뭐가 다르겠어요. 사람새끼 똑같은데. 한양 올라가시면 절 잊어버리시라구요. 이 비개덩어리 관권에 희롱당하면 희롱당하는 대로 내버리고 살라니까요.

몽룡 : (달관한 표정, 그러나 과장된 몸짓, 격노하는 사내의 모습으로) 감정을 위장할순 있어도 자기를 속일순 없어. 파멸이 평계를 준다해도 사랑을 저버릴 순 없지. 왜! 왜! 왜! 자기를 속여! 옛성현도 말씀하지 않았어? 자포자기처럼 큰죄는 없다구말야. 정신차려. 정신차리란말야!
    (몽룡은 격정에 못이겨 춘향이 따귀를 갈긴다.)

춘향 : (흐느끼며 몽룡앞에 처절하게 몸부림친다.)

몽룡 : 아무리 무서운 벼락일지라도 우리를 묶고 있는 쇠사슬을 끊을 순 없오. 아무리 거짓이 기세를 펴도 진실은 죽지 않소. 이 내 일편단심 변함없다는 것을 믿어주오. 나는 다시 오겠오. 당신을 떳떳하게 만들기 위해, 우리의 진실을 만방에 선포하기 위해 나는 오겠오. 내가 한양으로 올라간다구 그대 자신을 버리진 말아주오. 내 반드시 다시 오리다. 그때 우리는 혁명의 승리를 구가하리다. [42] 춘향이!

춘향 : (애절하게 손을 뻐친다. 팔과 손가락이 고전무용적 율동으로 전화면에 아름다운 선을 긋는다. 하느적거리는 손과 손이 점점 멀어진다.) 도련님 —— (메아리치고 또 메아리치는 울부짖음의 소리. 창의 효과.) 도련님! 다시 오지 마세요. 제발 절 잊어버리세요.

---

42) 여기서 내가 쓰고 있는 혁명이란 개념을 꼭 요즈음의 맑스형님 똘만이들이 쓰는 개념으로 이해할 필요는 없다. "革命"이란 이미 조선조의 유자들 사이에서 쓰였던 말이며 孟學의 전통을 잇고 있는 개념이다. 나의 革命개념은 1984년 11월 24일에 고려대학 종강기념특강으로 행하였던 강의내용을 기준으로 하고 있다. 『여자란 무엇인가』(통나무, 1986), 51~56쪽을 참조할 것.

그대 내 없을지라도
빛으로 오리라
암흑의 무리속에
사랑사랑 내사랑아
행복했던 그시절이 가는구나.
사랑사랑 내사랑아——

극적인 음악효과, 주제가나 주제음악, 판소리 등이 동원되어
도 좋을 것이다. "도련님"이라고 애절하게 외치는 통성의
높은 소리가 판소리조로 울려퍼지면서 그러한 음악적 효과가
반복되면서 제 1 場에 나왔던 웅장한 산하의 모습이 다시 드
러난다. 이 山河를 배경으로 구관사또의 떠나는 행렬과 신관
사또의 부임하는 행렬이 엇갈리고, 춘향이가 이도령 떠나는
모습을 보러 산마루위로 달려가는 애처로운 모습이 후래쉬컽
으로 리드믹칼하게 인서트되어도 좋을 것이다.)

場 19. 변사또 부임과 사열

  행렬이 남원부의 외곽石城의 南門(鎭南樓)을 지나 城안 마을을
거쳐 官舍로 들어온다. 官舍를 들어올 때도 또 樓門을 다시 거친
다. 그리고 변사또가 官舍 內衙(內東軒이라고도 한다)마루에 착석
하게 되고 그 뜰 앞에는 吏·戶·禮·兵·刑·工의 六房, 外衙前
의 모든 鄕吏들, 그리고 관아에 속한 軍校·門卒(使令)·官奴·侍
童, 그리고 鄕廳의 座首·左右別監·風憲·約正 등이 대령하여 늘
어서 있다. [43]

---

43) 지방관부의 인원구성을 알아보기 위해서 『牧民心書』의 吏典관계 여러부분을 참
  고하였다. 「吏典六條」는 조선조말기의 실제적 지방행정조직을 아는데 큰 도움이
  된다. 나는 이 씨나리오를 쓰는데 있어서 지방관아와 그 주위의 실제정황에 대한
  구체적 이미지를 필요로 하였기 때문에 지방답사를 결행하였다. 남원은 수차에 걸
  쳐 돌아 보았어도 현재 옛도읍의 모습을 구체적으로 알 수 있는 흔적은 거의 없
  다. 지금 옛관아와 관아의 주변 모습을 가장 정확하게 연상할 수 있는 곳은 順
  天에서 筏橋로 빠져 벌교지나 윗녀른 들 끝쯤에 자리잡고 있는 樂安밖에 없다.
  樂安은 石城이 원형으로 뺑 둘러쳐져 있는 보기드문 城邑이며 그 모습이 거의 원

216

사령 : 신관사또 듭시오.

사또 : (자리에 착석한다. 침착하게 주위를 살핀다. 숙연한 분위기. 날 카롭고 그러면서 물끄럼한 시선으로 六房들을 모두 째려본다. 그러면서 서서히 입을 연다.) 이방! 내가 누군질 아시오?

이방 : 아니~ (어쩔줄 모르며) 애 애 무슨 말씀이오신지……

대대로 남아 있다. (지금 이 도시는 민속촌으로 지정되어 보수되고 있는데 그 귀한 석성도 원래 모습이 아닌 서울의 축성모습으로 마구 개조해 놓고 있는가 하면 옛지도의 정확한 기록이 있는데도 제대로 고증도 안한채 마구 파괴하고 마구 짓고 있다. 현판들의 옛 이름도 마구 개조되어 있고, 어디에 무슨 건물이 있어야 되는지도 모르며, 귀중한 석사자상은 길거리에 팽개쳐 있는가 하면 주변에 지어놓은 추하기 이를데 없는 족보없는 개와집은 정말 가관 중에 가관이다. 도대체 이런 엉터리없는 문화재관리가 어디 있단 말인가? 국가에서 무엇으로 지정하여 관리들이 손만대면 다 망쳐놓으니 이렇게도 내 세금을 책임없이 쓸 수가 있는가? 토목공사만 장끼로 아는 군인들의 정치가 이다지도 우리민족의 문화수준을 망쳐놓았는가? 탱크로 길닦듯이 문화재를 보수하고 앉았으니~ 오~ 주여! 저들을 용서하시옵소서!)

나는 이 씨나리오를 쓰다말고 10월 30일~11월 1일에 걸쳐 樂安을 돌아보았다 (상세한 樂安의 古地圖 寫本을 가지고). 나를 친절하게 안내해주시고 주변의 상황에 대한 많은 정보를 제공해주신 仙巖寺의 指空스님과 元澄光의 名人 韓判璘 선생께 감사를 드린다.

樂安에 가보면 알 수 있듯이 東軒이라고 부르는 官舍는 담으로 둘러쳐 있고 그 안에 세 채의 건물이 있다. 東軒앞 그러니까 남쪽으로 吏廳이 있는데 여기에 鄕吏들이 살고 있다. 향리들이 바로 官衙의 앞(前)에 살고 있음으로 일명 衙前(아전)이라고 부르는 것이다. 東軒의 서쪽으로는 使令廳이 있다. 使令이란 아전보다 낮은 지방관아의 하인들의 총칭인데 문지기급도 이 속에 들어간다. 그리고 동헌앞 동쪽으로 奴廳이 있고 거기에 官奴들이 산다. 官奴에는 侍奴・首奴・工奴・廏奴・房奴・庖奴・廚奴・倉奴 등이 있다. 그리고 奴廳에서 약간 더 가서 위쪽으로(東北) 城中央에 會儒廳이 있어 지방의 유생들이 여기에 모인다. 會儒廳옆에 鄕廳이 있는데 鄕廳이란 원래 지방자치조직으로서 시작된 것이다. 관원이 중앙에서 파견되면 그 관원은 그 지방에 생경하므로 그들의 임무를 잘 수행하기 위하여는 지방양반들의 협조를 얻어야 한다. 이들 지방양반들의 자치・전제기구를 留鄕所라 하였는데 이 세력이 너무 강화되어 지방세에 官員이 꼼짝못하였음으로 세조는 이를 폐지시키고 향청으로 개편하고 지방통치기구 안에 흡수시켰다. 향청은 각기 지방 양반 중에서 덕망있는 자로 선임되 座首아 左右別監 등의 우두머리으로 구성되어 수령의 자문・보좌역할을 하였다. 그런데 규모가 작은 곳에서는 吏廳과 鄕廳이 실제로 分化되지 않고 좌수가 이방을, 倉監이 호방을, 左別監이 예방을, 軍倉監이 병방을, 右別監이 형방을, 庫監이 공방을 겸하기도 하고, 더 간소하게는 좌수가 이・호방일을 맡고, 좌별간이 예・병방일을 맡고, 우별감이 형・공방일을 맡기도 하였다. 물론 남원부의 규모에는 리청제도와 향청제도는 분리되어 있었을 것이다. 풍헌・약정은 요즈음 동・반장에 해당되는 토착적 하급향리다.

사또 : (단호하게) 내가 누군질 아시오?

이방 : 네 네 본관은 초계(草溪)이옵시고 태조조의 명신 변효문 (卞孝文)의 후손으로서 계묘(癸卯)년 전시에서 장원하셨으며 영의정 김사영대감의 여서(女婿)이시오며……

사또 : (꾸짖는 어조로 다시 크게 부른다) 이방! 내가 누군줄 아시오?

이방 : …………(아무말도 못하고 어쩔줄을 모르는 간신의 모습.)

사또 : 나는 변효문의 후손도 아니요 나는 김사영대감의 사위도 아니요. 나는 이 남원부를 다스리는 부사요. 바로 나는 이 남원골의 전권을 장악한 **왕**이란 말이요(왕 소리가 나오자 백관이 모두 절꿈). 그대들의 목숨이 이 손가락 하나 움직이는데 달려 있소. 그대 향리들이 재상들과 손을 잡고 찰사와도 정을 통하여 위로는 사또를 업신여기고 아래로는 민생을 들볶는 자가 비일비재한 모양인데, 이 변학도가 이 자리에 앉아 있는한 용서치 않겠오. 알겠오.

　　(위엄·위세가 등등하다. 아전들 절꿈거리며 네~를 합창한 다. 그리고 다음 말이 나갈 때는 변사또의 말의 톤이 확 바 뀐다. 위엄있고 능력있는 관리의 모습으로.)

내가 재임하고 있는 동안은 수령으로서 지켜야 할 수령 칠사(守令七事)를 과감하게 단행할 것이다. [44] 농상업(農 桑業)을 장려하며 호구(戶口)를 확보하고 교육을 진흥하 며 군정(軍政)을 수비하고 부역을 균등히 할 것이다. 그 리고 향리의 부정은 엄중히 처단할 것이다. 우리나라의 세제는 대동법·균역법의 실시로 합리적으로 잘 되어 있 음에도 불구하고 그것을 운용하는 묘가 상실되어 지금 백성의 원성이 높다. 수령칠사중 가장 중요한 치적은 공 부(貢賦)의 징수와 상납이다. 내일부터 호방은 호구조사 를 다시 실시하고 특히 정남의 수를 늘려 군적(軍籍)을 정비하고 군포(軍布)의 징수에 차질이 없도록 하라. 게

---

44) 韓㳌劤, 『韓國通史』(서울 : 을유문화사, 1987), 233~5쪽.

울러 군포도 징납치 않았던 구관사또 밑에서 놀고 먹었던 너희들의 작태를 일신토록 하라. 나는 우선 마을에 나가 민정을 시찰토록 하겠다. 알겠느냐?

아전들 : (일제히) 네이——(이 "네이" 소리도 너무 의례적인 전통창법으로 길게 뽑지만 말고 우렁차고 간결하게 끊어라.)

場 20. 변사또 마을시찰, 운명의 해후

마을의 정경이 달라졌다. 무엇인가 긴장감이 무겁게 마을을 덮고 있다. 사또의 행차장면이 전개된다. 사또는 가마(의자처럼 되어 있고 덮개가 없는 긴 藍輿)를 타고 간다. 태평소의 소리가 묘한 반향을 일으키며 울려퍼진다. 무엇인가 겁먹은 듯 총총 움직이는 사람들의 발걸음이 화면에 아필된다. 무엇인가 분위기가 달라졌다. 구관사또 때와 대조적이다. 변사또는 차갑고 매서운 얼굴로 마을 토담 사이를 지나간다. 마을 모습 장면은 옛 마을에서 볼 수 있는 것처럼 토담과 토담이 이어지는 모습이 특징이 되어야 한다.

변사또 가마는 갑자기 춘향집앞에 우뚝선다. 변사또는 가마에서 내린다.

나졸 : 신관사또 행차요~

이방 : (춘향이집 대문을 두드리며) 문열어라 ! (고함을 지른다.)

(변사또 춘향이 집으로 들어선다. 춘향모 대령하고 연이어 춘향이도 대령한다. 변사또는 대령한 춘향이를 이글이글 타오르는 눈길로 바라본다. 춘향이와 변사또 사이에서는 이상한 기가 오고간다. 춘향이의 얼굴에는 운명의 숙적을 바라보는듯, 묘한 기색이 감돈다. 자기의 비극적 운명을 응시하는 얼굴. 이 장면은 모두 말이 없다. 조용히 스산하게 끝나고 다음의 왁작쩌끌한 비참한 광경으로 분위기와 색깔이 확 바뀌면서 연결된다.)

場 21. 호구조사

    이 장면은 향리들이 마을사람들을 착취하는 매우 처참한 장면이다. 백성들은 헐벗고 기아에 허덕이고 있다. 깨진 항아리, 헐어내린 토담, 찌그러진 초가집 문짝 등 빈농의 분위기가 그려진다. 그리고 이 장면에서 가장 중시해야 할 것은 매우 전라도 토속적인 방언의 대화들이다. 사실적으로 하자면 춘향이는 남원여자임으로 전라도 사투리를 써야 할 것이다. 그러나 이 글은 보편적 주제에 보편적 명제를 전달하기 위한 것임으로 굳이 사투리를 쓸 필요를 느끼지 않았다. 그러나 앞의 방자가 말하는 장면과 이 호구장면에 한하여 매우 짙은 "전라도냄새"의 현황을 전달하려고 노력하였다. 이 극 전체 분위기의 다양성과 현실성에 도움을 주리라고 믿는다.[45]

    호구조사팀이 어느 농가를 나오는데 가난한 농부(남자)가 호방의 옷자락에 매달리며 통사정을 한다.

농부 : 나으리 나조까 살려주쇼. 애새끼는 줄렁줄렁, 아들새끼 하나 없이 가시낭년만 여덟이요. 환상이자가 어떠꾸롬 스무말이나 된당가요 ?

호방 : 예끼 벌거지 같은 새끼들, 느그들 봐주다간 내목아지 달아난당켕. 어쩔 수 없당께. 냐, 냐——(발로 농부를 콱 걸어찬다.)

농부 : 아이고. 어떻게 살꼬~ 우리살림에 으첫게 스무말을 생으로 뽑는당가. 아니 춘궁기에 쓰잘데 없다는 쌀은 억지로 매개 놓드니 복리로 뒤집어 씌우니 이거 웬 날벼락이랑가. 환장하것네. 올해는 소출이 한마지기에 열가마도

---

45) 나는 충청도에서 큰 사람이기 때문에 전라도 사투리가 몸에 배어 있질 않다. 그래서 전라도에서 성장한 사람들 다섯사람에게 자연스럽게 대화를 시켜가면서 이 장면의 대화를 구성한 것이다. 나의 외사촌 누이 洪明子와 그의 전남여고 동창생들, 崔安姬, 林盛春, 洪幸子, 金明順 네분께서 긴 시간 수고를 해주셨다. 이 자리를 빌어 노고에 대한 감사를 표한다. 물론 잘못된 것이 있다면 그것은 나의 책임이다.

지대로 안나왔는디, 으떻게 이자로만 스무말을 내논당가. 참말로 미치것네. 아이고 아이고 소출보다 뺏아가는 것이 더 많으니 어떻게 살란말이여 ! 애새끼들은 꾀벗고 굶어디져 가는디~.

(토담사이로 호구조사팀이 걸어가고 있고 그 뒷모습을 바라보는 농부는 통곡을 하면서 독백을 하고 있는 것이다.)

아니 ! 환곡이라니 ! 나라가 도와주들 못할망정 백성들한테 고리채를 해먹어 ! 아이고 아이고 이 새끼들아 날 죽여라 날 잡사라 ! 황천에 가서 뻗는 게 더 낫건네.

(통곡 소리를 뒷전으로 들으며 아전은 아전끼리 대화를 시작한다.)

아전A : 아이고 참말로 우리도 못해묵것구만, 이.

아전B : 신관사또가 더럽게 빽씨게 나오던디. 아니 지혼자 실적올리면 다랑가. 지가 우리 주리를 틀면 죽어나는 건 쌍놈밖에 더있당가. 우리중인도 쌍놈처럼 대접못받기는 매일반인디, 쌍놈주리를 틀라면 트는 수밖에 더 있당가.

아전C : 시체 요샛말로 민이토위전하고 리이민위전이란 말이 있지 않는가 ?

> 民以土爲田, 吏以民爲田 (자막)

백성은 땅을 밭으로 여기는디 아전은 백성을 밭으로 여긴다~ 이말요. 아 우리아전이야 훑으려면 훑고, 털라면 치로 까불듯 털면 되는 것이여, 어. 죽어나는 것들은 백성이제, 그렇다고 또 누가 우리사정 봐준당가 ? 신관사또노 삽삽한 양반이제, 아니, 민생이 이 지경인디 훑어내고 털어낼 것이 뭣이 있당가 ?

아전B : 소문들었는가 ? 어저께 사또가 행찻길에 춘향이 집엘 들어갔다는디…… 일은 재미지게 되것구만, 이……

(호구조사팀은 또 다른 농가로 들어간다. 이 농가에는 애

기(아들)를 등에 업고 있는 젊은 아낙네와 자식 둘이 마당에
서 놀고 있는 광경이 펼쳐진다. 아낙네는 윗저고리가 짧아
젖통이 툭 불겨져 나와있고 빈궁한 모습이 형편이 없다.)

아전C : 호적 새로 맨들로 왔오.

아 낙 : 오~매, 성가시게 멀쩡한 호적은 왜 또 새로 만든다요.
호적 새로 맹글때마다 세금만 올라가잔이여.

아전C : 네끼년 뭔 말을 그렇게 하냐. 사실을 사실대로 올릴뿐인
디, 으찌 올리고 내리고 한다냐?

아 낙 : 사실이람서 백여시처럼 요리조리 둔갑한께 안그러요.

아전B : (아전C를 보고) 씨알떼기 없는 소리허고 있네. (이젠 아낙
을 보고) 너 이년 새끼복도 많구나. 아들새끼가 셋이나
되구만. 군적에 서방놈하고 정남(丁男)수를 넷으로 올릴
텐게. 넌 군포 네 필, 그렇게 쌀 스물너말을 바쳐라![46]

아 낙 : 아니 나으리 이 어린것들이 다들 열여섯살도 안된 것들
인디 징용가는 정남(丁男)이라니 뭔 말이다요?

아전B : 아니 넌 황구첨정(黃口簽丁)도 모르냐, 젖도 안떨어진
뇌란 아구지도 첨정으로 계산한단 말이다. 옛날 같으면
남자대가리 하나당 군포 두필이다. 균역법실시후에 한필
로 반감된 것만도 감지덕지 할것이제 뭔 잔소리다냐.

아 낙 : 우메 못살것네. 못살것구만이. 이 어린 것 데리고 농사
져서 어떻게 스물네말을 세금말고 또 바친당가?

아전B : 아니 그럼 죽은 할애비까지 군적에 올리끄나! 이건 또
백골징포(白骨徵布)라 하는 것이여~

아 낙 : (와이로 쳐먹을 속을 다 아는체, 그리고 아전들은 먹을 갈고 붓
을 찍어 호적위에 적을려고 한다. 아낙 할 수 없이 손에 낀 은
쌍가락지를 뺀다.) 나으리――지가 가진 것은 이것 밖에
없어라우. 시집올때 해온 재산도 이것이 마지막이랑께요.
군적에 한번 올르면 죽을 때까지 쌩이로 군포를 내야하

---

46) 軍布는 원래 布로 징수하였던 것이지만 布가 귀하여 쌀로 대체되었다. 조선조
를 통하여 한 布의 가치는 평균적으로 쌀 여섯斗에 해당된다. 정남수가 넷이면
군포 네필이고 쌀로 스물네말이 된다.

니 어떻게 산다요. 징해서 못살것오. 군적에서 네명을
싹 빼부시요. 지발 좀 빼주시랑께요.

아전B : 아니 은가락지 그같은거 한개로 군적에서 싹 빠질 생각
을 해, 네이년! (밀어 제킨다). 니사정을 봐서 둘만 올려
주께. 넌 두필만 내.

아 낙 : 아니 진짜로는 한필이제, 어쩨 두필이랑가. 정남은 서방
한사람뿐인디 어쩨 열살도 안된 자식놈이 정남이라요?
사또한테 따져야겄오. 느그놈들 배때아지 채워묵은놈 다
일러바칠란다. 잡것들아~ (악을 버럭 버럭 쓴다).

아전B : 어어메 이년 보소여!

(발길로 아낙을 확 걷어찬다. 아낙은 코피를 터트리며 콕 꺼
꾸라져 땅바닥에 철부닥 주저 앉는다. 아낙 말없이 흐느끼며
통곡한다.)

따지긴 니년이 뭘 따져, 니미 씨발! 사또는 우리보다
더 인정사정 없는디 할테면 해봐라 이년아!

아전A : 어서 피잉 가세, 가!

아 낙 : (처참하게 아전들의 옷자락에 매달리며 통사정을 한다. 아전들
발길에 질질 끌리고 애들은 멋도 모르고 같이 엉엉 운다. 순진
한 얼굴들.) 아이고 아이고 살려 주쇼. 살려 줘. 세금때매
참말로 못살것네~. 지발 이 불쌍한 것들 좀 봐주시요.
시상에 우리가 무슨 죄가 있당가.

(처절한 통곡소리가 여기 저기서 들리고, 길거리가 억울한
호구조사에 항의하면서 땅바닥을 치고 통곡하는 사람들의 모
습으로 메워진다. 온마을이 호구조사로 쑥대밭이 된 것이다.
모세를 통하여 에집트의 땅위로 내린 야훼의 재앙처럼. 소복
의 양민들이 못살겠다고 애통해하는 가운데 게길스럽게 비웃
음의 표정을 짓는 아전들의 모습이 엇갈린다. 아전들이 지나
가는 곳마다 억울함을 호소하는 통곡소리, 원망소리가 높다.
온 마을이 난리가 난 듯, 벌집쑤셔놓은 듯 참담한 모습으로
그려지면서 구슬픈 음악이 나오다가 그 음악은 장중한 음악
으로 바뀐다. 이 사이에 판소리조의 사설이 전달되는 노래가

끼어도 좋을 것이다. 그 마을의 처참한 광경이 오버랩되면서
이몽룡이 自省錄을 쓰는 장면으로 바뀐다. 장중한 음악을 배
경으로 조촐한 선비방에서 깨끗하게 소복으로 단장한 이몽룡
이 명상하고 고민하는 여러가지 모습으로 비쳐진다. 몽룡은
드디어 화면에 붓을 옮긴다.)

場 22. 자성록(自省錄)

이 장면은 이 거대한 철학적 드라마의 중간 클라이막스를 이루는 대목이며 이몽룡이 조선왕조 오백년의 역사에 대하여 총평가를 내린 대서사시 부분이다. 다음에 나오는 한문은 물론 내가 지은 문장이지만 그 속에는 이루 다 헤아릴 수 없는 뜻이 함축되어 있다. 나는 역사를 바라볼 때 인간의 삶의 모습보다는 생각의 구조에 중점을 두고 보지만 여기서는 철학사적 관심보다는 사상사적 관점에서 조선조를 평가하였다. [47] 理와 氣의 관계 등의 철학사적 문제는 다른 대화부문에서 언급이 되었기 때문이다.

이 부분을 처리하는데 있어서 감독이 가장 중시해야 할 것은 음악과 자성록이 나가고 있는 동안의 배경화면이다. 우선 음악은 한국전통문화에 특유한 멜로디를 소나타형식의 심포니로 표현한 서양오케스트라음악이 되어도 좋고, 악기편성이 국악기와 서양악기의 합주가 되어도 좋을 것이다. 과거조선에 있어서도 당악기(중국악기)와 향악기(한국악기)의 합주의 가능성이 배제되지 않는다면 국양합주는 매우 자연스러운 것일 것이다.

자성록은 명조체날자로(그래픽 디자인을 화면과의 관계에서 고려하라), 세로로 그리고 오른쪽에서 왼쪽으로(←) 쓰여져 나간다. 그리고 이 자성록의 내용과 관련된 영상이 배경에 깔려야 할 것이

---

47) 철학사(history of philosophy)와 사상사(intellectual history)는 명확하게 이분될 수는 없지만 철학사는 주로 대표적 인물들의 생각의 체계를 연결하고 있는 논리적 구조에 관심을 치중시키는 반면 사상사는 그 사상가들의 생각이 그 시대상 즉 정치•경제•문화 일반의 제현상과 어떠한 관련을 가지고 전개되어 나가고 있는가 하는 측면에 더 큰 관심을 갖는다. 그러니까 철학사는 의식내에서의 기의 논리적 전개에 관심을 갖는다면 사상사는 의식을 결정짓고 있는 제요소와의 기의 교감에 더 큰 관심을 갖는다. 몽룡의 자성록은 이러한 사상사적 관심에서 이루어진 것이다.

다. 물론 자성록의 내용과 직접 관련이 없는 상징적 화면처리도 가능할 것이다. 한문이 한줄한줄 쓰여져 나갈 때 그 한글풀이가 그에 맞추어 내래이션으로 들린다(남자 성우).

관객은 웅장한 우리의 심포니를 들으면서 한문 그리고 우리말 해설, 그리고 그 내용을 돋아주는 화면의 예술을 통해 장엄한 체험을 하게되는 것이다. 실로 우리 민족의 철학적 대서사시라 아니할 수 없으며 화엄의 경지라 아니할 수 없다.

我邦朝鮮, 麗將李成桂革高麗朝之命而立, 孟子所謂革命是也。革命者必將被革, 故其命不得不日新, 詩曰「其命維新」是也。夫命者原自天來, 而天乃爲民, 故天命卽民命也。治者不聽民心, 則天命亦絕, 然則其命必革也。案之, 朝鮮之命已喪, 不能自新也。朝鮮朝初革除高麗貴族之分權亂立, 而以新設科擧之制與兩班之政爲其經緯, 建立新士大夫官僚之中央集權制度。此制始而有効, 然而逐漸硬塞, 無可代辯民生, 僅追索門閥黨人小利, 墮落甚矣。士者, 食於民, 故使於民, 理之所致也。至今士者徒治之使之, 鄙棄民生之所欲, 此我邦之亡徵也。何有若狀？我邦租稅之政亂之故也。兩班根本免稅, 其祿爲田地, 更兼世襲厥土, 其弊尤甚, 一無流通之地。科擧不過是爭取免稅特權之方略耳已矣。租稅貢物之繳納方式滯澁落後, 封鎖商賈之興, 阻滯錢幣流通, 商業未能發達, 非但加重農民賦稅負擔, 且却招致兩班之貧困化, 如是造成所謂三政紊亂之極狀, 已焉哉！各地民衆紛紛起義卽爲史所當趨者, 理所當然之事哉！尤其鄕吏原無俸祿, 國朝默認使之剝削良民而貪圖私利, 其橫暴無可盡言。嗚呼！哀哉！知者不敢視所當視, 不敢言所當言, 因其所當視當言者僅能始於否定自己。夫拯民於水火之中之道在於奪除兩班免賦役之特權, 而實現大

226

同之理想。士農工商各有所長，不可以身分高下定次之。人性之可貴，不分人類。茶山牧民心書徒論今制之改善而未曾論今制之改革，徒論行政之方而未曾論如何達成四民平等之大同世界。今世革命之世也。革命，改制也，實現大同也，實踐民權也。吾人見解丕深丕遠，不見容於世俗，禁不住悲傷。然而我確信天不將捨棄我民之願望，必爲我等開闢新天地。惜矣！我力尚不足，無奈陳思盡意。于此，單取自己省察之義，起名曰「自省錄」，以之作爲後生之龜鑑。

癸丑孟春 **李夢龍**書于鞍山齋。

(자막)

우리나라 조선은 여장 이성계가 고려의 명을 갈아 세운 나라다. 맹자이래 소위 혁명이라 말한 것이 바로 이를 일컬음이다. 남의 명을 갈았다 하는 것은 바로 자기의 명이 다시 갈릴 수 있다는 것을 뜻하는 것이므로 그 명은 부단하게 새로와지지 않을 수 없는 것이다. 『시경』에서 "기명유신"(其命維新)이라 한 것이 바로 이것이다. 대저 명은 하늘에서 오는 것이지만 하늘은 곧 민을 뜻함으로 명은 곧 백성의 명이다. 즉 다스리는 자가 백성의 마음을 듣지 못하면 하늘의 명도 끊어지게 되는 것이다. 그러므로 명을 갈아야하는 것이다.

내가 판단컨대 조선은 이미 하늘의 명을 스스로 새롭게할 수 있는 능력을 잃어버렸다. 조선조의 건립은 고려의 귀족적 지방분권제의 난맥상을 청산하고 통일된 사대부 관료체제에 의한 중앙집

권제의 확립을 의미하는 것이었으니 양반관료정치를 가능케한 과거제야말로 그 제도적 핵심이었다. 이러한 제도는 초기에는 긍정적 의미를 지녔지만 시간이 흐름에 따라 경직되고 폐쇄되어 백성의 삶을 대변하지 못하고 문벌의 작은 이권싸움의 수단으로 전락했을 뿐이니 권력의 타락은 극에 이르렀도다.

사는 민에 의하여 먹이어지는 자임으로 민에 의하여 부리어지는 것이 마땅한 사리임에도 불구하고 사는 민을 부리고 지배할려고만 하며 그들의 삶의 요구를 철저히 외면하고 있다. 사가 이와같이 민을 외면하게 된 가장 큰 이유는 우리나라의 중앙관료체제를 유지시키고 있는 조세제도에 큰 결함이 있기 때문이다. 다시 말해서 우리나라 양반은 처음부터 면세계급이었으며 그 관록이 전지로 세습되어 그 본래적 유동성을 상실했다는데 있다. 과거란 결국 면세집단에 한다리 끼기위한 특권쟁취의 수단이외의 아무것도 아니었다. 그리고 조세와 공물의 유통방식의 결함은 상인계급의 자연발생을 철저히 봉쇄시켰고 따라서 화폐경제는 발전할 수 없었다. 이렇게 상업이 발달치 못한 결과로 농민의 조세부담만 가중되어갔고 양반계급자체가 빈궁화되어갔을 뿐이다. 이것이 곧 삼정의 문란이라는 참상을 초래한 이유며, 민생이 극빈상태에 도달하게되자 백성은 도처에서 민란을 일으켜 자신의 의로움을 주장하지 않을 수 없었던 것이니, 조선조의 명은 그 수가 다했다고 말할 수 있지 않겠는가? 더우기 지방관리인 향리에게는 아무런 봉록을 주지 않았으니 이는 백성을 적당히 갈취하여 먹고 살라고 국가가 보장하여

준 셈이다. 이들의 횡포는 차마 눈을 뜨고 볼
수가 없으니, 이도 그들을 나무라기 전에 우리나
라의 제도적 결함을 반성해야 할 것이다.

아아! 슬프다! 이땅의 식자는 보아야 할 것
을 보지않고 말해야 할 것을 말하지 않는다. 왜
냐하면 보고 말해야 하는 모든 것이 자기자신의
특권을 포기하는 자기 부정으로 부터 시작하기
때문이다. 오늘의 민폐를 구원하는 길은 오로지
양반에게서 조세와 공물·부역의 특권을 박탈하고
사·농·공·상의 평등을 구현하는 대동사회의 이
상을 실현하는 것이다. 사민은 제각기 가지는 고
유한 공능을 다할 뿐인즉 신분적 고하에 의하여
규정될 수 없는 것이다.[48] 인성의 고귀함은 사

---

48) "신분"(estate system)이란 문제는 서구라파의 근대사를 파악하는 매우 핵심적
주제이듯이 조선조의 역사를 파악하는 가장 중요한 관건의 하나가 바로 이 우리
조상들이 꾸민 사회의 신분구성문제이다. 바로 이도령과 성춘향 사이에서 일어나
고 있는 모든 문제도 바로 이 신분의 문제이며 과거제도와 관리(官과 吏)제도의
문제도 결국 이 신분의 문제로 귀착된다. 조선조의 신분문제에 관하여 역사학계
특히 국사학계에서 많은 연구가 진행되어 왔는데 최근에 내가 살펴본 훌륭한
업적으로는 劉承源교수(성심여대)의 『朝鮮初期身分制研究』(서울 : 을유문화사,
1987)를 들 수 있다. 韓永愚교수가 제기한 조선초기에서의 良賤二元制(兩班
이란 특정한 계급의 존재가 부정된다)의 맥락을 타면서 그 양천제의 해석에 있어
서 파생되는 제문제를 매우 논리적으로 조리있게 분석해 들어가고 있다. 이러한
탁월한 연구서적은, 학자들이 좁디 좁은 자기분야에만 골몰해있지만 말고, 나오
는 대로 사 보고(공짜로 얻을 생각말고) 서로 격려하고 비판하는 지적풍토를 조
성해 나가야 할 것이다. 의식있다 하는 학생녀석들도 맨 맑스·레닌 형님의 똘만
이의 똘만이도 안되는 녀석들의 책만 읽고 앉아있으니 한심하고 한심하다. 한국
현사회의 계급분석에 있어서도 맑스의 계급투쟁이론보다는 이러한 조선조 초기
의 신분문제가 훨씬 더 중요한 방법론을 제공하는 것이며 또 보다 정확하게 우
리 현사회를 쳐다볼 수 있게 만드는 핵심적 문제라는 점을 명쾌하게 지적해 두
고가 한다.
   나는 이러한 신분의 문제를 둘러싼 학계의 많은 논란을 의식하고 있으면서도
그것을 나의 드라마에 반영하지는 않았다. 사회과학적 표현과 예술적 표현이 동
일할 수는 없기 때문이다. 그리고 물론 나의 드라마는 良賤二元論의 후레임웍속
에서도 조금도 붕괴되지 않는다. 나의 드라마가 대상으로 하고 있는 사회상은
어디까지나 조선조말기사회의 현실이며 또 이도령과 성춘향의 관계도 良·賤의
개념에 의해서도 처리될 수 있는 것이기 때문이다. 물론 이때 "良人"의 개념규
정문제는 끝까지 문제로 남지만……

민의 모든 인간에게 동일하게 적용되어야 할 것
이다. 다산과 같은 석학도 『목민심서』 속에서 현
체제의 개선을 논했을 뿐 현체제의 개혁을 논하
고 있질 않다. 행정상의 방법만을 이야기할뿐 양
반계급의 특권을 제약시킬 생각을 하지 않는다.
오늘은 혁명의 시대다. 혁명이란 주어진 제도내의
국부적 개선을 의미하는 것이 아니라 제도자체를
개혁하는 개제를 말하는 것이다. 이것은 곧 대동
의 실현이며 민권의 실천이다.

　나의 생각이 이 시대에 이해되기에는 너무도
원대하고 근원적이어서 고독과 비관의 넘을 금할
길 없다. 허나 하늘은 우리민족의 염원을 결코

그러나 이러한 학계의 논의는 나의 기철학의 입장에서 정리하면 다음의 두가
지 문제로 귀착된다. 첫째는 조선말기에 형성된 역사의 모습을 가지고 조선중기
나 초기의 모습까지 도배질을 해버리는 오류를 범해서는 안된다는 것이다. 이
것은 인간의 인식의 界限性(marginality)의 보편적 오류의 한 형태이며 또 나
의 한문해석학의 방법론을 이해못하는데서 파생하는 오류다. 다시말해서 鮮末
의 界限의 인상속에서 그 界前의 모든 현상을 인식하게 되는 것은 인식의 자연
스러운 현상이지만 매우 오류적인 것이다. 또 각 시대에 성립한 문헌을 다룰 때
그 문헌자체가 생성론적 역사적 맥락의 파생태임으로, 그 맥락에 따라 그 문헌
을 다루는 방법론 자체가 달라져야 한다는 사실조차 인식하지 못한 채 "뽕구라
한문실력"으로 아무 문헌이나 되는대로 해석하는 오류를 한국 국사학자들의 상
당수가 범하고 있다는 사실이 정확히 반성되어야 한다는 것이다(더 이상 이야기
하면 날 잡아먹을려고 덤빌 것임으로 여기서 생략).
　두째는 신분제에 관한 모든 논의가 조선조 역사의 생성론(Becoming)적 실상
과 그것을 규정하고 있는 현대학문의 존재론(Being)적 논리의 피리에서 파생되
고 있다는 근원적인 문제가 반성되어야 한다. 다시 말해서 학문탐구의 가설자체
를 "조선조 신분구조 이런 것이다"라고 존재론적으로 설정해 놓고 그것을 타당
화하는 연구를 아무리 진행시켜 보아도 결국 그것은 역사의 부분적 실상을 추상
하는 결과밖에는 되지 않는다는 것이다. 이러한 피리의 해결은 가설자체를 생성
론적으로 설정해야 하는데 이것은 용렬한 학자의 실력으로는 불가능한 것이다.
왜냐하면 상대적 역사의 모습에 대한 정보체계보다는 인간 그자체에 대한 본질
적 통찰을 요구하기 때문이다. 그런데 대부분의 국사학자들이 아직도 문헌적 정
보체계의 정확도 싸움정도에서 맴돌고 있다. 나는 그런 의미에서 유교수의 업적
은 매우 높게 평가되어야 한다고 보며, 앞으로 국사학에 뜻을 둔 젊은 학도들
은 내 기철학을 알지도 못하면서 아둔하게 섶을 생각만 말고 내 기철학이 인간
과 역사에 대하여 무엇을 말할려고 하는가에 대한 성찰을 깊게 해주기를 바라는
마음 간절하다.

외면치 않을 것이다. 곧 사민평등의 새시대가 도
래할 것을 나는 예감한다. 그러나 지금 나의 생
각을 펴기에 부족함을 절감한다. 후세에 반드시
내 뜻이 이루어질 것을 확신하며 스스로를 반성
한다는 뜻으로 자성록이라 이름하여 후생의 귀감
으로 삼고자 하노라.

　　　　　　　　　　　계축 맹춘 이몽룡
　　　　　　　　　　　　안산재에서 쓰다

(내래이션)

場 23. 이몽룡의 방, 자성록후 사춘향(思春香)

　　앞의 거대한 서사시장면이 훼이드 아웃하면서 이 장면이 훼이드
인. 이몽룡은 상투튼채 손으로 머리괴고 다리틀고 방에 누워 벽에
걸린 거문고를 한가히 바라본다. 추녀끝의 인경과 그것에 걸린 달
이 거문고와 콘트라스트 이루어가며. 거대한 서사시 이후의 소조한
쓸쓸한 분위기. 폭풍후의 정적. 거문고에 춘향이 모습이 어른거린
다. 그것을 바라보는 이몽룡의 눈에 눈물이 고인다. 그리움. 애타
는 그리움을 표현해줘라. 고인 눈물방울이 샛별같이 반짝인다. 이
부분은 말이 있어서는 안된다. 배경음악으로는 아쟁산조중 짙은 계
면조를 취해도 좋을 것이다.

場 24. 변사또 내실, 재면대화(再面對話)

　　변사또가 거처하는 내실. 춘향이는 변사또에게 불려와 처음으로
말을 나누게 된다. 변사또는 차갑고 이지적인 모습으로 나타나고
춘향이는 여기서 처음으로 매우 쎅시한 교태를 나타낸다. 청순한

새춘향면　231

모습보다는. 그리고 춘향의 모습에는 냉소적이면서도 여유가 만만
한 그러한 달관된 여운이 있어야 한다. 변사또의 복장은 깨끗한 느
낌을 주는 소복이어야 한다. 관복을 입혀도 상관없지만 반드시 담
박한 문관복장이어야 한다.

시종 : 춘향이 대령이오.

사또 : 들라해라.

　　　　(춘향이 사또방문을 열고 들어온다.)

춘향 : (고개를 숙이고 절을 하는 포즈를 취하고 앉는다.) ………

사또 : 편히 앉고 고개를 들라.

춘향 : 지체높으신 사또께서, 사서오경(四書五經)을 다 통달하
셨을 터이온데, 어찌하여 규방의 처녀를 남자의 내실로
오라가라 하십니까?

사또 : 허허～음～(너무 당돌한 반응에 당혹하며 춘향을 째려본다.
명상에 잠깐 잠겼다가) 규방의 처녀라구! 아니 네가 음탕
한 계집이라는 것은 이미 장안에까지 다 알려져 있는데
뭐 규방의 처녀라고? 처녀가 거저 처년가? 이놈 저놈
물건이 다 들락날락하고서도 처녀란 말이냐?

춘향 : 무슨 말씀을 그리 하시옵니까? 정절이 어찌 부접(不接)
만이 정절이오며 어찌 여자만의 것이오리까? 충신은 불
사이군(不事二君)이요 열녀는 불경이부(不更二夫)라 했
는데 사또는 국운(國運)이 불행(不幸)하여 난적(亂賊)이
성행하면 두 임금을 섬기시겠습니까.[49] 어차피 한 임금
은 섬겨야 하는 것, 남자에게는 정조도 지조도 없단 말
입니까? 물건이 들락날락 하였다하면 이몽룡 물건 밖엔
없습니다. 위력질로 말씀 그리 마옵소서.

사또 : (침착하게) 허허, 너 과연 듣던대로 당돌한 계집이구나
언제 내가 두 임금을 섬긴다 했느냐 내가 언제 너보고

─────────────────
49) 『춘향뎐』 원문에서(정정렬제 판소리) 춘향이가 변사또에게 처음 불리어 가서 그
　　문답하며 하는 소리를 인용한 것이다. 그리고 이러한 춘향이의 항거의 언사들은
　　원 『춘향뎐』의 이데올로기의 핵심을 이루고 있는 중요한 표현이라는 것, 그리고
　　그것은 여러각도에서 분석될 수 있다는 것을 암시만 해둔다.

두 아비를 섬기라 했느냐? 일시적 감정으로 널 희롱키
만 하다가 사라져버린 몽룡이 생각하며 독수공방 애타는
네모습이 가련하여 불렀을 뿐이지, 쯧쯧. 천한 것이 문
장과 미모를 타고 났으면 네 운명대로 살 것이지 어찌
거역키만 하려는고. 오늘밤부터 내 수청을 들어라.

춘향 : 수청이라니요? 저는 관기도 아니고 관청과는 인연도 없
는데 어인 말씀을 그리하시옵니까? 학문이 출중하시고
댕가집에서 장성하여 수신의 대도에 어긋남이 없으신 분
이라고 들었아옵는데 어찌 수청의 명목으로 일개 아녀자
를 겁탈하려 하시나이까? 공맹지도(孔孟之道)는 그렇게
치사한 것이 아닌줄 아뢰오.

사또 : 으음~ 과연 명언이로고(어색해지며).

(표정과 톤이 확 바뀐다.)

신위천기(身爲賤妓)로 관장(官長)의 엄령(嚴令)을 따르
지 아니하고 발악거역한 죄는 죄당만사(罪當萬死)이나
충절을 지키려는 의협심이 가상하여 내 네말대로 치사한
짓은 하지 않겠노라. 언젠가 네 스스로 내발 앞에 무릎
꿇을 날이 있으리라! 그만 물러가거라. 하순 내 생일날
널 광한루에서 보겠노라.

(춘향이 냉소의 눈초리, 쎅시한 야릇한 표정을 던지며 조용히
물러간다.)

場 25. 광한루 생일잔치

국악 오케스트라(정악)의 장엄한 연주와 더불어 성대한 궁중무용
이 광한루 위에서 벌어진다. 음식이 거하게 차려져 있고 사또가 가
운데 앉아 있다. 변사또 옆에 춘향이가 앉어있다. 예술적 분위기
가 넘치는 색향에 역시 잘 부임되어 왔다고 만족해 하는 사또의 얼
굴, 네로황제를 방불케한다. 이렇게 성대하고 만족스러운 분위기가

살아나면서 사또의 다음의 긴 독백이 시작된다. 영혼속에서 울려나
오는 소리. 이 독백의 소리가 계속되는 동안 궁중무용과 민속무용의
우리적인 아름다움의 선율이 화면을 구성한다. 그것을 바라보는 변
사또의 얼굴이 후렛쉬로 간간히 나오면서 다음의 독백이 시작된다.

사또 : (독백) 남원이 색향이라더니 역시 듣던대로 맛이 있구만.
　　　　춘향이 ! 네가 도대체 뭘 안다구 그리 도도하게 까불어.
　　　　까불어 봐야 부처님 손바닥이지, 일신의 양심으로 권력
　　　　의 마술을 헤어날 수 있을까? 허～허～ 무슨 수를 써서
　　　　라도 널 내 손에 쥐고 말지. 네 스스로 내 가랑이로 기어
　　　　들어오게 말야. 윤리는 선인의 독점이 아냐. 선인에게
　　　　선인의 윤리가 있다면 악인에게도 악인의 윤리가 있지.
　　　　인의예지의 사단지리(四端之理)로 쌓아올린 조선조 오
　　　　백년 공든탑이 하루아침에 무너질 것 같은가? 무너졌으
　　　　면 임진·병자 양란에 이미 무너졌지. 그래도 버티고 있
　　　　는데 어찌 너희들 버러지새끼들의 작란(作亂)으로 오백
　　　　년의 사직이 흔들린단 말야? 양코배기새끼들의 야만적
　　　　위협으로도 끄덕없는데, 어림도 없어! 어림도 없지!
　　　　춘향이 네 이년, 네년만 굴복시키면 남원은 이제 내 장중
　　　　에 들어오는게야. 여기서 공적만 올리면 난 중앙에서 출
　　　　세의 대로를 걷는단 말야!(독백끝).

별감 : (간사하게) 사또 나으리, 이같이 즐거운 날, 시 한수 안
　　　　하시고 넘어갈 수 있읍니까? 여기 춘향이도 있고 마침
　　　　지필묵도 준비되어 있아오니 일필휘지하시어 왕년에 장
　　　　원하셨던 그 문장을 이 남원하늘에 휘날려 보시지요.

좌수 : 아 좋은 생각입니다. 사또께서 부임하신 후로는 호적이
　　　　정비되고 마을에 기강이 서고 사창이 텅텅 비어있던 것
　　　　이 그득 그득 찼읍니다. 명군에 명군이로소이다.

사또 : (그윽히 사방을 둘러본다. 광한루 위에서 곡창의 논지대가 보인
　　　　다. 날카로운 시선).

별감 : 제가 발설했으니 운자는 제가 내리다. 기름 고(膏) 높을

234

고(高).

사또 : (운자를 듣고 잠시 명상에 잠기는 얼굴).

(매력있는 모습으로 그려라. 그러다가 마루 위에 놓여있는 한지위에 붓을 휘어 갈긴다. 그 내용은 다음과 같다. 한문은 내래이션에 맞추어 전면 자막으로 나간다. 이때 화면처리는 감독에게 맡긴다. 직접 사또가 쓰는 것으로 자막을 대신해도 좋을 것이다. 원래 『춘향뎐』의 사또생일잔치는 동헌에 포진(舖陳)되었던 것인데 나는 광한루라는 특수한 의미를 한번도 이 드라마 속에 비칠 기회가 없었음으로 이 잔치를 광한루로 옮긴 것이다. 광한루 오작교의 의미는 내가 이미 『여자란 무엇인가』 271~272 쪽에서 상술한 바 있다. 이 생일잔치화면에서 이런 오작교의 광경을 상징적으로 써먹어도 좋을 것이다.)[50]

건乾	구舊	무無	답踏
곤坤	습習	제際	당堂
유維	존存	청靑	미美
화化	시時	전田	녀女
민民	민民	옥沃	홍紅
생生	백魄	약若	여如
고高	락落	고膏	혈血

(자막, 한글은 나가지 않는다)

---

50) 우리는 『춘향뎐』하면 역시 암행어사출도의 흥분을 연상하지 않을 수 없고, 좀 아는 식자에게는 암행어사출도전 변사또 생일잔치에서 이몽룡이가 쓰는 한시(칠언절구)를 기억하지 않을 수 없다. 그리고 실체석으로 『춘향뎐』의 여러 대목중에서도 이 이몽룡의 한시는 조선조의 서민들에게 까지도 널리 암송되었던 절작품이다. 그런데 나의 드라마속에서 암행어사출도가 있을 수 없다. 우리존재의 문제에 대하여 그와같은 쉬운 해결은 있을 수 없는 것이다. 그러나 나는 이 민중의 항거정신을 담은 절작시를 죽일 수가 없었다. 그래서 그것을 춘향의 시로서 살리고, 그것을 살리기 위하여 동일한 문자(매행의 마지막 글자가 모두 같다, 血―膏―落―高)를 써서 여기 作詩하여 붙인 것이다. 따라서 앞의 변사또의 시는 내가 지은 것이고 뒤의 춘향의 시는 원 『춘향뎐』의 저자가 지은 것이다.

```
당상에  사뿐히  아릿다운  여인이여
    그  모습이  선혈처럼  붉네
저  가없는  푸른  들
    기름지고  또  기름졌네
악습에  물들어  있을  때
    백성들의  기백은  떨어지고
하늘과  땅이  새롭게  교화됨에
    백성들의  삶은  생기로  드높다
```
(내래이션)

별감 : 천하에 명문이로소이다. 그 기개를 과연 누가 필적할 **수** 있으리오. 춘향아! 동운율시로 한번 화답해드려라!

춘향 : (말없이 일어나서 붓을 휘둔다. 춘향이가 붓을 잡는 모습이 **단** 호하다. 굴은데가 없다.)

가歌	촉燭	옥玉	금金
성聲	루淚	반盤	존樽
고高	락落	가佳	미美
처處	시時	효肴	주酒
원怨	민民	만萬	천千
성聲	루淚	성姓	인人
고高	락落	고膏	혈血

(자막, 한글없이)

```
금술잔에  넘친술은
    천사람의  선혈이요
옥소반에  담긴안주
    만백성의  기름이라
촛불눈물  떨어질때
    백성눈물  떨어지고
노랫소리  높은곳에
    원망소리  드높더라
```
(내래이션)

236

(춘향의 붓이 옮겨짐에 따라 장내의 분위기는 굳어져 가고 설
렁설렁대기 시작한다. 변사또의 얼굴은 분노에 이그러져 가
고 패배를 자인하는 비참한 모습이다. 춘향은 붓을 놓을 때
매우 팽개치듯 단호하게 붓을 놓는다. 붓이 팽개쳐지면서 변
사또, 억제하기 힘든 분노의 표정으로 상을 쾅 치면서 갑자기
일어선다. 무서운 오만과 패배의 분노의 얼굴이 화면을 가리
면서 이 장면은 소리없이 끝난다. 훼이드 아웃.)

場 26. 순천부 동헌습격, 순천민란(順天民亂)[51]

이 場은 당대의 과격했던 민란의 한 전형을 보여주기 위한 것.
그리고 이 장은 극 후반의 전체분위기를 고조시키면서 플로트를 긴
박한 상황으로 몰고간다. 이 場은 제일 먼저, 밤중 관아 앞에 횃불
이 높게 켜져있고 창끝에 꽂힌 세사람의 대가리가 피를 뚝뚝 떨어
뜨리고 있는 장면으로 시작된다. 이것을 효수경중(梟首警衆)이라고
하는데 민란의 주모자를 처벌한 것이다.[52]

어두운 밤, 민중들의 횃불데모가 시작된다. 소복입고 횃불을 든
난민들이 여기저기서 꾸역꾸역 모여든다. 관아를 향해 다음 장면이
연속적으로 연출된다.

1. 아졸들과 성난군중과 싸운다.

2. 아졸들은 중과부적으로 밀리고 성난군중은 관사속으로 쳐들어
   간다.

3. 순천부사 박천이가 사는 방문이 열리고 관복을 입은채 군중
   (폭도)들에 의하여 날려나온다.

4. 부사가 몽둥이로 얻어맞는 장면

---

51) 順天에도 都護府가 있었고 남원과 동급.

52) 동학교주 崔水雲도 대구감영에서 1864(甲子)년 3월 2일에 효수경중의 극형을
   받았다. 효수경중은 순천부사의 권한 밖이지만 鮮末에는 기강이 문란하여 지방
   수령이 이런 권한 밖의 참형을 많이 행사하였다. 순천부사의 이런 극형에 대해
   난민들이 동헌을 습격하고 부사를 살해하게 되는 것이다.

5. 처참하게 피흘리며 죽어간다. 군중들은 사정보지 않고 개패듯 팬다.

6. 속시원하게 쳐다보고 있는 민중들의 후련한 얼굴, 상기된 얼굴로 이 場은 끝난다. 모든 쇼트를 심미적으로 치밀하게 처리하라.

場 27. 전주감영 담론

감찰사 김원형 방에서 김원형(덕이 있는 인물)과 근신들이 민란 상황을 보고하면서 그 대책을 의논하고 있다. 밤에 촛불 밑에서. 분위기가 숙연하다. 이 장면에서 연출되는 대화는 조용조용 소근소근 이루어진다. 낮은 목소리에 일정한 톤. [53]

근신 A : 어제 순천부사 박천이(朴千伊)가 폭도들에 의하여 장살(杖殺)되었다는 보고가 들어왔습니다.

감찰사 : 그게 어제 밤이요? 내 꿈길이 사납더니만……쯧쯧.

근신 A : 네.

감찰사 : 왜 그지경까지 갔답디까?

근신 A : 순천부사 박천이는 원래 탐욕이 많기로 유명합니다. 갖은 명목으로 거액의 세전(稅錢)을 강제징수하여 사복을 채워 민읍을 소란케 했읍니다. 산발적인 민란이 있을 때마다 백성을 회유할 생각을 해야할 텐데 회유는 커녕 주모자를 처벌하여 효수경중하기만 하였답니다. 지금 세상에 발본색원이 있을법한 애깁니까? 누르면 누를수록 치받는 힘도 커진다는 권력의 한계를 깨닫지 못했던 거지요. 못가진자는 이렇게 당하나 저렇게 당하나 매한가질 때는 되받지요. 받히고 나면 끝장입니다. 누구를 나무랄

---

53) 순천부는 전주감영소속이며 전주감사가 관장하며 탄핵한다.

　　　　　수 없는 판이지요.

감찰사 : 이것은 나라의 중대사니 중앙에서는 나에게 문책을 내릴
　　　　　텐데 이것을 어떻게 처리하면 좋지요?

근신 A : 폭도만을 처벌한들 반발만 더 커지기 때문에 민란을 더
　　　　　욱 확산시킬 뿐입니다. 요번 사건의 진상을 철저히 규명
　　　　　하여 민원을 풀어주는 방향에서 간악한 향리들을 처벌하
　　　　　고 폭도의 괴수도 같이 처벌함이 옳을 줄 아뢰오.

감찰사 : 사태가 중대하니 내일아침 일쩍 그대가 직접 내려가서
　　　　　이 일을 소신껏 처리하여 주오.

근신 A : 네～

근신 B : 지금 사태가 매우 심각합니다. 위기상황이 비단 순천에
　　　　　머물러 있는 것이 아닙니다. 이미 함평(咸平)·고산(高
　　　　　山)·부안(扶安)·금구(金溝)·장흥(長興)에서 민란이
　　　　　일어났읍니다. 이들 모두 관청을 습격하고 문서를 불살랐
　　　　　으며 간악한 이서(吏胥)와 부민(富民)을 살상했읍니다.
　　　　　이런 어지러운 상황을 틈타 화적(火賊)만 횡행하고 있읍
　　　　　니다.

근신 A : 호남은 영남과 달라 부재자지주가 많아 소작인들이 더욱
　　　　　착취를 당하는데다가, 지방관들이 영남에서처럼 토호들
　　　　　의 견제를 받지 않아 탐학이 더욱 심합니다. 이런 정황
　　　　　속에서는 민심은 자연 괴력난신(怪力亂神)을 말하는 종
　　　　　교로 쏠리게 됩니다. 종교에 현혹된 인민은 물불을 가리
　　　　　지 않습니다.

근신 C : 그것이 바로 동학이 일어나기는 영남에서 일어났는데도
　　　　　번창하기는 호남에서 더 번창하는 이유지요. 영남은 그
　　　　　래도 문경새재 덕분에 중앙에서 격리되어 있는 까닭으로
　　　　　선비들이 토착세력을 형성하고 있어 그나마 성리(性理)
　　　　　를 말하는 도학이 살아있읍니다만, 호남은 곡창이 너른
　　　　　데다가 선비들이 모두 풍류로 흘러 도학적 기강조차 없
　　　　　는 셈이죠. 그러니 민심은 더욱 의지할 곳이 없는 것입
　　　　　니다. 동학교주 최수운이가 바로 남원땅에서 은거하면서

교리를 조직했다는 사실을 아십니까? [54]

근신 A : 동학교도들은 **시천주조화정 영세불망만사지**란 주문을 외는데,

> 侍天主造化定　永世不忘萬事知 (자막)

이 주문만 외면 특이한 영험을 얻어 그 영력으로 불사(不死)의 경지에 들어갈 수 있다고 믿고 있습니다.

감찰사 : 으흠………(심각한 표정).

근신 D : 지금 남원부도 조짐이 심상치 않습니다. 동학접주들의 암약이 거센데다가 신관사또 변학도의 치정이 곧을 줄만 알지 굽을 줄을 몰라 백성의 원성을 크게 사고 있습니다.

감찰사 : 변학도는 그래도 딴 고을수령에 비하면 상식이 있는 사람같이 뵈는데…… 게다가 영의정의 사위이고 보니 함부로 추국할 수도 없고………

---

54) 이것은 나의 창작이 아니라 역사적 사실이다. 최수운은 드디어 1860년 4월 5일, 여러가지로 고민하고 도를 닦던 끝에, 萬古에 없는 無極大道를 如夢如覺 得道하기에 이르른다. 그리고 1861년 신유(辛酉)년으로 접어들면서 도를 닦는 절차를 만들어 포덕(布德)하기 시작하였다. 그러나 처음 그의 가르침의 포덕은 불안에 갈피를 못잡던 인민기 사방에서 운집하여 오는 결과를 낳긴 했지만, 천지로부터 모함중상을 받았고 또 치명적으로 동학이 서학의 아류에 불과하다는 인상을 주었다. 이것은 동학이나 서학이나 동일한 천주(天主)라는 어법을 사용하고 있는데서 오는 당연한 인상이었다. 따라서 최수운은 서학이 탄압당한 것과 마찬가지로 탄압을 당하게 되고 신유년 11월에 제자인 崔仲羲를 데리고 피신길을 떠난다. 수운은 웅천, 의령, 성주, 무주를 거쳐 남원 땅에 이르러 우연히 서공서(徐公瑞)라는 사람의 집에 머물게 되어 거기서 때마침 위독하던 외아들의 병을 고쳐준다. 남원의 서공서는 기뻐서 수운을 극진하게 모셨으며 그는 입교하여 포교에 공이 많았다. 이곳 은적암(隱寂庵)에서 壬戌年(1862)을 맞이하고 이해 3월에 경주로 돌아가기까지 계속 머물었다. 수운은 여기서 머무는 동안 그 동안 자기의 가르침이 오해를 불러일으킨 많은 점을 반성하게 되었고 표현의 문제에 있어서나 교리의 문제에 있어서 신중을 기하게 되었다. 바로 이 기간동안 그는 그의 사상을 체계적으로 이론화한 것이다. 『東經大全』속의 「論學問」, 『용담유사』의 「안심가」「교훈가」「도수사」등은 바로 남원에서 지어진 것이다. 이때 형성된 기본사상의 핵심이 바로 "侍天主"의 사상인 것이다. 崔東熙, 『東學의 思想과 運動』(서울 : 성균관대학교출판부, 1980), 34~46쪽. 나는 대학시절 칸트철학과 실존철학을 최동희선생님께 배웠다. 선생은 대부분의 사람들이 우리사상을 무시하고 있을 때 동학연구를 깊게 하여 동학사상의 연구의 길을 터놓은 선각자이다. 위의 책은 동학의 참모습을 알고 싶어하는 사람들에게 좋은 길잡이가 될 입문서이다.

근신 **D** : 지난 생일날 광한루에서 춘향이한테 문장으로 얻어맞은
것을 아십니까? 일개 퇴기의 딸년한테 문장으로 한수를
밀렸으니 체면이 좀 말이 아니지요. 예향의 본색을 너무
얕잡아 보기도 했고…… 지금 남원사람들 사이에선 춘향
이가 쓴 절구가 널리 유포되어 암송되고 있는 실정입니
다. 남원 민심도 이미 이반뇌었다는 것을 잘 말해주고
있지요. (이 막이 끝나자마자 쿠웅 쾅, 쿠웅 쾅, 쿵쾅 쿵쾅 음
악의 효과가 위기상황을 고조시키면서 다음의 남원의 모습이
나타난다.)

場 28. 춘향시 대자보 사건

    이 장면은 앞 장면의 맥락을 타면서 남원읍민들이 집집마다 자기
집 대문에 춘향이의 시를 내붙이는 장면이다. 이른바 대자보 혁명
이다 ! [55)]

---

55) 우리는 너무도 오늘의 현실적 상황과 과거전통적 상황과의 연계를 파악하지 못
한 채 살고 있다. 이것도 결국 근대화라는 잘못된 단절이 빚어놓은 기억상실증
의 한 증세인 것이다. 이것은 기억상실로 잊혀져가는 과거에 대한 안타까움 때
문에 문제가 되는 것이 아니라 오늘 우리 현실을 올바르게 쳐다보지 못하게 만
든다는데 더 큰 문제가 있는 것이다.
  많은 사람들이 요즈음 대학가에 나붙는 "대자보"를 단순히 "따쯔빠오"(大字
報)라는 레토릭상의 문제로 인하여 그것이 요상한 시세물이며 또 시뻘건 중공
에서 수입해온 특이한 외제풍속으로 오인하고 있다. 그러나 그러한 대자보는
너무도 자연스러운 우리의 전통의 맥락을 타고 있는 우리의 습속인 것이다. 옛
날에도 백성들이 자기들의 의견을 발표하기 위하여 대자보를 나붙이는 일은 매
우 혼하게 있는 일이었다. 억압받는 민중은 괘서(掛書)나 방문(榜文)을 내걸어
억압하는 지배층을 비방하고 저주하고 정면으로 도전했다. 여기 제 28場의 "춘
향시 대자보사건"은 나의 창작이 아니라 鮮末(조신쪼밀기)에 실게로 민중사이
에서 일어났던 일을 옮긴 것이다. 鮮末에 민란이 발발할 때 민중들은 『춘향뎐』
속에서 이도령이 지은 시 "金樽美酒千人血, 玉盤佳肴萬姓膏, 燭淚落時民淚落,
歌聲高處怨聲高"라는 28字를 대문에 내걸곤 했던 것이다. 이와같이 『츈향뎐』은
그것을 지금 국문학자들이 어떻게 분석하고 있던지간에 우리민중 속에서 민중의
삶과 얽혀 성장하고 축적된 기의 체험의 세계인 것이다. 나의 『새츈향뎐』은 바
로 『츈향뎐』의 이러한 역사적 현실적 의미를 재현해본 것에 불과한 것이다.

지금의 학생대자보가 맑스형님이야기나 김일성형님이야기 때문에 과격한 듯이 보이지만 옛날의 대자보도 심한 것이 많았다. 예를 들면 1860년 큰 수해가 있었는데 9월에는 돈의문(敦義門, 이것은 바로 慶熙宮 밖에 있었던 西大門의 대문이름이다. 남대문의 이름은 崇禮門인데 이 이름들은 모두 仁義禮智가 五行으로 치면 木金火水, 方位로 치면 東西南北에 해당됨으로 붙여진 이름이다. 崇禮門에서 지금 서대문고개 MBC 있는 곳으로 성벽이 연결되는데 그 사이에 昭義門이라는 작은 문이 하나 더 있었다. 이것이 西大門의 작은 문, 그래서 西小門인 것이다) 대문에 대자보가 붙었는데 이것은 임금을 직접 대놓고 거칠게 욕한 글이었다. 이 사건으로 양포도대장(左右捕盜廳)이 목아지가 달아나고 유배되는 소동이 벌어졌다. 이것은 오늘날 상황에 비유하면 학생대자보가 캠퍼스가 아니라 전두환대통령각하가 거처하시는 청와대 문깐에 붙어야 한다는 이야기가 되는 것이다. 이것은 조선조의 왕정이 오늘날의 왕정보다 훨씬 더 민중과 교류를 하고 있었던 유연한 정권이었음을 말해준다. 그래도 조선조는 민심이 천심이라는 논리가 통하던 사회였던 것이다. 그러니 그런 왕정도 오백년이라는 장구한 세월을 버틸 수 있었던 것이다. 그러나 오늘의 왕정은 성격이 전혀 다르다. 민심을 이렇게 철저히 차단하고 민심이 천심이라는 논리를 이렇게도 철저히 거부하고 매스콤의 조작을 통해 그런 天理마저 조작하려하고 있다. 그러니 오백년은 커녕 몇십년도 못갈 것은 빤한 이치아닌가?

요번 선거에 대하여 많은 식자들이 이러쿵 저러쿵 우려의 말을 많이 하고 있다. 직선제의 부작용이 크다는 둥, 국민을 타락시키고 있다는 둥, 空약으로 가치관이 흐려졌다는 둥, 선거후유증으로 몸살을 앓게 되었다는 둥, ……서로 제 잘난체 이런 개똥같은 이야기 하기전에 우리가 확실히 짚고 넘어가야 할 명백한 역사적 사실이 있다. 이 글을 쓰고 있는 시점이 바로 선거 5일전이라 난 그 결과를 전혀 알 수가 없다. 그러나 요번선거가 국민에게 가르쳐준 가장 큰 역사적 교훈은 "지도자의 실상"을 유감없이 폭로해주었다는데 있다.

정치란 예로부터 날강도새끼들이 돌려가며 해쳐먹는 것이다. 도대체 요순시절부터 여태까지의 정치현실을 한번 회고해 보아라! 도대체 언제 한번 제대로 우리가 바라는 정치가 실현된 적이 있었는가? 왜 그러면서도 우리는 그다지도 정치에 대한 기대를 걸고 있는가? 이것은 정치가 원래 "깡패짓"이라는 마키아벨리즘의 현실성(근대성, 좋은 의미)의 본질을 아직도 깨닫지 못하고 있는데서 발생하는 혼동인 것이다. 정치인에게 內聖外王을 기대할 수는 없다. 그 사람들이 원래 동네 소꿉장난하는 어린애들만도 못한 녀석들이기 때문이다. 내가 말하는 기철학적 근대성의 의미는 바로 우리의 삶을 우리가 자주적으로 결정하자는 것이요 몇몇 아이들한테 내매낄 수 없다는 자각인 것이다. 다시 말해서 우리는 정치에 대한 기대를 하기에 앞서 우리의 행위가 결정하는 사회윤리에 의하여 그들의 존재의미가 결정된다는 능동적 판단을 해야하고 거기에 대한 모든 책임과 의무를 다한다는데 있다. 대통령은 대통령이란 勢가 주어질 때만 대통령이다(이것은 『韓非子』의 논리). 그 인간이란 대부분 안방에 앉혀 놓고 얘기해 보면 유치해서 말상대도 안되는 어린아이 깡패새끼들인 것이다. 애들한테 도대체 뭘 기대한다는 것이냐?

우리는 이제 몇일이면 자리에서 물러나실 전두환대통령에게 심심한 감사와 존경을 표해야 할 것이다. 그 분을 때려 죽일 생각말고 그분이 사지멀고 편안히 이땅에서 사실 수 있도록 대접해 드려야 할 것이다. 그분의 노고를 치하하며 그 분이 이땅에서 저지르신 일이 얼마나 잘못된 일인가를 똑똑히 깨달으실 때까지 이땅에서 사시도록 해드려야 할 것이다.

나무대문이 삐걱삐걱하고 열리는 컽, 그리고 풀칠하는 컽, 춘향
시를 빗자락으로 쓸어 붙이는 컽, 그런 장면만 반복된다. 저녁 샌
이 되어야 할 것이다. 음악효과.

場 29. 춘향이 물고문

춘향이 관아로 끌려와 형틀에서 고문당하는 장면. 이 장면은 쾌
청한 대낮이다. 뙤약볕이 내려 쬔다! 이 장면도 전혀 말이 필요없
다. 표정으로만 모든 것을 표현하라. 변사또가 지켜보고 六房이 대
령하고 있고 안뜰마당에서 춘향이에게 물고문을 시킨다. 춘향이를
형틀에 묶어 놓고 집장사령(執杖使令)은 춘향이 얼굴에 물에 적신
창호지를 덕지덕지 바른다. 괴로와 몸부림 친다. 변사또의 조용하
고 잔인한 모습 등이 교차된다.

場 30. 춘향이 하옥되고 큰칼차다

육중한 나무 옥문이 열리고 춘향이 감옥으로 들어 앉을 때 큰

전두환대통령이 한국의 역사에서 달성한 매우 위대한 업적이 있다. 그것은
바로 대통령의 신화를 깨주신 것이다. 대통령이란 아무나 할 수 있는 것이다.
무슨 이승만박사님이나 장면박사님이나 김구선생님만 하는 것이 아니라 그야말
로 아무나 할 수 있는 것, 어떤 무지의 인간이라 할지라도(논리적 가설), 어떤
추잡한 인격의 소유자라 할지라도(이것도 논리적 가설) 할 수 있는 것이 바로
대통령이라는 것을 국민에게 계몽시켜주시는 위대한 업적을 달성하신 것이다.
이것은 단군이래 어떠한 인간도 우리민족에게 가르쳐주지 못한 것이며, 문자 그
대로 세종대왕이 이룩한 업적보다 더 혁혁한 업적인 것이다. 우리는 이러한 기
념비적 전전대통령의 동상을 세워야 할 것이다. 사천만의 성금으로 내고향 천
안 독립기념관 앞에 !

역사는 역사가 달성하고자 하는 뜻을 달성하기 위하여 대통령각하와 같은 인
물을 내세운다. 이것이 바로 역사의 재미있는 점인데 헤겔은 이를 가리켜 "이
성의 간교"(List der Vernunft)라고 불렀다. 나의 기철학은 이를 "氣의 간교"
혹은 "氣의 計謀"라고 부른다. 앞서 序說에서 말한 내용과 관련지어 생각해볼
일이다.

칼(頸枷)이 채워진다. 물고문으로 얼굴이 시푸루팅팅 부어있고 여기저기 젖긴 모습 처참하기 이를데 없다. 큰칼 찬 처참한 모습은 프르스름한 달빛과 어우러지게 꾸며라 ! 계면조의 서양음악 ! 이런 전형적인 국악의 장면에는 될 수 있는대로 국악을 쓰지말고 콘템포라리음악으로 효과를 내라.

場 31. 만리장성과 같은 남한산성 위 밀탄 몽룡과 동년들

나는 남한산성을 퍽 좋아한다. 가끔 새벽이나 밤에 남한산성에 올라 서울을 바라보는 취미가 있다. 내가 만드는 영화에는 이 남한산성의 모습을 넣고 싶었다. 남한산성은 아직도 그 옛모습이 그대로 남아있고 그 석성의 선이 매우 아름답다. 석성위 널직한 길은 대륙의 만리장성을 방불케 하는 것이다.

이 장면은 모두 마상(馬上)에서 이루어지는 것이기 때문에 전체적으로 생기가 돌고 다이나믹해야 한다. 모든 색깔이 새벽색깔. 새벽의 푸른 기운과 함께 새벽의 日出을 배경으로 몽룡은 산성위에 말타고 우뚝 솟아있고 그의 同年친구들이 말을 타고 하나 둘씩 모여든다. 말은 힝힝거리며 새벽김을 화면에 싱싱하게 내품는다. 말발굽소리와 함께 모든 느낌은 다이내미즘의 극치. 늦가을 기분 ?

동년 A : 몽룡이 ! 알고 있나. 자네의 자성록이 장안의 유자들에게 널리 읽혀 낙양의 지가를 올리고 있어.

> 洛陽紙價貴   (자막)

이몽룡 : 세상이 썩어서 그래. 썩은만큼 새생각을 원하는 건 당연한 일 아니겠나 ?

동년 B : (말을 타고 끼어 들면서) 몽룡이 ! 혁명야 ! 혁명 ! 사방에 민란야 ! 이젠 마지막인 것 같애~ 삼남에선 지금 난리야. 하늘과 땅이 뒤바뀌었다구. 민란으로 희생되는 백성들의 꼴이 너무 처참해.

동년 C : 몽룡이 ! 지금 우린 이러구 있을 때가 아니라구 ! 책상 머리에 앉아서 경륜을 변론하고 있을 수만 있난말야. 아 는자들이 이렇게 나약할 수 있나.

동년 D : (말다고 끼어들며, 말고삐를 휘어잡으며) 몽룡이 ! 어제 소 식이 들어 왔는데 남원부도 지금 취약지구야 ! 순천부사 박천이가 읍민에게 장살된 사건이 지금 전라좌우도 백성 들을 자극하고 있네. 춘향이가 변학도에게 곤욕을 당하 고 있다네. 춘향이는 방문(榜文)사건으로 하옥되었어. 자네 어떻게 이러구만 있을 수 있나 ! 언행이 일치되는 대인의 도를 닦을려면 뭔가 행동을 해야지, 춘향이를 저 대로 죽게 내버려 둘 수 있나 ? (음악효과).

이몽룡 : (침묵········· 아픔을 참으며 이를 악문다.)······

동년 A : 몽룡이 ! 묘안이 있어. 과거에 응시하게 !

이몽룡 : 과거라니 ! 아니 자네 돌았나 ! 무슨 잠꼬대야 ! 내가 과거를 보다니 성균관에도 안들어간 난 대과응시자격도 없잖아.[56] 자격이 있다손 치더라도 초시 · 복시 · 전시 다 거칠려면 이제부터 일년이 더 걸려 ! 춘향이 목숨은 경 각에 걸려 있는데······ 내일 전시에서 장원한다 할지라도 남원부사를 칠 수 있는 자격이 어디서 굴러떨어지난 말 야 ? 암행어사도 그런 피래미는 내보낸 적이 없어.[57] 관

---

56) 대과응시자격에 보통 성균관 원점 300點이 필수적인 것이긴 했지만 그것은 출 세의 길이 확실한 엘리트코스를 밟는 정규학생들의 경우이고 반드시 성균관 출 신이 아니더라도 대과응시가 가능하기는 가능하였다. 小科의 初試에만 합격한 幼學에게도 대과입시자격을 주었으니 이는 生員의 자격을 얻어 府 · 州 · 縣의 학교에서 공부한 사람에 힌히어 대과응시자격을 준 중국(明 · 淸시대)의 과거제 도와는 매우 다르며 일관성이 없다. 즉 우리나라의 大科제도가 이려린 二重性 을 가지고 있었다는 점이 다각적으로 검토되어야 할 매우 재미있는 사실이며 이것은 조선조사회(관료제)가 매우 융통성을 가지고 있었다는 증거이기도 하다. 그러나 물론 이런 융통성이 긍정적으로 작용할 때는 사회의 다양성을 흡수하는 기능을 지니지만 부정적으로 작용할 때는 양반관료계급의 타락을 의미한다는 것은 더 말할 나위도 없다.

57) 남원부사는 從三品, 장원급제자는 從六品이다. 그러나 위계상으로 장원급제자 가 남원부사를 처단한다는 것은 있을 수가 없다. 그러나 암행어사로 "堂下侍從

　　　　　학을 거부하고 자성록으로 명망을 얻은 내가 이제와서
　　　　　과거를 봐? (상기한 표정). 그것은 체제와의 타협이야!
　　　　　타협은 굴복이야! 굴복은 죽음만도 못해!

동년 A :　자넨 또 꿈꾸고 있어! 내 말을 듣기도 전에 자네 관념
　　　　　속에 빠져 희롱할려 들질 말란말야! 아～ 식년시의 번
　　　　　거로움이야 거자인 내가 더 잘알지——지금 절호의 기회
　　　　　가 왔네. 내일 모레 성균관 명륜당에서 알성시문과(謁聖
　　　　　試文科)가 열린다네(음악효과. 동년은 희망에차 열정적으로
　　　　　말한다. 긴박감이 감도는 분위기).

이몽룡 :　(고개를 숙이고 있다가 소리없이 갑자기 시선을 돌린다. 귀가
　　　　　번쩍 띈 모습. 몽룡의 눈이 새벽태양에 샛별같이 빛난다.)……

동년 A :　성균관에 방이 붙었는데 알성시는 내일 모레야! 방붙인
　　　　　지도 며칠 안되니까 거자도 몇명 안올걸세. 더구나 당일
　　　　　촉각시(燭刻試)야. 초장(初場)·종장(終場)·회강(會講)
　　　　　의 모든 번거로움이 생략된단 말야. 그뿐인가, 고시과목
　　　　　(考試科目)도 십과(十科) 중에서 일편(一篇)만 취하는데
　　　　　가장 간단한 표(表)로 한다네. 자네는 사륙병려문(四六
　　　　　併儷文)에 능하니까 표쯤이야 문제없지—— 더구나 요번
　　　　　알성시는 임금님께서 직접 출제하시고 갑과삼인(甲科三
　　　　　人)을 직접 심문하시겠다는 게야. 자네도 잘 알겠지만
　　　　　알성시는 임금님이 친히 림하시는 친림과(親臨科)야. 이
　　　　　친림과는 다른 시험과 달리 단 한번의 시험으로 급락이
　　　　　결정되고 합격자도 당일로 발표하는 즉일방방(卽日放榜)
　　　　　이란 말야.[58] 내가 언제 자네보고 체제와 타협하랬나?

官"(司憲府·司諫院·弘文館의 堂下官으로서 국왕께 시종드는 관)이 보통 임**명**
되었음으로 암행어사로는 從三品보다 하급의 물들지 않은 청년인물이 제수되**는**
경우도 많다. 그러나 통속적『춘향뎐』처럼 장원급제된 인물을 곧바로 더구**나**
원하는 지역으로 내보내는 일은 있을 수 없다. 암행어사의 제수 자체가 완전**히**
"암행"으로 이루어지는 것이다. 그 직무를 수행하기에 필요한 1)封書 2)事**目**
3)發馬牌 4)鍮尺은 자색의 비단으로 싸고 봉한 위에 "到南大門外開見"이라**고**
쓰여져 있어서 본인자신이 제수받을 때는 어떠한 직분을 띠며 어떠한 목적**으로**
어디를 가야할지를 알 수가 없다. 여정을 떠나 남대문 밖에 나가서야 비로**소**
그것을 알게되는 것이다.

58) 알성시문과에 관하여는 曺佐鎬, "學制와 科擧制,"『한국사』, 10권, 145～6**쪽.**

우리는 자네에게 기대하는 것이 많아! 자넨 범상의 궤를 벗어난 사람이야! 그럴수록 우린 자네를 아껴주고 싶네. 알성시를 어찌 벼슬의 호기로 알라겠나? 우리로 선 지금 국왕을 뵐 수 있는 기회는 이길 밖엔 없어. 왜 이 기회를 놓쳐? 명륜당에서 당당하게 우리 모두의 소신을 국왕께 말해줘! 그리고 춘향이 건도 탄원하게! 변학도의 장인 김사영대감이 독권관(讀券官)으로 수반하진 않을 테니깐!

이몽룡 : ………(아무말 없지만 수긍하는 표정이다).

동년 B : 몽룡이! 춘향일 죽일 순 없어! 지금 춘향이는 자네의 춘향이가 아냐! 남원부민들의 소망일쎄. 민중의 소망을 죽일 순 없잖아! (매우 강렬한 어조).

이몽룡 : ………(점점 결의가 굳어가는 표정, 말없이 처리).

동년 D : (고삐를 잡고 말머리를 돌리며)몽룡이! 그럼 민수말대로 하게! 난 지금부터 광주길로해서 다시 전라도로 내려가겠어! [59] 민란의 분산된 세력을 규합하는 작업을 해야겠네! 지금 백성은 뜬소문, 요상한 괘서(掛書)[60] 하나로도 마구 부화뇌동하고 있어. 이럴땔수록 민심의 길을 잡는 냉철한 이성의 힘이 필요해. 그럼 우린 또 다음 방회 때 만나세.

(동년 D가 산성위로 말타고 떠나가는 모습이 나오고 말이 히히히잉거리며 새벽태양을 향해 힘차게 앞발과 머리를 쳐드는 모습이 역광으로 화면을 가득채운다. 클로즈 엎).

場32. 명륜당에서 과거시작하는 의식

宋俊浩, "科擧制度를 통해서 본 中國과 韓國,"『科擧』(서울 : 一潮閣, 1985), 213~215 쪽.
59) 남한산성 아랫길은 경기도 광주로 연결된다. 여기서 광주는 경기도 광주.
60) 괘서(掛書)란 이름을 숨기고 게시하는 글의 통칭.

세춘향면 247

1. 왕이 성균관 대성전(大成殿)에서 알성하는 장면(알성례).[61]

2. 왕이 명륜당에 행차하여 자리에 앉는 장면.

3. 앞에 論政 1人, 讀券官 2人(從二品이상), 對讀官 3人(正三品이하), 그리고 館學官 3人(성균관소속 학관, 지금의 서울대학교 교수)이 서 있고 뒷줄에 擧子들이 서있다. 그 속에 이몽룡의 얼굴이 보인다. 擧子들은 白衣도포를 입고 黑頭巾을 쓰고 있다. 이들 모두 같이 임금을 향하여 북향하고 국궁사배한다.

4. 독권관이 왕명에 의하여 試題를 쓴다.

5. 禮曹 正郎이 이를 받들고 나가 奉禮郎에게 전한다.

6. 奉禮郎이 이를 試題板에 붙인다. 試題는 "論民"(백성을 논하라) 이다.

7. 擧子들이 흩어지며 앉는다. 유생들의 기숙사인 東西兩齋로 둘러싸인 사각의 뜰, 서양 칼레지의 콰드랭글(quadrangle)과 동일한 모습이다. 그 정원 가운데 거대한 두 은행나무가 서있다. 은행나무는 이 나라의 동량(인물)을 상징한다. 그 은행나무 사이로 이몽룡의 앉은 모습과 朱之蕃이가 쓴 "明倫堂"이란 거대한 현판이 보인다.

(이 정도에서 이 장면은 끝난다. 매우 제식적이며 엄숙하게 조선조 학문세계의 엄격한 일단을 보여주어야 한다. 문묘제례악이 배경이 되어야 할 것이다. 그리고 여기에 쓰여있는 것보다는 분위기나 의상이나 보다 치밀한 고증이 필요할 것이다. 그리고 실제로 조선조 최고학부인 成均館의 웅장한 옛모습을 살려야 할 것이다.)

場 33. 옥중몽(獄中夢)

---

61) 謁聖試라는 것은 임금이 大成殿에서 謁聖한 뒤 明倫堂에서 유생들을 시험하여 성적우수한 몇사람에게 급제를 준 특과다. 알성이란 알성례를 말하는 것으로 임금이 성균관문묘(文廟, 문묘는 大成殿과 東西兩廡로 구성되어 있으며 大成殿에는 正位에 孔子, 配享에 四聖, 從享에 十哲의 위패를 각각 奉祀하고 있다)에 와서 孔子를 비롯한 先聖들을 제사하는 의식이다. 이 국왕의 謁聖禮는 太宗 14年(1414)부터 시작되었다.

나는 이 씨나리오를 써내려 가면서 이런 재미난 생각을 해 보았다. 영화를 산조나 판소리에 비유한다면, 감독과 씨나리오 작가의 관계를 가야금주자(명창)와 고수의 관계에 비유할 수 있을 것이라고——. "일고수이명창"이란 말이 있듯이 명고수는 명금(名琴)이나 명창의 음악에 수동적인 반주를 제공하는 역할에 그치는 것이 아니라 오히려 음악 그 자체를 만들어가고 끌어간다. 고수의 장단에 따라 음악이 빨라질 수도 있고 느려질 수도 있으며 또 고수의 맺고 끊음에 따라 가야금이나 명창의 소리의 색깔이 큰 영향을 받기도 하는 것이다. 명고수는 음악의 존재론적 측면 즉 설계도를 제공하며 명주자는 음악의 생성론적 측면 즉 실제음을 창출해가는 것이다. 씨나리오작가는 고수며 영화감독은 주자인 것이다.

그런데 판소리에도 그런 부분이 많지만 가야금산조에 "도습"이란 재미난 부분이 있다. "도습"이란 고수가 주자나 창자를 해방시켜주는 장면이다. 고수는 장단의 북반주를 멈추게 되며 주자(奏者)에게 장단을 무시하고 네 마음껏 네 실력을 발휘해 보라고 주자를 해방시킨다. 도습부분에선 고수는 주자를 해방시킴으로써 자기가 해방당한다. 이때 비로소 고수는 담배 한대 필 여유를 얻게된다.

가야금산조는 그 음악 자체의 구조, 즉 산조라는 시간예술을 공간화시켜 놓은 악보의 구조속에서 치밀하게 연구·분석되어야 함은 물론이지만, 산조를 만든 사람은 그러한 기하학적 구조의 짜맞춤으로 음악을 탄생시킨 것이 아니라 그의 직관세계를 지배하고 있는 어떤 언어적 영감, 테마를 구성하는 상식적 체험의 이미지를 선행시켰을 것이다. 그런데 다행히도 함동정월류 산조음악을 탄생시킨 장본인이라고 여겨지고 있는 최옥산자신의 영감을 전해주는 말들이 김명환선생을 통하여 전해내려 오고 있다. 김명환선생은 최옥산가신이 자기의 음악을 이미지화하는 직관적 이야기들을 직접 들은 것이다. 교향곡에 선행하여 그 영감을 주는 교향시(symphonic poem)가 있듯이, 이러한 언설은 가야금산조를 이해하는데 매우 결정적 어쩌면 보다 본질적 관건을 제공하는 것인지도 모른다. 나의 극에 있어서 場9의 산조와 관련된 모든 설명이 이런 비견에 기초한 것이다. 그런데 아직도 산조음악하는 이들이 이런 측면은 무가치한 것, 오히려 음악의 이해를 국한시키는 장해요소로 여기고 자세한 기록조차 해놓지 않고 있는 것을 나는 안타깝게 여긴다.

도습장면은 산조 한시간 음악에서 3분의 2보다 약간 늦은 시점에서 등장한다. 이때는 이미 비가 줄줄내리다가 매우 가는 가랑비로 바뀐다. 아주 섬세하고 빠른 자진머리 장단에 맞추어 눈에 보이지 않을 정도로 주자의 손가락이 빠르게 움직이면서 청중의 숨을 죽이게 만든다. 빠른 자진머리의 긴장이 최고조에 달했을 그 무렵 바로 이 도습이 등장하는 것이다. 김죽파산조에서는 휘머리에서 세산조시(단머리)로 바뀌는 사이에 도습이 끼어들고 있다. 도습장면에선 음악이 매우 여유가 있다. 대청루각에서 선비들이 한가하게 장기나 바둑을 두고 있다. 문답하며 글도 짓는다. 그러다 그들은 이제 비도 개이었으니 들판에 나가 말이나 달려보자고 제의한다. 화창한 봄날, 선비들은 말을 달린다. 평평한 흙길을 먼지 휘날리며 달리다가 또 자갈밭을 달린다. 말발굽 소리가 달라진다. 이러다가 말이 갑자기 안갈려고 메를쓰며 뺑뺑돈다. 앞다리를 쳐들며 히힝거린다. 함동정월의 산조는 이러한 모습을 너무도 여실하게 연출해 낸다. 그러다간 휘머리장단이 도입되면서 저 몽고벌판을 달리던 사라겟트말이 등장하고 타그닥 타그닥 하고 엇갈리는 소리도 없이 탄탄대로를 미끄러져 나간다. 도습은 최후의 긴장을 다시 창출하기 위한 휴식이며 또 동시에 주자의 창의성이 최대한으로 발휘될 수 있는 부분이기도 한 것이다. 역사적으로는 최후반부인 휘머리부분이 후대에 첨가되면서 생겨난 공백이라고 설명하기도 한다. 산조가 이미 빠른자진머리로 접어들었고 그러한 긴장속에서 해방된 모습으로 등장하는 도습은 새로운 최후의 마지막 긴장을 완성시키기 위한 도약의 계기가 되기도 하는 것이다. 나는 원『춘향면』에 있어서 춘향이의 옥중몽이야말로 바로 이 가야금산조의 도습부분에 해당된다고 생각한 것이다.

사실 난 어렸을 때 신상옥감옥이 만든『成春香』(1961)을 보고 춘향이의 옥중몽대목에서 가장 강렬한 인상을 받았다. 꿈과 해몽！ 이것은 한국인의 의식세계를 지배하는 매우 중요한 테마중의 하나다. 프로이드는 꿈을 "욕구충족"(wish-fulfillment)이라는 한가지 측면에서 분석했지만 그것은 汎色論의 오류에 불과할 뿐 꿈이 가지는 심층적 의미, 즉 연상몽이 성립하는 의식의 限量속에서의 분배현상을 초월한 우주적 교감태의 상징적 의미를 설명하진 못한다. **나는 원 『춘향뎐』에 있어서의 꿈의 의미가 중요하다고 생각했고 그것이 원 『춘향뎐』의 종합예술적 상징구조속에서 지니는 비중이 매우 크다고 판단했다.** 그리고 『춘향뎐』의 저자의 박식과 재치를 가장 단적으로 나타내고 있다고 보았다. 그 이야기는 장주(莊周)의 호접(胡蝶)을 빌어 여러 고전의 고사와 얽히는 세계를 주유하는 모습으로 시작되지만, 그 핵심은 다음의 세가지 불길한 꿈장면이었다. 제일은 玉窓앞에 활짝피어 있던 앵도화(櫻桃花, 앵무꽃)가 확 떨어진다. 두째는 자기가 항상 보고 있던 체경(體鏡, 몸거울)의 한복판이 짝 갈라지며 깨져버리게 된다. 破鏡(파경)이란 지금도 그렇지만 옛부터 언약의 파기를 의미하거나 사태의 절망상을 상징한다. 세째는 자기가 늘 다니던 집 문지방위에 허수아비(偶人)가 갑자기 매달려 있는 모습이 나타나는 것이다. 판본에 따라서는 이 세 가지 외로도 태산이 무너지고 바닷물이 말라 버리는 두 장면이 첨가된다. 이에 춘향모가(어느 판본엔 獄卒이 직접) 마침 지나가는 서울봉사(어느 판본엔 건너마을 허봉사[許奉事])를 불러 해몽을 부탁한 즉 그 내용이 일품인 것이다. 첫째 앵도화가 떨어지는 것은 오히려 열매를 맺을 수 있기 때문에 좋다는 것이다(花落能成實). 둘째 거울이 깨지면 반드시 소리가 나니 그것은 한양으로부터 소식이 있을 징조라는 것이다(鏡破豈無聲). 세째 문위에 허수아비(傀儡)가 걸렸으니 모든 사람이 우러러 보게 되니 도련님이 급제할 상이라는 것이다. 네째 산이 무너지면 평지가 될 것이고(山崩地澤平), 다섯째 바닷물이 다 마르면 용의 얼굴이 드러날 것이라는 것이다(海渴龍顏見).

여기서 우리는 『춘향뎐』의 본질을 또 다시 파악하게 된다. 다시 말해서 비극적인 현실을 해석(解夢)하는데 있어서 오히려 그 비극적 현실을 희극적으로 전화(轉化)시키겠다는 작가의 강한 의지를 보게되는 것이다. 다시 말해서 동일한 사태에 대하여 희극적 해석을 부여함으로써 강력한 상징성을 창출하고 그러한 상징싱을 통해 오히려 비극적 현실을 초극해 보려는 비장한 의지를 발견하게 되는 것이다. 그러나 나의 작품은 이러한 희극성의 해석을 부여할 수 없을만큼 비극화되어 있고 현실화되어 있음으로 당연히 꿈장면도 원 『춘향뎐』보다는 .보다 더 복합적인 상징적 구조를 지니게 되는 것이다.

나는 아직 내작품을 누가 과연 내가 만족할 수 있는 모습으로 영상화시켜 줄 수 있을지를 알지 못한다. 그리고 그것이 얼마나 걸릴지도 알지 못한다. 그러나 이 옥중몽대목이야말로 감독이 감독으로서의 기량을 마음껏 발휘할 수 있는 대목이라는 것은 말해 둘 수 있다. 다시 말해서 나의 작품에 손을 대는 감독의 섬세한 영상언어의 감각이 이 場을 기준으로 평가될지도 모른다는 의미다. 옥중몽은 산조의 도습이니까——. 이제부터 전개될 마지막 클라이막스들의 하중을 여기서 다 축적시켜야 하니까——. 나의 일常언어적 논리를 무시하고 영상예술의 힘을 과시해도 아무 상관이 없을 것이다.

다음의 다섯장면은 『춘향면』원전에 기초하며 나의 드라마 자체의 맥락에서 재구성한 것인데 감독자신의 해석에 따라서도 얼마든지 새로운 구성이 가능할 것이다. 이때 주의할 점은 다섯장면의 색깔이 모두 고유하게 달려야 한다는 점이다. 꿈장면이라고 너무 현란하고 울긋불긋하게 만들지 말고 단색으로 담백하게 처리함이 좋을 것이다. 장면이 모두 섬세하게 현실성이 있어야 하며 거대한 느낌을 전달해야 한다.

다음에 써놓는 주술은 점치는 봉사가 외는 전형적인 것인데 다섯장면의 배경음악으로 사용해도 좋을 것이다. 주술은 리듬이 있음으로 이 주술을 여러스님이 독경하는 멜로디나 범패형식으로 처리하면 좋을 것이다. 굴곡없는 음색의 유니송, 유려한 소리로 장면장면의 신비감을 더한다. 이 유니송 배경음악을 어떻게 쓸 것인지에 관해선 이 영화음악을 만드는 음악가와 상의해서 결정해야 할 것이다.

가이태서　유상　치경이축　축왈
(假爾泰筮　有常　致敬而祝　祝曰)
천하언재심이요　지하언재시리요마는
(天何言哉)　　　(地何言哉)
고지즉응하시느니　신기영의시니
(叩之即應)　　　(神旣靈矣)
신이감이순통언하소서
(神已感而順通焉)

252

망지소조하고　망석궐의하옵나니
《罔知所措）　（罔釋厥疑）
유신유령이　망수소보하야
《惟神惟靈）（望垂昭報）
약가약비롤　상명고지즉응하시느니
《若可若非）（尙明叩之即應）

복희문왕　무왕무공　주공공자
《伏羲文王　武王武公　周公孔子）
오대성현　칠십이현　안증사맹
《五大聖賢　七十二賢　顔曾思孟）
성문십철　제갈공명선생
《聖門十哲　諸葛孔明先生）
이순풍　소강절　정명도　정이천
《李淳風　邵康節　程明道　程伊川）
주렴계　주회암　엄군평　사마군
《周濂溪　朱晦庵　嚴君平　司馬君）
귀곡손빈　진소유　왕보사
《鬼谷孫臏　秦少游　王輔嗣）
주원장　제대선생은
《朱元璋　諸大先生）
명찰명기　하옵소서
《明察明記）

마의도자　구천선녀　육정육갑　신장이여
《麻衣道者　九千仙女　六丁六甲　神將）
연월일시　자지공조
《年月日時　自至功造）
배괘동자　성괘동랑　허공유감
《排卦童子　成卦童郎　虛空有感）
여왕본가봉사　단로향화
《女王本家奉祀　壇爐香火）

명신문차보향　원사강림언하소서

（明神聞此寶香　願使降臨焉）

전라좌도　남원부　천변에　거하는

（全羅左道　南原府　川邊）（居）

임자생신명　곤명열여　성춘향이

（壬子生身命　坤命烈女　成春香）

하월하일에　방사옥중하오며

（何月何日）（放赦獄中）

서울　아현동거하는　이몽룡은

（漢陽　阿峴洞居）　（李夢龍）

하일하시에　도차본부하오릿가

（何日何時　　到此本府）

복걸점신은　신명소시　하옵소서[62]

（伏乞占神　　神明昭示）

화락하니　능성실이요

（花落　　能成實）

경파하니　기무성가

（鏡破　　豈無聲）

문상에　현괴뢰하니

（門上　　縣傀儡）

---

62) 여기까지의 주문은 완판『열여춘향슈졀가』에 순 한글로만 써 있는 것을 정밀하
게 검토하여 한문토를 달면서 정확한 형태로 복원한 것이다. "셔울삼쳔동거하
난"의 삼쳥동(三淸洞)이 아현동으로 바뀌었을 뿐이다. 이러한 한문현토 및 복원
작업은 한문에 능한 아내 최영애교수와 상의해가며 하였다. 사실 이러한 주문
을 살펴보면 당대의 최고의 학식을 가진 자들이 만든 것임에 틀림이 없고 라틴
어로 된 천주교성당의 주문(liturgy)보다 더 잘 우리의 감정을 표현해주고 있는
수작이라 하겠다. 그 앞대가리만 풀어보면 :
　　하늘이여 ! 따님이여 !
　　그대가 어찌 사람의 말을
　　하겠느냐마는
　　두드리는대로 응해주니
　　그대의 신기는 영험스럽도다.
　　신이여 ! 느끼는대로
　　이치에 따라 통하소서 !
이 주문은『周易』의「繫辭」내용과 관련이 있다.

만인이	개앙시라
〈萬人	皆仰視〉
산붕하니	지택평이요
〈山崩	地澤平〉
해갈하니	용안견이라
〈海渴	龍顔見〉
이승길에	저승길에
쌍가마를	타겠구나……

〈제 1 장면〉

황량한 바다, 해변에 춘향이가 서 있다. 끝없는 바다의 神氣를 모두 부르는 느낌으로. 춘향이는 머리를 풀어헤친채로 해변을 헤맨다. 파도가 춘향이의 속옷차림을 때리고 적신다. 옷이 젖으면서 가리운 전나체가 선명하고 흐릿하게 그러면서 아주 쎅시하게 드러난다. 이때 갑자기 거대한 산과 같은 파도가 숭고한 느낌을 주면서 확 밀려오면서 한점의 춘향이를 덮칠듯 한다. 그러다가 또 갑자기 파도가 싹 밀려 나간다. 썰물! 썰물! 갯벌! 바다가 갑자기 마르기 시작한다. 온통 말라버리고 갯벌은 너무 말라 쩍쩍 갈라진다.

〈제 2 장면〉

춘향이가 자기방에 앉아 기다란 체경(몸거울) 앞에서 머리를 빗고 있다. 긴 머리카락을 내려뜨린 청순하고 아릿다운 모습! 백치미! 춘향이는 계속 머리를 빗어내린다. 빗어내린다. 그러다가 갑자기 거울의 유리가 쩍쩍 갈라지며 얼굴이 산산조각 난다. 그러다 유리 조각이 방사형으로 산산이 흩어진다. 흩어지면서 관객은 중심부로 짝 빨려들어가는 착사을 느낀다. 붐래 훕!

〈제 3 장면〉

춘향이는 강변(江邊)의 모래사장으로 나와 있다. 양안에 절벽이 있고 그 사이로 푸른물 긴 백사장이 늘어져 있는 그 모래사장을 달려간다. 모래사장 옆에 있는 과수원속으로 들어간다. 과수원을 걸어갈 때, 걸어가는데 따라 온갖 과일들이 나무에서 툭툭 떨어진다. 우수수 떨어진다. 까마귀가 까옥 까옥하고 몇마리가 허공으로 나른다.

〈제 4 장면〉

산이 무너진다. 우르르롱 무너진다. 실감나는 산사태 ! 춘향이 그 앞에서 뒷걸음질 친다. 미친듯이 험상한 얼굴이 되어 뒷걸음질 치며 마구 달려간다.

〈제 5 장면〉

거대한 동굴속. 넝쿨과 거미줄이 얽혀 있고 안개가 자욱하다. 춘향이 그 사이를 지나갈때 천장에서 밧줄에 매달린 탈박아지가 툭툭 떨어진다. 사방에 온갖 모양의 탈박아지가 밧줄에 매여 공중에 둥둥 떠있다. 춘향이 탈박아지를 쓴다. 탈박아지들이 공중에서 서로 얽혀 춤을춘다. 춘향이 밧줄에 매달린다. 손을 뻐쳐 밧줄을 타고 올라갈려고 한다. 밧줄이 툭 끊어진다. 땅바닥에 엎어진다. 다시 밧줄에 매달린다. 울며 흐느끼며 몸부림치며 매달린다. 툭 끊어진다. 다시 몸부림치며 흐느끼며 땀을 흘린다. (이 장면의 색깔은 남산 1호터널 속 색깔. 모든 것이 죽어 있다.)

생시로 환원된다. 춘향이 큰칼차고 달빛에서 땀을 삐질삐질 흘리며 헛소리, 기운없이 축처진채 고개를 쳐들고 눈을 뜬다. 눈을 뜨니 춘향모 월매가 옥창살에 매달려 애처롭게 춘향을 쳐다보고 있다.

場 34. 월매와 춘향

밖에는 옥문지기(獄卒)가 곤봉을 들고 왔다갔다 하고있다.

월매 : 애야. 애야. 정신좀 차려라. 실성하겠구나.
춘향 : ………(힘없이 "엄마 왔우——"하는 표정으로 엄마를 쳐다본다.)

256

월매 : 이젠 마지막이다. 마지막이야. 죽는 것보다 또 무서운게 어디있어. 죽을 수 있는 사람이 뭔들 못해? 애야 마음을 돌이켜라!

춘향 : 엄마! 무슨 말이유.

월매 : 얘! 우린 살아야 돼! 이대로 죽을 순 없단말야. 이 시대를 살아남아야지! 왜 이렇게 하찮게 죽니? 춘향아! 변사또 수청을 들거라! 춘향아!

춘향 : (지쳐서 말할 기운도 없다) 엄마 왜그러우(눈물만 글썽인다).

월매 : 아전들이 날로 우릴 못살게 굴어. 너하나 때문에 온 마을이 괴롬을 당하고 있어요. 우린 힘이 없지않니. 힘없는 놈은말야 힘없는 놈대로 사는 길이 있단다. 강한놈 흉내내면 안돼. 그깐 일신의 고깃덩어리가 뭐 그리 대단하다고 수절이냐 수절은——. 나도 너와 똑같은 운명을 걸었어. 가! 가! 가란말야! 가! 운명에 순종하란 말야(울며). 폭력앞에 무기력한 것이 이 몸뎅어리야~(울며 불며 처절하게 외친다).

춘향 : ………(큰칼찬채 달빛아래 하염없이 눈물만 흘린다. 이를 악문다. 억울한 모습. 운명에 시달리는 모습. 갈등속에 어지러운 모습.)

場 35. 이몽룡, 명륜당에서 왕과 대화하다

엄숙한 명륜당의 분위기. 조명과 의상에 신경을 써라. 왕이 이몽룡의 시권(試券)을 들고 읽으면서 질문을 던진다. 이몽룡은 마루에 부복하고 대답을 하고 있다. 왕나이도 45세전후로 젊고 영명한 느낌이 들게하라. 늙고 완고한 임금이 아닌 어진 명군의 상이다.

한국영화의 가장 큰 병폐중의 하나가 주인공을 제외한 나머지 인물배역에 형편없는 배우들을 기용하고 있다는 것이다. 이렇게 옆구리에서 엉성한 효과가 발생하면 뜻하지 않게 영화전체를 망쳐버린다. 이 극에서 왕의 역할은 실제적으로 이 한 場에 국한되지만 이 장은 매우 결정적인 순간이다. 이 극의 대화의 묘미가 여기서 절정에 달하기 때문이다. 따라서 왕은 관중에게 깊은 인상을 남길 수 있는 명배우를 써야 한다. 그리고 한국의 모든 사극 씨나리오들이 범하고 있는 오류의 최전형적인 것이 바로 왕을 형편없는 껍데기로만 그리고 있다는 것이다. 이것은 물론 작가의 지식의 수준과 같이 가는 이야기가 되겠지만 ──.

조선조의 왕들은 그래도 지금의 청와대 왕들보다는 훨씬 더 조직적인 교육과 깊은 덕성을 기른 사람들이다. 동궁시절부터 받은 교육의 수준이 지금 대학도 제대로 못나온 왕들보다는 훨씬 수준이 높다는 점이다. 나는 이 場에서 『승정원일기』에 나오는 왕들의 대화의 현실적 수준을 그대로 재현해 본 것이다. 남을 다스릴려고 한다면 이정도는 돼야 되지 않겠는가?

왕 : 왜 여기 친민(親民)이라 하지 않고 신민(新民)이라 했는가?

몽룡: 주자집주(朱子集注)에 의하면 정자(程子)말씀으로, 친(親)은 반드시 신(新)으로 써야한다고 했읍니다.

왕 : 그 이유는 무엇이지? 친과 신이 어떻게 다른고?

몽룡: 백성은 친하게 해야 할 것이 아니라 새롭게 해야할 것인 줄 아뢰옵니다.

왕 : 백성을 친하게 한다~, 그럼 그 주체는 군왕일 것이다. 그럼 백성을 새롭게 한다고 할 때도 새롭게 하는 주체는 군왕인가? (천천히 또박또박 말하라).

몽룡: 아뢰옵기 황공하오나 백성을 새롭게 만드는 것은 일개인의 힘으로 되는 것이 아닙니다. 백성을 새롭게하는 주체는 백성자신이 될 수밖에 없읍니다.

왕 : 주자(朱子)는 신(新)을 훈하여 옛물든 더러움을 제거한다고 했다.

去其舊染之汚也 (자막)

백성이 이미 더럽기 때문에 새롭게하는 것이 필요할 것
이요, 그렇다면 어찌 더러운 것이 더러운 것을 더럽지
않게 할 수 있단 말인가?

몽룡 : 그것이 바로 세간(世間)의 유자(儒者)들이 『대학』의 본
뜻과 주자의 진의를 헤아리지 못하는 가장 큰 이유라 생
각되옵니다. 백성은 이미 더럽지만 사람이기 때문에 누
구든지 깨끗한 본성을 타고 났습니다. 백성은 더럽지만
깨끗해질 수 있는 가능성을 스스로 지니고 있기 때문에
백성이 새로와지는 것은 스스로의 요구에 의하여 그렇게
되는 것이지 어느 한사람이 새롭게 만들어 주는 것은 아
닙니다. 친민(親民)하면 사단의 리(四端之理)가 살아움
직이지 못하고 있을 뿐이지만 신민(新民)하면 칠정의 기
(七情之氣)가 항상 새롭게 되어가고 있는 것을 말하고
있지요.

왕 : 백성이 새로와지는 것은 스스로 새로와질 수 있는 가능
성에 의한 것이라하여도 그것은 어디까지나 가능성일뿐,
그 가능성을 촉발시켜주는 주체는 역시 백성스스로에 있
는 것은 아니지 아니한가?

몽룡 : 그것은 개제(改制)일 뿐이옵니다.

왕 : 제도를 개혁하라는 말인가?

몽룡 : 그러하옵니다.

왕 : 그럼 어떤 제도를 어떻게 개혁하라는 것인가?

몽룡· 왕제의 개혁입니다.

왕 : 그럼 그대는 왕권을 부정하는가?

몽룡 : 황공하옵니다. …… 일자가 다자의 삶을 마음대로 지배
하는 시대는 이미 지난줄 아뢰옵니다.

왕 : 권신에 둘러싸여 일신의 주체도 마음대로 할 수 없는 조
선의 왕이 과연 일자가 다자를 마음대로 지배하는 권세
를 가지고 있다고 생각하는가?

몽룡: 그렇기 때문에 왕제의 개혁은 양반족정의 타파와 사농공
      상의 신분의 철폐로부터 시작해야 합니다. 그런데 왕은
      왕제를 개혁할 힘을 가지고 있질 못합니다.

왕 : 그럼 그 힘은 어디서 오는가?

몽룡: 백성에게서 올 뿐입니다. 따라서 끝까지 백성의 소리를
      들을 줄 알아야 하옵니다.

왕 : (성난 소리로) 왕권을 부정하는 그대가 어이하여 왕권에
      기탁하여 벼슬을 하려고 하는고?(엄준한 톤으로) 대역의
      죄인이라는 것을 그대 자신이 알렸다! 그럼 그대는 어
      찌하여 그대 자신의 양심을 저버리고 내앞에 나타났느
      냐?

몽룡: 황공하옵니다. 황공하옵니다, 마마! (엎드려 대답없이 땀
      을 뻐질뻐질 흘린다. 위기촉발의 긴장된 분위기.)

왕 : 두보의 고백행(古柏行)의 마지막 구절을 아는가?

몽룡: **지사유인막원차, 고래재대난위용**이라 하였읍니다. 63)

---

63) 나는 唐詩를 좋아한다. 내 정서세계의 밑바닥에는 뭐니뭐니해도 唐詩를 빼어놓
    을 순 없다. 얼마전까지만 해도 李白(Li Po, 701~762)을 더 좋아했는데 요즈
    음은 杜甫를 더 좋아한다. 내가 좀 늙은 모양이다. 杜甫(Tu Fu, 712~770)의
    시중에서도 요즈음 내가 좋아하는 시가 바로 이 七言古詩인 古柏行이다. 그 전
    문은 다음과 같다.

      孔明廟前有老柏   柯如青銅根如石
      霜皮溜雨四十圍   黛色參天二千尺
      君臣已與時際會   樹木猶爲人愛惜
      雲來氣接巫峽長   月出寒通雪山白
      憶昨路繞錦亭東   先主武侯同閟宮
      崔嵬枝幹郊原古   窈窕丹青戶牖空
      落落盤踞雖得地   冥冥孤高多烈風
      扶持自是神明力   正直原因造化功
      大廈如傾要梁棟   萬年回首丘山重
      不露文章世已驚   未辭剪伐誰能送
      苦心豈免容螻蟻   香葉終經宿鸞鳳
      志士幽人莫怨嗟   古來材大難爲用

    夔州의 武侯廟사당앞에 있는 거대한 柏나무를 쳐다보며 읊은 시다. 내가 요즈
    음 혁명을 꿈꾸는 젊은 학도들에게 해주고 싶은 단 한마디의 말이 있다: "시
    를 모르면 혁명을 할 수 없다!"

260

（자막）

왕　：（서글픈 조로 멋있게 운을 넣어가며 읊조린다. 그러면서 중간
　　　에 감격의 눈물을 짓는다.）

　　　　　뜻있는 선비여 !　숨어 있는 사람들이여 !
　　　　　그대의 슬픔을 탄하지 말라 !
　　　　　옛부터 재목이 너무 크면
　　　　　쓰이기가 어렵나니라 !

　　　（눈물이 글썽 글썽.）그대는 고백（古柏）이야 !　이 시대에
　　　쓰이기엔 너무도 큰 재목일세. 나는 자네의 비운을 보고
　　　있어. 저기 저 새벽하늘에 떨어지는 샛별처럼. 내 운명
　　　과 함께……. 그대, 장원중의 장원이지만 난 그대를 죽
　　　일 수밖엔 없네.（탄식.）절망이야 !　（음악효과.）

몽룡　：（눈물을 계속 떨구며 영영울다 시피하며）상감마마……상감마
　　　마……（북받히는 감정을 어찌할 수 없다）.

場 36.　춘향이 변학도방으로 들어간다

　　이 場에선 몽타쥬기법이 최대한으로 발휘되어야 할 것이다. 다음
은 쇼트들의 시퀜스（the sequence of the following shots）.

1. 춘향이 곱게 곱게 단장하고 조용히 회랑마루를 사뿐사뿐 걸어
　　간다.
2. 이몽룡이 결사적으로 말을 달리는 모습이 커트인（cut in）.
3. 춘향이 변학도 방의 방문을 연다. 되돌아서서 조용히 문을 닫
　　는다. 아름다운 기녀의 모습을 연상시킨다.
4. 윗방 창호지 문살에 춘향이 모습 비치고 아랫방문에 변학도의
　　모습이 그림자로 비친다. 선명한 선의 예술.
5. 춘향이 머리를 풀어헤치는 모습이 문창살에 촛불그림자로 비

친다.

6. 춘향이 저고리 옷고름을 섬섬옥수로 풀고 치마를 클러 내리는
   모습이 아련하게 문창살에 그림자로 나타난다.

7. 이때 필사적으로 말을 달리는 이몽룡의 모습이 나타난다. 음악
   효과, 긴장의 고조, 엄청난 그 무엇이 일어날 것만 같은 느낌.

8. 머리를 풀어헤친 완전나체의 아릿따운 춘향의 실모습! 물랑
   몰랑 보기만해도 탐스럽게 노골적인 나체를 심미적으로 연
   출하라!

9. 다시 이몽룡의 말달리는 모습. 음악적 효과에 의하여 소리가
   없어지고 이몽룡과 춘향이가 포옹했던 과거씬의 한 장면이 나
   타난다. 꿈속에서 처럼, 환상적 장면.

10. 갑자기 분위기가 싹 바뀌면서 화면이 사실화되고 어둑어둑한
    방안의 광경이 나온다. 나는 이 장면을 생각할 때 세익스피어
    의 『맥배쓰』를 번안한 쿠로사와의 『쿠모노스죠오』(蜘蛛巢城,
    1957)의 분위기를 연상했다(감독은 반드시 이 작품을 참조하
    기 바란다. 내가 본 고전극으로는 매우 탁월한 작품이며, 일
    본의 노오의 형식을 빌은 것으로 세익스피어의 번안작중에서
    세계 제1로 꼽는 작품이다). 머리를 풀어헤친 나체의 춘향.
    음탕하게 그러면서도 냉정하게 나체를 정면으로 바라보고 있
    는 변사또. 촛불속의 어둑어둑한 음산한 분위기. 분위기가
    흑백톤이어야 한다. 음악효과. 귀신이라도 나올 듯한 음침하고
    음험한 분위기!

場 37.   결국(結局), 춘향이 죽다

자! 여기서 나의 독자들은 긴박감에 치솟아 오르는 흥분을 억

제하고 나의 마지막 잔소리를 한번 더 들어야겠다. 우리는 이 위대한 춘향의 이야기를 끝맺어가면서 과연 우리예술의 "끝맺음"의 보편적 형태가 어떠한 것인가를 한번 상고해 볼 필요가 있을 것이다. 이것은 동서의 모든 클래식아트(고전예술)를 지배하고 있는 "형식"의 제형태와 관련된 것이다.

서양의 고전주의음악이나 낭만주의음악에서 완성되고 있는 형식으로 소나타형식(주제제시—발전—재현의 3부형식)이라는 것이 있듯이 대부분의 동양예술도 한시의 절구(絕句)의 4행이 보여주는 起・承・轉・結과 같은 형식이 있다. 그러나 바로크예술에서부터 발전한 소나타형식은 보다 엄격한 음계의 질서내에서 전개되는 기하학적 구조를 지니지만 산조의 형식은 그와같은 으뜸음이나 종지음의 완벽한 구조보다는 그러한 형식에서 해방된 장단의 "한배"로써 형성되어가는 색깔 즉 느낌의 짜임새라는 것을 알수 있다. 여기서 우리는 서양음악의 형식이 존재론적 구조를 바탕으로 하고 있는데 반하여 산조나 판소리는 생성론적 구조를 바탕으로 하고 있다는 사실을 발견하게 되는 것이며 이것은 나의 기철학적 구조와 엄밀하게 일치하는 것이다.

그러나 국악을 하는 대부분의 사람들이 한시의 형식과 우리국악예술의 형식이 매우 다르다는 것을 정확하게 인식하질 않고 대개 비슷한 유형의 그무엇으로 막연히 처리하고 있는 오류를 범하고 있는데, 한시의 형식을 중국예술의 전형으로 본다면 그 한시의 형식은 우리조선의 예술의 형식과는 매우 다르다. 정말 엄청나게 다르다. 우리국악하는 사람들은 起・承・轉・結이라는 말을 쓰지 않는다. 그대신 起・承・結・解 혹은 起・景・結・解라는 말을 쓴다. 한시의 기승전결은 "일어나고, 잇고, 굴리고, 맺는다"의 뜻인데, 우리의 기경결해는 "일어나고, 펼치고, 맺고, 푼다"의 뜻이다. 여기서 중요한 것은 바로 "結"(맺음)의 위치다. 이結(맺음)은 바로 음악형식에 있어서 종지음과 관련되어 있는 것이다. 휘날레는 完結을 의미하며 소나타형식은 반드시 結이 제일 끝에 오는 구조를 취하고 있다. 이것은 한시의 형식과 정확하게 일치하는 것이다. 그러나 우리예술은 맺음(結)이 끝에 오는 것이 아니라 끝의 앞에 위치하며 끝은 풀음의 형태로 이루어지는 것이다. 서양예술형식과 중국예술형식이 오히려 비슷하고 우리예술형식이 그와 상이함을 보이는 것은 바로 언어의 구조의 차이에서 오는 것이다. 서양언어문장의 전형적 형태를 S+V+O라고 한다면 우리말은 S+O+V라는 것, 그런데 반하여 중국말(한문까지)은 S+V+O의 서양적 형태를 취하고 있다는 중요한 사실이 새롭게 인식되어야 한다는 것이다. S+V+O의 경우는 한 문장이 토씨가 없는 명사, 그러니까 한 문장의 끝음절이 자음으로 끝날 수 있는 가능성이 있지만, 우리말과 같은 S+O+V에서는 동사가 반드시 종지형어미를 갖게 됨으로 한 문장의 끝음절이 자음으로 끝나게 되는 경우는 거의 배제되는 것이다.

삼류의 예술가들은 예술은 언어를 초월한 것이며 직관의 세계라고 말한다. 그러나 일류의 예술가들은 이런 말을 하지 않는다. 이것은 결국 그런말을 하는 사람이 얼마나 언어에대한 이해가 부족한 사람인가하는 무지를 폭로할 뿐이다. 여기서 우리는 인간은 어차피 언어의 노예(Man is the slave of his language.)라는 나의 기철학적 주요명제를 상기할 필요가 있다. 모든 예술은 결국 그 예술을 창출하고 있는 사람의 생각을 지배하고 있는 언어의 틀속에서 이루어지게 마련이다. 언어는 그 인간의 사고만 지배하는 것이 아니라 느낌마저 지배하고 있기 때문이다. 언어 그것이 바로 느낌의 최고형태인 것이다(Language is the highest form of feeling).

모음과 자음의 관계는 나의 기철학적 용어로 간단히 해결되는 것인데 모음이란 氣의 通이며, 자음이란 氣의 局이다. 조선조를 통하여 "理通氣局"논쟁이 있어왔는데 나의 기철학적 입장은 "氣通氣局"의 입장을 취한다. 모음이란 우리몸속의 기가 목구멍을 통해나올 때 막힘이 없이 통(通)하는 현상을 말하는 것이며 자음이란 우리몸속의 기가 목구멍을 통해나올 때 발성기관의 어느부분에서 어떤 형태로든지 간에 막히는(局 또는 塞) 현상을 말하는 것이다. 중국말(맨다린)엔 지금 入聲이라는 것이 완전히 없어졌지만 우리나라말은(한자음)은 이 入聲을 그대로 보지(保持)하고 있다. 입성은 영어로 스탑(stop)이라고 번역되는데 이것은 "폐색음"이라는 뜻이다. 우리음절에서 끝이 ㅂ(p), ㄹ(l, 본래 t에서 온 것), ㄱ(k)의 받침으로 끝나는 것이 입성의 대표적인 것이다. 雜(잡, jap), 達(달, tal), 各(각, kak),과 같은 자는 모두 입성이며, 음절이 모두 p, t, k의 자음으로 끝나고 있다. 그러나 현대 중 국어에서는 짜(雜, tsa), 따(達, ta), 꺼(各, ko)로 발음이 되며 우리말에서 나타나고 있는 받침현상이 사라진 것을 알 수 있게 된다. 즉 음절이 모두 모음(a, o)으로 끝나고 있는 것이다.

우리말은 이와같이 입성을 보지하고 있으면서도 절대로 하나의 완전한 문장(complete sentence)이 입성으로 끝나는 예가 없다(억지 특례를 제외하고). 현재형에도 "한다"가 되어 ㄴ받침으로 막히는 음절이 앞에 오고 다(ta)와 같이 기가 통하는 음절이 끝에 온다. 과거형인 "했다"(hæt-ta)나 미래형인 "것이다"(kŏt-i-ta)에서 명백하게 나타나고 있듯이 "했"이나 "것"과 같은 입성이 앞에 오고 뒤는 반드시 氣가 通하는 모음 음절이 오게 된다. 바로 이러한 음성구조는 "기경결해"의 "結—解"의 구조를 반영하는 것이니 우리말의 모든 문장의 마지막 음성적 구조는 예외없이 "結—解"의 구조로 되어있다는 사실을 발견하게 될 것이다. 여러분은 지금 입성으로 끝나는 문장을 지을려고 아무리 노력해도 결국 실패하고 말 것이다.

이러한 氣通氣局의 모음・자음의 음성학적 관계현상은 우리말의 억양으로도 나타나고 있다. 자! 아주 평범하고 간단한 우리말을 하나 지어보자.

"아〜 그러세요!"

이 문장에는 입성이 하나도 들어있지 않지만 그 억양(인토네이션)은 다음과 같이 나타난다.

이 곡선을 잘 보면 "작은結—전개—큰結—解"의 구조를 지니며 이것은 바로 起—景—結—解란 우리예술의 구조와 일치하는 것이다. 영어번역문장의 예를 보면 :

"Is that so?"

의 구조가 되어 끝이 解(풀어진다)가 되질 않고 치받고 올라가는 형태로 되어 있다. 바로 이러한 간단한 사례에서 왜 고전주의와 낭만주의의 가교를 이루는 베토벤의 음악이 대부분 그랜드 휘날레(grand finale)의 아포테오제(Apotheose, 연극용어로 최후의 장엄한 찬미를 뜻)로 끝나고 있는 지를 알 수 있을 것이다. 『운명교향곡』의 최후처럼, 짜자자 짠으로 끝나는 모습말이다. 이러한 아포테오제는 후기낭만주의의 전형을 이루는 바그너음악에서도 강렬하게 나타나고 있는데 이것은 반드시 한 문장의 종결이 많은 경우 입성(자음)으로 끝나고 있는 독일어의 형태와 관련지어서 생각해야 할 것이다(물론 모짜르트음악처럼 그렇지 않은 경우도 많다). 그리고 또 이러한 베토벤의 『운명교향곡』이 얼마나 우리의 고유한 체질과 들어맞지 않는 예술형태인가 하는 것도 생각해봐야 할 것이다. 우리가 독일어를 母語로 삼지 않고 한국어를 母語로 삼고 있는 한——. 아예 입성이 없는 일본어(일본어는 받침이 거의 없다)와는 달리 딱딱한 입성을 그대로 지니고 있으면서도 반드시 뒤끝을 풀고 감칠줄 알았던 우리조상들, 다시 말해서 맺는 완벽성에서 미를 찾는 것이 아니라 푸는 여백에서 아름다움을 느낄줄 알았던 우리조상들의 슬기를 생각할 때 이제와서 아포테오제류의 과시로서 우리예술을 이해한다는 것은 조상에 대한 모독이며 언어에 대한 배반이다. 아예 입성이 없는 일본어를 생각하면 우리말의 입성의 보지는 얼마나 우리가 역사적으로 격정적 기의 삶을 살아왔는가 하는 것을 깨닫게 해주고 왜 우리의 노래들이 보다 멜로딕하고 보다 격정적인가 하는 것을 알 수 있다. 일본 멜로디와 우리 멜로디의 차이도 바로 이러한 언어의 구조적 상이함에서 찾아지는 것이다. 아예 結이 없는 상태에서의 解와 結투성이 속

266

에서의 解의 의미가 다르다는 것, 바로 그러한 다름에서 우리의
아름다움이 찾아지는 것이 아닐까?

아까 말한 "아, 그러세요"("그렇습니다"의 서술형도 좋고 아무 예나
다 좋다)의 인토네이션의 구조(⌒➘)를 살펴보면 우리는 그
구조가 바로 "굿거리장단"이나 "타령"의 액센트구조와 일치하고
있다는 재미있는 사실을 발견하게 될 것이다.

우리나라 장단의 대표적인 것으로 우리는 중머리장단이라는 것
을 들 수 있다. 이것은 삼박자가 네개 모인 구조인데 2분박이 12
개 모여 장단패턴을 형성한 것이다. 그것은 "합쿵따, 쿵따따, 쿵
쿵딱, 쿠웅쿵"의 구조를 이루는데, 이때 우리는 제일 중요한 액
센트가 제9박에 있으며, 제10박부터 제12박까지(쿠웅쿵)는 음박
(陰拍)으로 제9박의 "結"을 풀어주는 형태로 되어 있다는 것을
발견하게 되는 것이다. 다시 말해서 중머리장단의 리듬구조는
"起—景—結—解"의 구조이며 이것은 한시의 "起—承—轉—結"과
는 전혀 다른 구조이다. 나도 한시를 짓지만 한시에서는 최후의
一句를 어떻게 "맺느냐"에 따라 그 전체의 생명력이 달려있다.
그러나 한국예술의 모든 형태는 최후를 어떻게 "맺느냐"가 아니
라 최후를 어떻게 "푸느냐"에 그 생명이 달려있다.

이것은 서양발레가 손과 발을 끝까지 철저히 뻗치는 데서 그
아름다움을 발견하지만 우리나라의 춤사위는 이와는 대조적으로
일단 뻗친 것을 어떻게 푸느냐? 즉 뻗친 것을 어떻게 감치느냐
(자기회귀적으로 감싸느냐)에 따라 그 동작의 아름다움이 결정되는
것과 같다. 승무의 묘미도 긴 옷소매가 허공을 향해 뻗치는 순간
에 있는 것보다는 그 뻗친 긴 명주부치가 어떻게 감싸며 떨어지
느냐 하는데 있다는 것은 한국인이라면 누구든지 상식적으로 감
지할 수 있는 일이다.

나는 원 『츈향뎐』이라는 예술작품, 특히 판소리의 형태를 취하

고 있는 이 예술작품이 거시적으로 우리 언어 문장의 음성학적 구조를 취하고 있다고 보았다. 『츈향뎐』전체가 하나의 문장이며, 하나의 중머리장단이며, 氣의 局通이다. 우리의 언어며 느낌인 것이다. 따라서 우리는『츈향뎐』의 마지막에 일어나고 있는 "어사출도"장면을 이 작품의 클라이막스 즉 "結"로서 해석하는 오류를 범해서는 안된다. 그것은 結이 아니며 解이다. 結의 시점을 어디로 잡든지 간에 어사출도장면은 "解"며 "結"이 아니다. 그리고 이것은 용속한 국문학자들이 운운하듯이 해피엔딩이나 희극·비극의 문제와는 전혀 상관이 없는 상징체계일 뿐이다. 어사출도장면자체가 조선조에서 현실적으로 있을 수가 없었던 하나의 상징적 허상이라는 것을 바로 조선조의 관객·청중들이 알고 있었다고 할 적에 우리는 그 사실성(사실적 플로트)에 관심을 집중시킬 것이 아니라 그 상징적 의미와 형식적 아름다움에 더 큰 관심을 가져야 할 것이라는 것은 너무도 당연한 것이기 때문이다.

내가 막판에 이러한 장황한 강의를 하는 것은 영화감독에게 바로 이 나의 작품의 結이 결코 제일 마지막 장면인 제40場에 있는 것이 아니라 바로 지금 들어갈려고 하고 있는 제37場에 있다는 것을 가르쳐주기 위한 것이다. 바로 이 37場이 結局(結의 국면)이며 제40場은 解局(解의 국면)이라는 것이다. 나의 작품의 정수는 바로 이 37·38·39場의 結局에 있는 것이요 40場의 해국에 있는 것이 아니라는 것이다. 제일 마지막장면의 해국으로서 사람을 울리고 카타르시스를 주면서 풀어주는데 더 큰 의미가 있는 것이다. 그러므로 이 37~39場의 연출에서는 인간의 가장 심오한 파국을 보여주어야 할 것이다.

나의 『새춘향뎐』은 비극이다. 아리스토텔레스는 그의 『연극론』(De Poetica, 이 책을 흔히 "詩學"이라고 번역하고 있는데 그것은 완벽한 誤譯이다)에서 비극적 플로트의 가장 결정적 요소를 페리페테이아(peripeteia, 급작스러운 逆轉)라고 불렀다. 나의 『새춘향뎐』이란 비극에서도 굳이 아리스토텔레스의 용법을 빌리자면 이 페리

페테이아는 바로 이 37場에서 이루어진다.[64] 그러나 나의 페리페
테이아는 아리스토텔레스의 페리페테이아와는 전혀 다른 것이다.
아리스토텔레스의 페리페테이아는 『외디푸스왕』(*Oedipus Rex*)이
보여주고 있는 것과 같이 반드시 어떤 하마르티아(*hamartia*, 실수
나 허약)를 전제하고 있지만 나의 비극은 그런 하마르티아를 전제
하고 있지 않다. 아리스토텔레스가 말하는 이러한 희랍비극의 하
마르티아—페리페테이아의 구조는 바로 희랍인의 의식세계를 지
배하고 있는 운명 즉 모이라(*moira*)를 전제로 할 때만이 가능한
것이며 나의 비극은 그러한 희랍비극적 모이라에 의하여 지배되
고 있지 않다. 나의 비극에 있어선 운명이란 사회적 현실일 뿐이
며, 나의 페리페테이아는 인간의 운명에 대한 자각적 능동적 행
위의 결과 일뿐, 모이라의 지배에 의한 수동적 결과가 아니다.
나의 37場을 해석할 때 반드시 이러한 능동적 주체적 자각적 기
철학적 "근대성"(modernity, 나의 기철학의 특수개념이며 타인들이
흔하게 쓰는 개념과 전혀 다르다)의 시각이 반드시 고려되어야 하는
것이다.

예술작품을 창작하는 사람이 그에 대한 해설의 언설을 이렇게
구구하게 나열하는 것은 인류역사상 최초의 예가 될지 모른다. 그
러나 나의 씨나리오는 결코 감독 한사람을 위한 씨나리오가 아니
다. 나는 이점을 확실히 해두고 싶었기 때문에 이 씨나리오를 출
판하기에 이른 것이다. 나는 나의 씨나리오작업을 통해 한국문화
전체에 도전하고 싶었고 앞으로 한국문화를 이끌어갈 나의 후배들
모두에게 자극을 주고 싶었다. 나의 작품 그 자체가 나의 이론(설
명, 해석)대로 성공적으로 이루어졌는지는 물론 내가 판단할 것
은 아니다. 그러나 여기에 그러한 창작행위를 지배한 나의 영감
의 모든 구조를 논리적(합리적)으로 밝힘으로써 지금까지 우리조
상의 얼을 지배해온 예술세계의 진면목을 알려주고 싶었고 또 앞
으로 다가오는 수백년간 나의 후배 창작자들에게(作者之謂聖) 어

---

64) 아리스토텔레스의 비극관에 관한 제문제는 나의 책, 『아름다움과 추함』(통나무,
1987), 94~99쪽을 반드시 참고할 것.

떠한 영감의 원천을 제공하고 싶었을 뿐이다.

　　　춘향이 변사또앞에 우뚝 서 있다. 나체로. 과시하듯. 위엄있게.
이 장면에서 춘향의 얼굴은 일본 카부키배우가 분장하듯 흰바탕을
짙게 써도 좋을 것이다. 유령스럽게.

변학도 :　몸을 가리워라 !
춘　향 :　………(변사또를 쩨려본다. 이 순간부터는 대화의 톤이 사실
　　　　　성을 상실하며 상징적으로 완전히 변해 버린다. 춘향이는 이제
　　　　　정상적인 리얼한 인간이 아니다. 거의 귀신으로 되어버린 것이
　　　　　다. 저 찬 바람부는 지옥에서 들려오는 소리처럼 쇠소리섞인 매
　　　　　우 걸죽하고 나즈막한 소리로, 그리고 무서운 얼굴로, 나체로,
　　　　　양손을 벌리고 무시무시하게 달려 든다. 춘향이 젖가슴이 화면
　　　　　전체를 뒤덮어버린다. 보는 사람들이 소름이 끼친다.)
　　　　　니가 원한 것이 이 몸뚱아린데 가리긴 왜 가려 ! 똑똑히
　　　　　봐 ! 으흐흐흐흐……
변학도 :　(갑자기 무서워서 흠칫하며 한손을 엉덩이 뒤로잡고 한손을 내
　　　　　저으며 뒷걸음질친다. 보료위로! 춘향이 징그럽게 손을 뻐치며
　　　　　변사또를 엄습한다.) 난 난 난 네 몸뚱아리를 원하지 않
　　　　　았어 ! 몸과 맘이 하나가 된 네 기(氣)를 원했다구 !
춘　향 :　뭐 ! 뭐라구 ! 내 기? 내 기를 먹을려면 네 리(理)부터
　　　　　죽이라구.
변학도 :　(심각하게, 정신을 약간 되찾는듯, 그러나 고열에 헛소리하는
　　　　　환자처럼) 내 리가 위선이라면 네 기도 위선야 ! 흘러 !
　　　　　흘러 ! 기는 대기(大氣)속에 흐를뿐이야 ! 네 기(氣)는
　　　　　내 리(理)속에서 춤출뿐이지. 과연 어디로 흐를 줄을 아
　　　　　는가 ?
춘　향 :　흐음——흐음— 기가 죽어있는 놈이, 살아있는 기도 보
　　　　　지 못하는 놈이 내 춤사위를 놀려 ! 으하하하……어림없
　　　　　지 !

변학도 : (저 황천길의 사자가 외치는 소리와도 같이) 네 이년! 네 이 년! (손을 쭈악 뻐치며) 네가 감히 민중을 대변해? 이 상이란 허울속에 너 자신의 기를 묶어놓고……. 으~으. 기가 죽어있긴 너나 나나 마찬가지라구! 네가 뭐 그렇게 대단한 것이라구 이 한 인간의 소망을 이렇게도 짓밟아! 그까짓 새끼한테 순정을 바쳐놓고 정조! 지조!를 말해? (이젠 춘향이를 역으로 휘몰아가면서 드디어 덮친다. 춘향이 목을 조른다.)

춘 향 : (목이 졸려가며 거친 숨결로) 이몽룡은…… 이몽룡은……

변학도 : (완전히 실성한 듯) 네 이년! 네 이년! 너희들이 말하는 도덕은 도덕을 타락시킬 뿐이야! 윤리의 타파를 부르짖는 너희들이 윤리의 노예가 되어 정절을 말해! 그깟 정절, 세상변한대로 변한 정절인데── 나처럼 한가지라도 확실히 지키란 말야! 우아하하하하! 으흐흐흐흐……?

　　(미친듯이, 목을 마구 꽉꽉 눌러 졸르면서.)

　　춘향아! 춘향아! (우는 듯이) 난 너를 사랑했단 말야! 나야말로 너의 사랑의 제물이야! 나야말로 이 시대의 제물이란 말야~! (변사또 목줄이 터질듯 괴로움에 신음하며 하늘을 향해 포효한다.)

場 38.　춘향이 시체 버려지다

　　춘향이 나체가 가마메기에 싸여진 채 새벽 안개속 들판에 버려진다. 나졸들 툭 내 던진다(클로즈엎). 상징적 화면처리!

場 39. 새벽안개속의 대결, 변사또 죽다

이 장면이 성립되는 전후의 인과는 모두 생략된다. 장소는 뒷뜰, 시간은 이른 새벽. 안개가 자욱하여 주변의 모든 사물이 신비롭다. 새벽의 푸른빛이 전 화폭을 지배한다. 기억자로 회랑이 있고 그 회랑에 둘러싸여 있는 뒷뜰 마당! 한구석 나즈막한 담너머 대나무숲이 깊다. 연못이 어딘가 자리잡고 있어도 그 좋을 것이다.

1. 첫장면에 이몽룡과 변학도의 이를 가는 얼굴만 클로즈엎되어 화면 양구뎅이에서 나타난다. 서로를 꼰아 보는 얼굴과 얼굴. 힘과 힘의 만남. 사나이와 사나이의 만남.

2. 그러다가 정원의 전체적인 모습이 나타나면서 두사람은 꼰아 보고 견제하면서 원을 그리며 걸음질친다. 둘다 칼을 차고 있다. 도포에, 삿갓을 뒤로 제키고.

몽룡 : (안개속의 변사또를 향해 힘차게 삿대질을 하면서) 너의 리 는 죽었어!

학도 : (수세를 견지하며) 너의 기(氣)는 과연 이 시대를 변혁시 켰는가?

몽룡 : 변혁시켰지. 암 변혁시켰구 말구! 이미 너의 리(理)를 죽였는걸. 네가 죽인건 춘향이가 아니라 너의 리란 말 야!

학도 : 이 시대의 산자는 나뿐이야! (호탕하고 배짱좋게 껄~껄~ 웃는다.)

몽룡 : 보여주지! 보여주지! (쉴 틈도 없이 단칼에 변사또를 벤다. 변사또 얼굴이 사선을 그으며 쭉 젖어지면서 피투성이, 거꾸러 진다. 한참 있다가) 죽어야 할자가 누군지를!

(화면에 칼집에 칼자루를 탁 꽂아 넣는 장면이 클로즈엎되어 나타나고 이 씬은 끝난다. 음향효과.)

272

場 40.　해국(解局), 시킴굿, 이도령 자결하다

　　이 장면은 내가 관념적으로 구성한 것이 아니라 진도에 내려가서 직접 밤새워가며 진도 시킴굿을 보고 구성한 것이다. 진도해변 어느 마을에서 있었던 그 굿의 기억이 새롭다. 시킴굿이란 죽은자의 혼백을 씻겨 주는 새크라먼트(sacrament)의 일종으로 우리나라 전라도지방에 보편적인 의식이었는데 진도는 섬으로 격리되어 있는 까닭에 그 옛풍속이 비교적 온전하게 보존되어 있다. 진도 굿이 꼭 진도 특유의 것인것처럼 착각하는 것은 오류다(그 특성은 있다하더라도). 그러나 그런 풍속마저 지금 거의 다 사라져가고 있다. [65]

　　장면설정 :　춘향이 방에 방문이 열린채 춘향이 관이 세로로 놓여 있다. 정원에는 두꺼운 광목 포장이 쳐져 있고 돗자리가 깔려 있다. 동네사람들이 상복·소복을 입고 가득 앉아있거나 서성대고 있으며 한편에는 음식이 큰상위에 차려져 있다. 또 한편에는 악사들이 앉아있다. 무가음악반주는 시나위(즉흥음악의 여러형태의 통칭)다. 장고·징·꽹쇠(꽹과리)·피리·젓대·아쟁·가야금이 하나씩 사용된다. 무악반주자를 보통 고인(鼓

---

65) 진도의 시킴굿의 일반적 형태와 특히 그 굿에 쓰이는 음악에 관하여 매우 치밀한 정보를 제공하는 좋은 연구논문이 있다. 박미경교수(계명대)의 UCLA 음악학박사학위 논문이 그것이다. *Music and Shamanism in Korea: A Study of Selected Ssikkum-qut Rituals for the Dead*(1985). 그리고 이 장면의 세세한 부분에 관하여 박교수의 도움을 받았음을 밝힌다.

人)이라고 부른다.

〈첫째장면〉

당골무당이 춘향이 씨끔염불을 하는 장면이다. 이 예식은 보통 새벽 2시경 행하여 **진**다. 마당 草席에다 춘향이가 입던 옷가지를 놓고 둘둘 말아 그것을 지푸라기로 일곱 매를 묶어 기둥처럼 세운다. 그위에 지푸라기를 똬리(머리에 동이일때 쓰는 것)쳐서 놓고 그위에 접시같이 생긴 딱딱한 누룩을 놓는다. 그 위에 行器(밥그릇)를 놓는데 행기 속에다가 쌀을 채우고 그위에 넋과 돈을 집어넣는다. "넋"이란 종이로 접어만든 것인데 춘향이 것이니까 여자모습을 하고 있어야 할 것이다. 그리고 그 행기사발(원래는 목기)위에 접시모양의 누룩을 엎어 놓고 그 위에 다시 짚으로 만든 똬리를 놓고 그위에 다시 큰 솥뚜껑을 덮는다. 그럼 그 전체모양이 꼭 사람형상이 될 것이다.

그 사람형상을 사람이 받쳐 세워놓고 있고 당골이 산 소나무 가지를 비로하여 솥뚜껑부터 몸체를 씻어내리게 되는 데 이때 세 사기그릇에 쑥물, 香물, 淸水를 따로 따로 담아놓고 그것을 번갈아 들어 올렸다가 놓고 하면서 솔가지를 담가 씻게 되는 것이다. 이렇게 솔가지로 씻는 과정을 통해 속세의 모든 부정을 깨끗이 씻어내버리게 되며, 형상을 만들고 씻어내릴 동안 창하는 것을 씨끔염불이라고도 부른다. 그것이 끝난 다음에 넋풀이를 하게 된다. 그 씨금염불은 나는 진도보다 남원에서 더 가까운 고창지역 무가를 선택했는데 그것은 다음과 같다.[66]

【말】
산 사람은 질을 질을 닦을나면
면면이 촌촌이 만백성을 불너디려
 소시랑 관이루 닦거니와
오늘날 기밀망져 질을 질을 닦을나면

---

66) 金泰坤編, 『韓國巫歌集』(서울 : 集文堂, 1979), 제 3 권, 342~345쪽.

신에 승방 입을 열어 연에 연불로
　질을 닦넌디

【唱】
나무야　나무야　나무로구나　나무언미타불
나무야　나무야　나무야　이가지　져가지
노가지　상나무　외철죽　진나라
　　나무아미타불　관세음보살
　　나무아미타불은　관저자보살
나무언에미나탄불　나무여　한강이　육지되야서
　　밭이나　갈거던　오랴넌가
나무여민나타불　나무요　오늘날　기밀망져
　　연불누　질을　닦어
　　번신개(法性偈)　연불노　질을　닦세
너든　길두나　닦아져　짚든　길두가　돋가져
어둡던　질두나　밝아진다네
　　나무가네타불　나무아미타불(이하생략)

【넋풀이】
신이야　신이야　신이야　신이로다
노양심산　신이로다
노양영산　신이로다
신주를　몰났더니　오늘날이　신이로다
넋인줄을　몰났더니　넋이로구나
넋일랑은　넋반에다　담으시구
혼일낭은　혼반에다　담으시구
신첼낭큰　사리화상　덩시럭케　모셨고나
노양신산　넋이로다
노양영산　넋이로다(이하생략)

〈두째 장면〉

이것은 시킴굿의 마지막 장면이며 "길닦음"이라고 부른다. 이때는 굿판에 늘어져 있던 모든 사람들이 정신차리고 참여하게 되며, 정말 이제는 최후로 가는 저승길을 닦아주는 장면이기 때문에 분위기가 정말 애처롭다. 춘향이관 밑에서부터 긴 베거지 ("질베"라고 부른다)가 마당으로 쭉 뻐친다. 이 쭉 뻐친 하얀천의 모습이 매우 장엄한 느낌이 들도록 화면을 구성해라. 마당 한끝에서 친척 둘이서 천 양끝을 펴서 받들고 있으면 사람들이 엉엉 울기 시작한다. 이 질베는 저승길을 상징한다. 이때 상여될 때 쓰는 상여소리(만가)가 구슬프게 합창으로 나오고 당골은 그 저승길위에 종이로 만든 큰 범선을 띄운다. 그 배를 앞으로 밀었다가 뒤로 끌었다 하면서 조금씩 앞으로 나아가게 되는 것이다. 그 범선자체는 모두 흰 창호지로 만들고 춘향이와 이도령의 두사람의 허수아비만 색종이로 만들어 범선에 단다. 이도령은 그 길 옆에 한구석에 앉아 있고 마을사람들이 처절하게 계면조로 곡을 하기 시작할 때(판소리 색깔의 소리) 당골도 그 곡을 배경음악으로 해서 구슬픈 판소리 창을 시작한다. 고인들의 시나위반주와 더불어——. 이때 질배옆에 월매가 매달려 당골 맞은편에서 통곡을 한다.

월매 : 아이고 아이고 원통해서 못살겠네. 춘향이가 불쌍해서 땅을쳐도 못살겠네. 아이고 아이고 우리아가 춘향이 예쁜아가 불쌍한 우리아가 너무슨죄 있다길래 아릿따운 꽃봉오리 피도못코 간단말가 아이고 아이고 우리 춘향이 네무슨죄 있다길래 이 에미죄마저 다 걸머지고 저승길을 떠난닫가 황천길 험한길을 어이 너홀로 간단말가 춘향아! 춘향아! 이에미도 데려가라! 늙은에미 홀로두고 서방없는 가시낭년 어이홀로 저승길로 간단말가 간단말가! 애고 애고 애고 애고 애고 애고 애고고 애고고 애고

276

고 애고고·········

　　(몸부림이 짙어가고 격정에 피를 토할 듯, 사람들이 말리
　　고 진정시킬려고 부축인다. 이때 당골은 다음과 같은 창을
　　의식적으로 진행하게 되는 것이다.[67] 울긋불긋한 의상으로
　　단장한 당골의 동적모습이 질베와 어울려 촬영된다.)

초제왕은　제일에　진광대왕/명호는
중태봉씨요
탄일은 정월 초하루/원불은 스무하루/
증광여래　제일이요
지옥은　도산지옥
경오 신미 임신 계유 갑술 을해생은/
진광대왕께　매였으니
일천평 연불하고 도산지옥 면하야 가소사
나무아미타불

이제왕은　제이　초관대왕/명호는　중구당씨
탄일은 이월초하루/원불은 열야드래
약사여래　제일이요
지옥은　하탄지옥
무자 기축 경인 신묘 임진 제사생은
이제왕께　매였으니
일천평전 연불하고 하탄지옥 면하야 가소사
나무아미타불

삼제왕은　제삼　송제대왕이요
명호는　송월시워탄이요
탄일은 삼월 열야드래/원불은 열아흐레
승겁천불이요

67) 이 창은 海南地域巫歌로서 바로 길닦음 창으로 쓰이는 것이다. 고창 것은 별로
　　가사가 좋질 않아 해남 것을 썼다. 『同上』, 제 2 권, 159~161쪽.

지옥은 한빙지옥
이모 계미 갑신 을유 병술 정해생은
순기대왕께 매였으니
일천편 연불하고 한빙지옥 면하야 가소사
나무아미타불

（이러한 창 속에서 이 장면이 처리되며 질베길의 선율이
영상예술의 아름다움을 표현할 때 저 어두운 한구석에 춘향
이의 혼백이 나타난다. 함렛아버지의 유령처럼! 이때 당골
은 방울·부채를 부르르르 떨며 외치기 시작한다.）

당골： 아이고 아이고 춘향이 혼백이 돌아왔구나! 무슨원한 남
았길래 가도못코 돌아왔누! 어어～ 얼씨구～ 훠～훠～

（당골은 막 신나게 펄쩍 펄쩍 뛰면서 춤을 추기 시작한다.
당골의 난무가 어지럽게 펼쳐지는 가운데 모든 소리가 뮤트
되고 조용한 서양음악이 은은히 깔리면서 춘향과 이도령만의
상징적 무대가 설정된다. 시킴굿 한가운데서.

춘향은 어둠을 배경으로 하여 나타나고 이도령은 밝음을
배경으로 하여 나타났다. 이것은 "유[幽, 어둠]명[明, 밝음]
을 달리한다"는 죽음을 표현하는 일상언어의 의미를 상징적
으로 처리한 것이다. 이도령이 자결하는 장면에서는 유와 명
의 배경이 바뀐다. 즉 춘향의 배경이 밝아지고 몽룡의 배경
이 어두워진다. 이러한 변화가 이 영화의 최종씬을 구성한
다.）

춘향： （꾀꼬리 같은 높은 목소리의 판소리로, 아니면 특수음악효과를
백뮤직으로 넣든지) 도련님———(길게), 도련님! 보고 싶
었어요! 어찌 저를 이 한빙지옥에 홀로 남겨두시나요.
추워요. 추워. 따뜻한 도련님 품이 그리워요.

몽룡： 그래 그래 내 어이 너를 홀로 두랴! 너를 내품에 얼싸안
아 삼천리빙판을 다 녹이고 녹음방초 우거진 금수강산
만들자꾸나!

춘향 : 이리오세요(손짓을 한다) 도련님(껴안을려는 모습).

몽룡 : 그래 그래 가야지 ! 내갈 곳 네길뿐. 새세상이 보이는데
왜안가리 너와함께——. 난말야 이세상을 저주하고 또 사
랑했어. 양심을 지켰고 끝까지 홀로섰지. 그러나 우린
이속에서 자랐어 ! 우린 이세상과 더불어 죽어야돼. 한
알의 밀알이 썩지 않으면 새생명은 태어나지 않으니까. [68]
그래 그래 가야지 ! 내갈곳 네길뿐. 새세상 바라보며 너
와함께 가야지.

(칼을 높게 빼들고 복부를 향해 힘차게 찌른다. 피가 뻐친
다——영상처리. 이도령 고꾸라지면서 마지막 한마디.)

너와 나의 기(氣)는 영원하니까——

(유명이 바뀌면서 저 밝고 눈부신 배경으로 이도령의 혼이
날라간다. 춘향이와 함께.
이때 초현대적 유행가스타일의, 그러니까 의미있는 가사에
사람들에게 실제로 불리어 전파될 수 있는 유행가스타일의
주제가가 우렁차게 울려퍼지며 배우 그리고 관계된 모든 사
람들의 이름이 올라온다.)

일천구백팔십칠년 십일월 십일
오후 두시 이십칠분 탈고
진리는 오로지 소유하지 않는 자만의 것이다.
십이월 십삼일
오후 세시 오십분 탈주

---

68) 이것은 「요한복음」 12장 24절에 있는 말이지만 『성서』중에서 동양적 시간관을
나타내주는 매우 중요한 구절이다. 나는 동서문명의 융합을 의미하는 뜻에서 이
구절을 여기에 썼다. 이것은 나의 기철학적 시간관과 깊게 관련 되어 있다. 나
는 1985년 6월 1일 고려대학에서 "시간이란 무엇인가?"라는 강의를 했다. 그
때의 많은 수강생들은 아직도 시간의 감격을 잊지 못하고 있을 것으로 믿는다.

요즈음 세상에
活版이 사라져가고 있읍니다
통나무는
활판의 아름다움을 지킵니다

새 춘 향 뎐

1989년 12월 30일   초판발행
2000년 7월 25일   중판발행

지은이   김 용 옥
펴낸이   남 호 섭
펴낸곳   통 나 무

종로구 연건동 273 국도빌딩 2층
전화 ; (02) 744-7992
출판등록 1989. 11. 3. 제 1-970호